发生在非洲心脏的原生态故事

一位大使的亲身经历

孙海潮 / 著

世界知识出版社

图书在版编目（CIP）数据

发生在非洲心脏的原生态故事 / 孙海潮著. —北京：世界知识出版社，2014.10

ISBN 978-7-5012-4747-9

Ⅰ. ①发… Ⅱ. ①孙… Ⅲ. ①故事—作品集—中国—当代 Ⅳ. ①I247.8

中国版本图书馆 CIP 数据核字（2014）第 225021 号

责任编辑	车胜春　侯新鹏
责任出版	赵　玥
责任校对	张　琨

书　　名	**发生在非洲心脏的原生态故事** —— 一位大使的亲身经历 Fashengzai Feizhou Xinzang de Yuanshengtai Gushi —Yiwei Dashi de Qinshen Jingli
作　　者	孙海潮

出版发行	世界知识出版社
地址邮编	北京市东城区干面胡同 51 号（100010）
网　　址	www.wap1934.com
电　　话	010-65265923（发行）　010-85119023（邮购）
经　　销	新华书店
排　　版	北京世知文化创意有限公司
印　　刷	北京京科印刷有限公司
开本印张	720 × 1020 毫米　1/16　15½ 印张
字　　数	263 千字
版次印次	2014 年 11 月第一版　2014 年 11 月第一次印刷
标准书号	ISBN 978-7-5012-4747-9
定　　价	39.00 元

序 一

当流弹击穿窗户玻璃落入房间……

中非共和国首都班吉。中国驻中非共和国大使馆。

今年的雨季有提前到来的迹象，进入4月便开始下雨。雨后，坎坷不平的路面上处处水洼。非盟维和部队和法国军队的装甲车都变成了“泥车”，手持冲锋枪随时准备射击的维和士兵们也都成了“土人”。

4月12日夜，雷电与风雨交加之中，使馆不远处又像往常一样响起密集的枪声。次日起来，一位馆员宿舍厨房的窗玻璃被流弹击穿，窗玻璃上留下一个弹洞和数条放射性裂纹，子弹跌落在地板上。大家已记不清这是落入使馆的第多少颗流弹，但从正面直射穿透窗户玻璃却是头一次。经过观察判断，子弹来自与使馆比邻而居的总理府方向。流弹虽已是强弩之末，但仍有穿透力，若馆员此时恰在厨房，后果将不堪设想。身处战乱环境下的外交人员，只有加倍提防，别无他法。

2012年12月初，叛军联盟“塞雷卡”向政府军进攻，2013年3月24日占领首都，武装夺取政权。一年多来，每天夜里都会响起爆豆般的枪声，还不时夹杂着手雷甚或榴弹炮声。此起彼伏的枪声与我国春节期间的鞭炮声或焰火在空中的爆炸声何其相似，但效果却截然不同。鞭炮声能给人愉悦之感，枪炮声却使人顿增惊惧。焰火散放出的火花漫天飞舞，更添节日喜庆气氛，而流弹从头顶掠过划出的条条红线，行人胆寒，紧急躲避唯恐不及。使馆同志每晚都在12点以后就寝，又会被数度惊醒。政变后的那一周之内，仅从使馆院里和便道上便捡到数十颗弹头，从游泳池里一次就捡到4颗弹头。使馆草坪和树丛面积要大于院子和便道数倍，落在彼处的弹头难以发现，恐怕要远多于数十颗。

2013年12月5日深夜，“塞雷卡”起事一周年之际，基督教民兵组织“反巴拉卡”（反迫害奋起反抗之意）运动向政变当局发起强势军事反攻，向穆斯林族群发动大规模报复行动，反击阻止他们行动的非盟维和部队和法国驻军。受压已久的基督教族民众群起响应，有人当街杀死仇人，点火焚烧后割肉相食泄愤。有关画面通过网络迅速传播，“中非出现食人族”的传言不胫而走。中非全国460万人口，100多万人流离失所，30万难民逃往邻国，10多万人到法国军队防守的班吉国际机场附近躲避战乱，数次占领机场跑道以示抗议，迫使机场关闭，航班取消。“非洲心脏”与外界的唯一联系通道数度中断。年底年初恰逢旱季中期，酷暑难当，难民营10多万人挤在一起，不少人只能躲在几根木棍支起的塑料布下度日，缺水少食，缺医少药。食物依靠联合国难民署发放，饮用水靠国际红十字会罐车运送，人们排队领取，困苦万状，每天都有人死亡。死亡率极高的“埃博拉”病毒在非洲多个国家流行后，世界卫生组织和联合国儿童基金会深感担忧，极力劝说难民们返家，至今仍有近万人滞留机场。

使馆先后于2012年12月、2013年3月和2013年12月三次组织撤离侨民和中资机构人员。中资机构与中非机关学校的命运一样，办公室门窗被砸或卸走，室内被洗劫一空。中资机构数十辆汽车停放在使馆院里，多辆汽车的挡风玻璃被流弹击碎。

一天，使馆同志正陪同中非机械师检修发电机（这里随时可能停电，使馆自备发电机），忽听身旁“砰”的一声，回头看时，只见身旁的汽车挡风玻璃已被流弹击穿。不由大惊失色：“好险呀！”此前，发电机房的防护铁板已被流弹击穿，弹洞犹在。

馆员宿舍窗户玻璃被流弹击穿后两天，不明身份的武装分子夜袭与使馆一墙之隔的中非军队前总长住处，与非洲维和部队发生激烈枪战，两名武装分子被击毙。又过了两天，使馆门前不远处，倒卧着一具不明身份者的尸体。使馆周围曾先后出现过数具尸体。市民多次抬着遭枪杀的亲属尸体到总理府抗议。

4月10日，联合国安理会一致通过了关于中非问题的2149号决议，决定把非洲派驻中非的维和部队升格为联合国维和部队，帮助中非过渡政府恢复国家权力和司法秩序，保护平民，实施人道主义救助及准备于2015年2月份举行的大选。联合国维和兵力总额为10000人，另外加派1800名警察部队，于2014年9月15日前部署到位，由联合国驻中非多层面稳定特派团统一指挥。

法国2013年12月初开展向中非紧急增兵的“红蝴蝶”军事行动，驻军人数达到2000人，2014年4月初又说服欧盟峰会通过向中非派遣800名警察的决议，主要职责是维护首都班吉的安全，于5月底部署到位。

在国际社会的努力下，首都班吉安全状况有所改善。国际维和部队在外地的行动也取得一定进展，从喀麦隆港口城市杜阿拉到班吉的千里公路通道基本畅通。国家秩序正在艰难、缓慢地恢复，但每天晚上的枪声仍不绝于耳。4月22日夜，班吉市三、五、六区相继发生枪战，22人死亡。法军和非洲维和部队前往干预，一名喀麦隆维和士兵中弹身亡。

中国作为联合国安理会常任理事国和中非友好国家，为中非的和平稳定作出了积极贡献。中非民众对华友好感情并未因政局变化而削弱，反而持续上升。

近来，我先后与中非过渡国家元首庞扎女士、过渡委（临时议会）主席恩根代、总理恩扎帕耶凯及有关部长举行了工作会晤，会见了宪法法院院长、全国选举委员会主席等人，参访了几所复课不久的学校，回访了两国友好合作的重要象征体育场和友谊医院。大家都强烈希望国家尽快由乱入治，和平早日到来，人民不再经受战乱和动荡之苦，不再听到令人心惊肉跳的枪声。

只有和平稳定，唯有劳动创造，国家才能发展，人民才能幸福，社会才能进步。

（刊于2014年4月29日外交部网站）

序 二

芒果雨

引 言

中部非洲被东西南北四大部分包围。中部非洲六国又包围着一个国家，其名叫中非共和国。该国便有了“非洲心脏”的称谓，又由于没有出海口，因之又有了“非洲瑞士”的另一称谓。

中非共和国人口450万，领土面积62.3万平方公里，具有非洲多数国家地广人稀的特点。全国平均海拔600米，东北部山峰海拔1000米，与苏丹接壤的山峰海拔1330米，与喀麦隆接壤的山峰海拔1410米。年平均降雨量1750毫米，中部和北部较干旱地区的年均降雨量为1200毫米。全国面积的15%被热带雨林覆盖。野生动物资源极为丰富。河流纵横，农林牧渔业发展条件优越。首都班吉人口约占全国1/4，曾是一座娇美的中型城市，在非洲知名度较高，有着“俏女郎”的名号。1960年独立后数十年来政治动荡，社会难安，治安不彰。平均10年发生一次军事政变，政权更替频繁而且都以非正常方式进行，政府治国无方却贪腐成风，致使经济凋零，民生倒退，城市毁损。“塞雷卡”叛军集团2013年3月武装政变夺取政权，是中非独立后为时最长、破坏力最强、社会撕裂度最大的一场政变，首都班吉更遭受到前所未有的浩劫。如今“俏女郎”衣衫褴褛，已不复当年模样。“丑小鸭”长成天鹅尚需时日，“灰姑娘”成为公主的过程依然漫长。

一

已有近两个月没有下雨了。

最后一场雨是去年11月上旬某天午夜时分下的。

赤道非洲地区下雨通常为雷雨或大雨，少有我国常见的阴雨或黄梅雨。

那是一场名符其实的豪雨。

急风骤雨，电闪雷鸣，山摇地动，天地易位。巨闪透过窗纱，把屋子照得通明。数不清的妖魔在空中扭打，不住发出狂笑与狞笑。漆黑的天幕被无形的巨手撕成了许多块，又像有无形的巨手在忙不迭地缝补：从苍穹直抵地面的弯弯曲曲的裂缝刚一出现又立即消失，而且不停地变换方位。人们在睡梦中被惊醒。隔着紧闭的窗玻璃，狂雨倾倒在树木、草坪、甬道上，声音如此清晰，声声入耳。从使馆办公楼、宿舍楼和官邸大楼上涌泄而下的雨水，淹没了使馆院落。雨水汇成溪流，急不可待地寻找出水口，拥挤着奔向围墙外的排水沟，发出哗哗的声响。外面街道上，水流成河。在这个世界上最不发达国家的首都，多少简陋的房屋被冲垮，多少人家在雨中过夜？

整整两个多小时，恐慌和惊乱揪心挠肝，让人坐卧难安。

这是为期半年的雨季结束前的最后一场雨。上天以这样的方式告诉大地：这次足额浇灌后，就待半年后再见了。

为期半年的旱季由此拉开序幕。

次日，骄阳自早六时便开始炙烤大地。昨晚雨后尚残留在草坪里寸许深的积水，顷刻间便化作浓浓的雾气，蒸发得了无踪影。早六时至晚六时，瓦蓝、洁净的天空中，一轮赤日硕果仅存。摄氏四十度的温度，站在凉棚下朝外望去，不一会儿便觉头晕目眩，视线模糊。

班吉虽贵为一国之都但路况极差。使馆门前的烈士大道为首都第一大道，原本是机场跑道，笔直宽阔，却因年久失修而满目疮痍。道路多坑洼，车行极颠簸。国庆等重大节日及重要活动如前总统葬礼等大型集会均在此举行。重要活动前，市政府会派人拉来泥土填坑。不几天，泥土被车轮带走，坑洼依旧，颠簸依旧。

这里的土质显赤红色。主行道破旧，多以红土填补。人行道都是土路。旱季时，汽车从首都街道上驶过，必定掀起一股红尘；行人走过，脚后也会扬起小股红沫。雨季里，车轮下面是红水，脚下则是红泥。不论多大或多小的风儿吹过，或大或小的红尘都将扑面而来。车行在乡间的土路上，后面只见一团烟尘。红尘滚滚，滚滚红尘。

街道两旁的大树，茂密的树冠被漫天飞扬的尘土染成了深红色，雨季里浓郁的墨绿色不复再见。山坡上旺盛的荒草迅速枯萎，碧绿的草地数天之内就变成一片焦黄。

这里还有焚烧垃圾的习惯。随着旱季到来，大规模的烧荒随即开始。全国都在烧荒。外出沿公路前行，沿途或近或远都看见烟雾腾空。草木灰烬随风漂移，烟尘弥漫呛鼻刺喉。在这块森林覆盖率最高的国土上，全国性的人为烧荒，就不怕酿成火灾？地广人稀，又无有效的救火措施，后果难以想象。或许是资讯欠发达的缘故，倒未听说或见诸报端的大火发生。

一次去国民议会出席由总统主持的活动，正值旁边山坡上有人烧荒，骄阳高温下，两米高的火舌就着风势不时伸向不足百米处的议会大楼。我站在议会大楼前，已看不清头顶的蓝天，火烤烟熏，让人难以驻足。急问在旁迎候的礼宾官，这是人为烧荒还是山火肆虐，抑或过失或犯罪所为？对方笑而不答。又问，烧着议会怎么办？依旧笑而不答。待两个多小时的活动结束出来，只见平日草木葳蕤的山坡已变成一片焦黑，仍有小股烟雾在地面弥漫，焦煳味久聚不散。奇怪的是，大火烧过的山坡像是被开辟出了一条数十米宽的通道，两边两三米高的灌木和野草依然挺立，没有被殃及。可以看出，这是山坡上的房主人在烧围墙外属于自己的那一大片坡地。只烧自己的地盘而确保对邻家无损，这是祖辈传下来的做法和技艺。

一次与班吉市长聚会，期间以轻松的口吻提及烧荒原因及利弊。是否为了种植或其他原因？回答竟有些出乎意料：有人是为了能够吃到烧死的田鼠等小动物。对是否为了种植作物的提问，对方耸耸肩膀未予回答。

二

中非一直被称作是“流淌着蜜与奶的国度”。富饶的国土，地上适宜谷物生长，地下蕴藏着黄金钻石等众多稀有矿产，钻石走私一直是武装团伙的主要活动。贫穷始终是难以改变的严酷现实。辽阔的国土却养活不了如此稀少的人口。一日三餐本是造物主给予人类的基本赐予，却是这里普通民众的最大奢求，日盼夜想的“美好愿景”。饥饿是人们面临的最大问题。世界十大最不发达国家之一的帽子可能还将戴较长时间。中非各级领导人经常感叹“我们是躺在财富上受穷”。但如何使财富由潜在变为现实？说的人多，说完就算，想的人少，干的人基本没有。议论起来，都说别人懒惰，自己怎样，不得而知。再就是抱怨国际援助不够。在外交场合，总能听到相同的问题：“我们这么苦，这么困难，你们能为我们做些什么？”“援助这些物资后，还会援助些什么？”

中非呈现给人们的并非是普通意义上的非洲景象。这里没有非洲国家常见的大沙漠，全国基本上都被树荫或草荫覆盖。国土广袤，水源充沛，草木旺盛。虽然中央政府管治能力弱，境内长期活跃着数十支叛军和部族武装，以及遭到追捕流窜而来的周边国家非法武装，还有远从乌干达逃窜至此的作恶手段极恶的“上帝抵抗军”，更有逐利冒险的非法狩猎者，国家治安状况堪虞，但并未影响草木的滋生和茁壮成长。

说到草木，这里最常见的，对人们生活影响最大的便是芒果树。

民居空地，街道与公路两旁，合抱之木躯高数十米，一树多杈枝粗叶盛，状如华盖浓荫匝地。芒果树在雨季结束前开花挂果。墨绿色枝叶间缀满浅黄或粉白色花朵，彩蝶蜜蜂及各类蝇虫在花间飞舞。

烈日当空，芒果树常年为人们提供极佳的纳凉条件和聚会场所。一棵大芒果树便可迁就数十平方米的阴凉，足可在下面建造一间或数间泥墙草顶的简易居所。房前还有足够的平地供人休息或劳作，猪羊鸡狗闲庭信步。数十棵散乱分布的芒果树下，便会自然形成一个小市场，在乡下便会形成一个小小村落。

热带地方，天帐地床，随处都可安家。芒果树下人家，芒果树下欢语，日以继夜，夜以达旦。“少年不知愁滋味”，全球皆然。芒果树下更是儿童的乐园。

路边芒果树下的小市场，供游人歇脚、购物、饮食。晨光熹微中，栖息在芒果树上的群鸟早早醒来，欢唱声相互应和，一阵紧似一阵，一阵密似一阵。一棵芒果树也是一处鸟的乐园。

芒果树既是重要的遮阳挡雨树，也是重要的果品乃至食物树。非洲人素有以水果当饭的习惯，两个芒果抵得穷人一餐粮。常有因偷摘芒果从树上跌落毙命或遭痛殴者，亦足见生活之艰与维生之难。

芒果树在给人们提供庇护养料的同时，还生产芒果蝇。果蝇随处产卵，常落在人们晾晒的衣物上。蝇卵接触人体便进入皮下孵化，不几天便长成幼虫，却并不深钻，只在皮肤表层吸取营养。病灶处痛痒难耐，严重时达到使人寝食俱废的程度，却较易医治，用小刀划开皮肤，取出幼虫，伤口不长时间便可愈合。

芒果树不只生产果蝇，还是其他昆虫的生息聚集之所。夜幕降临，便有成群结队的蝙蝠围着芒果树飞转，尖叫声不绝于耳。赤道非洲的蝙蝠体大如鸟，展翅足有一尺多宽，想必食量不菲。热带地区昆虫众多，许多昆虫对人体和牲畜健康极为有害，不待日落便为口腹奔忙的蝙蝠所食，其功不可没。

中非属农业国家，农作物生长和生产条件不差，由于各种原因，这里农产品稀缺，但可随意摘取的热带水果产量颇丰。菠萝含糖量高，木瓜体大肉厚，西瓜清甜可口，芒果肉多汁浓且没有纤维。由于现代工业基本空白，不具备进行水果保存和深加工的条件，农产品商业化程度仍然偏低。贫困内陆国，运输不畅，水果无法出口，食用不完，只能任由其腐烂。

不管人们怎样生活，大自然仍旧按照其自身的轨迹运行。芒果树依旧枝叶繁茂，冠盖高耸，按时序开花结果。

三

近年来，亚欧大地受极端天气影响，每当冬季来临，便会不时传来暴风骤雪及温度急降的种种消息。2012年底出现历史上罕见的寒冬，欧洲及俄罗斯数百人被冻死，印度冻馁而死者亦高达千人。2013年我国北方降温早于往年。每年1月中下旬至2月中下旬即春节前后，我国冬季最寒冷的时间段内，气象部门不时发出部分地区气温连续骤降的消息，暴雪或雪暴造成不同程度的损失。而在这里，恰好是每年旱季中期气温最高的时节。两个多月滴雨未见，一切都好像处于燃烧状态，几乎所有作物都要被烤焦。我们这些来自另外一个大陆的人，基本上丧失了在太阳下行走的勇气。反观当地人，仍一如既往，若无其事地该干什么还干什么，孩子们照常赤膊赤脚在坑洼起伏的沙石地上踢球，漆黑如炭的皮肤在白炽的阳光下泛亮。

旱季是枯焦的季节，热浪翻滚之中，一大好处是蚊虫少了。赤道非洲各国，霍乱黄热病等热带病以及叫不上名来的许多地方病症无处不在。有些新发现的病毒只能音译，又因无有效药物医治而致死率较高。艾滋病带菌者占人口10%左右。疟疾则是发病率和死亡率最高的疾病。

芒果树通常在雨季结束前挂果成形，在旱季结束前成熟。两个多月的旱季里，草木不仅生长趋缓，而且精神锐减，在熬煎中艰难生长。业已成形的芒果吸吮着母树在上个雨季积攒的养料和水分，把身子隐藏在浓密的枝叶间，继续着既有的成长过程。这时，母体所能提供的养分即将耗尽，子女则正是尽速长身体的时候，食量激增，嗷嗷待哺。所有草木皆是一样，好像再也熬不下去了。久旱盼雨露。万物急需救命水。

造物遂人意。久违了的乌云慢慢在头顶聚积，滚烫的空气变得凉爽起来，人们终于感到可以放松一下了："一年一度的芒果雨来了！"

"芒果雨"是每年旱季中间为万物生长提供养分的及时雨。首场痛快淋漓的"芒果雨"从傍晚时分下起，到次日拂晓方息。雨水浇醒了沉睡的青蛙，追逐蚊虫，一夜蛙鼓。清晨起来，眼见得万物复苏，焕然一新，蔫头搭脑满身红土的林木恢复了原有面目。山冈复归青翠，草木重显葱茏，精神抖擞，一片生机。不同的鸟雀在树叶间翻飞，欢快地鸣叫。使馆草坪，旱季里不停浇灌仍是一片干枯，一夜之间便已长出了嫩叶，成为一张绿毯。雨季里时常光临的白鹭成群飞来，细腿尖喙，排成不同的队形啄食草叶，寻觅小虫，煞是好看。

自早到午，都会看到有乌鸦在屋顶叫唤或在草地上跳跃。傍晚则会看到乌鸦在头顶盘旋。这里的乌鸦体型与国内相似，叫声稍大，不同之处则是脖子和肚子是白色的。看到这里的乌鸦才知道，"天下乌鸦一般黑"，并非"放之四海而皆准"的真理。

夜幕降临，成群的萤火虫在草丛和屋宇间盘旋飞舞，有人走过，便围着人身翻飞，伸手便可触摸得到。点点金星闪烁，构成一道独特的热带风景。

“芒果雨”是大自然在演化过程中形成的规律性气候，每年旱季中期必然来临，是拯救和赐予之雨。“久旱遇甘雨”的感觉实在好。赤道非洲地区属于世界最不发达地区之一，大工业等人为因素对自然环境的干扰和破坏尚不明显，但求每年的“芒果雨”都能如期而至。

“芒果雨”延时10天左右，每天会下一到两场。雨一般都不会下到雨季时积水横流的程度，但有时可以看到路面存有积水。待到草木都得到充足的浇灌后，雨水停歇，旱季复归，直到两个多月后新的雨季到来。

“芒果雨”过后，酷热重回人间。草木逐渐重趋枯焦，树叶重新蒙上一层厚厚的红土。万物重又回到等待救命之水早日来临的时光里。

旱季结束雨季开始时，便是芒果成熟时节。金黄色的果实挂满枝头，拼命地想从密不透风的枝叶间探出身来。姣好美观形状，随风扭捏姿态，与《西游记》里镇元大仙辖下万寿山五庄观生长的人参果堪有一比。

美丽及时的“芒果雨”，令人期待的“芒果雨”，不可缺少的“芒果雨”，滋润万物的“芒果雨”。

（刊于2013年11月27日外交部网站，2014年2月23日《人民日报》国际副刊“外交官随笔”专栏）

目　　录

初抵中非

2011年4月20日，我们夫妇从北京起飞，经由巴黎转机，前往新的工作岗位——出任中华人民共和国驻中非共和国特命全权大使。

我是2003年到中国驻法国使馆工作，历时近8年。2010年8月被任命为中国驻中非大使。因工作需要，2011年春节后离开法国回国，在较短时间了解情况、听取领导指示、走访国内有关单位和部门，办理签证和赴任事宜。随后，携带国家主席签署的致对方国家元首的任命国书，前往履新。

4月的中国，草长莺飞。4月的北京，花团锦簇。4月的巴黎，杨柳抽穗，但寒意犹存，暖气尚未关闭。

我们在巴黎停留两天后，经过近7个小时的飞行，降落在中非共和国首都班吉—姆波科国际机场。舱门打开，机组人员安排大使夫妇优先步下舷梯。刚到机舱门口，顿觉一股热浪迎面扑来，每个毛孔顿时张开，汗水开始向外渗透。这里没有北京和巴黎机场的下机通道，只能经过扶梯下到地面，拖着手提行李，冒着直射的赤道骄阳，步行数百米到候机大楼领取大件行李。

天空如洗，空气中一尘不染，酷阳直射下来，45摄氏度的高温使机场跑道蒸腾起一层薄雾。刺眼的阳光下，人几乎睁不开眼来。当浑身基本汗湿之后，我意识到这是来到了赤道非洲。机场工作人员皮肤油光发亮，黝黑透红，远远对你微笑时两排汉白玉般的牙齿分外醒目。我意识到这是从中国的黄色人种、法国的白色人种，到达了非洲的黑色人种世界。

班吉机场虽名为国际机场，但只有一条年久失修的跑道。一排平房里，左边是领取行李处，右边是贵宾室。普通旅客登机前只能在露天等候。行李托运则需提前一天到有关航空公司的办事处办理。

中非外交部礼宾司官员和使馆同志前来接机。短暂的寒暄过后，登车前往使馆。汽车出得机场，驶上前往市区的大道。这里原是旧机场的跑道，旧机场废弃后成为一条数十米宽的康庄大道，仍旧是因年久失修的原因变得残破而坎坷不平。半米甚或一米见方的土坑随处可见，车辆驶过需倍加小心。

现正是每年11月中下旬或12月初开始的为期半年的旱季。数月里每天晴空万里，太阳直射地面近10个小时。路面上的尘土变成了粉面，些许微风便会吹起一阵“粉雨”，稍大的风便会掀起一场“粉浪”。酷热、干燥、枯焦是旱季的基本色，路旁的树木叶子都蒙上了一层灰土，失去了本来面目。

离机场百余米处是一个沿大道两边自然形成的市场，而且是首都班吉最大的市场之一。漫天红土中，人来人往。这里既出售当地的工艺品和各式家具，也出售瓶装汽油和各类进口商品，更有简易的摊点在制作和出售食物。不同的气味混成一团，呛鼻刺眼。人们在大道上随意穿越，根本不会顾及有汽车通过。汽车须小心翼翼地在人丛中穿行，虽会不时按一下喇叭，只是为了引起行人注意而已。行人侧目看一眼汽车，不会有明显的反应。这里不通电，晚上市场照常营业，只是每个摊位都会点上一盏或数盏小油灯。也有人从远处拉来电线，安上一只小灯泡照亮。

我35年的外交生涯中，首次到黑非洲国家工作。刚踏足非洲土地，便感受到了与以往工作环境的巨大反差。

使馆汽车缓慢地穿过“大道市场”后，得以加速前行。车窗外，道路两旁稀疏、低矮、零星以及一些仅见骨架的小楼依次向车后退去。经过总统夫人莫妮卡·博齐泽创立并任主席的中非妇女儿童团结基金会，路过为总统举行重大活动设置的简易检阅台（需要时搭上幔布，摆上座位即可），再与大道上最高的建筑物总理府擦肩而过后，便到达中华人民共和国驻中非共和国大使馆。

鲜艳的五星红旗在空中飘扬，国徽在烈日下闪光，上书中、法两种语言“中华人民共和国驻中非共和国大使馆”的铜牌向每个路过的行人展现出笑脸。

使馆的同志们在等候、欢迎我们。“到家了。”我们从心底感到兴奋和激动。

使馆前面的这条大道名为“烈士大道”。使馆与中非总理府比邻而居，与中非外交部“斜对门”而居，也与班吉大学同处一条大道，仅百米之遥。使馆正对面，是班吉少有的高级住宅区之一，许多国际组织、外交使团职员，外国驻中非商务机构和公司职员，都在此租住。使馆经商处3个同志，也在此租住。

“烈士大道”上，将会发生许多故事。

一见如故的友谊聚会

2011年4月4日，中非共和国驻华大使图阿布瓦和夫人米蕾伊举行晚宴，为我被任命为中国新任驻中非大使饯行。图阿布瓦大使还邀请了佛得角驻华大使德莫赖斯夫妇、加蓬驻华大使姆巴阿洛夫妇、喀麦隆驻华大使姆巴纳夫妇、卢旺达驻华大使恩加兰贝夫妇、博茨瓦纳驻华大使乔治夫妇、刚果民主共和国驻华大使扎古夫妇、毛里塔尼亚驻华大使艾哈比夫妇、乍得驻华大使艾哈默德夫妇、阿尔及利亚驻华大使拉贝希夫妇作陪。

图阿布瓦大使向我逐一介绍各位大使，特别强调，今天在座的10位非洲国家驻华大使，具有较高的代表性。一是说明非洲驻华外交使团希望利用一切机会表达对华友好情谊，二是表明对发展与伟大中国友好合作关系的一致心愿和高度重视，三是证明非洲与中国的关系如同北京明媚的春日一样，晴空万里，百花争艳，前景广阔。

图阿布瓦大使的开场话语使我感动。我在外交战线已工作35年，但同10位来自非洲国家的驻华大使在京相聚尚属首次。各位大使均对能够来华执行使命深感自豪，对中国的发展和在国际事务中所发挥的作用深表钦佩，对在中国各地考察旅行中的所见所闻印象深刻，特别是对华双边关系的发展前景极具信心。

我对10位大使为我饯行表示感谢，同时指出，我同诸位大使虽从未谋面，但共同语言和共同感受如此之多，真似“一见如故”。我虽长期在欧洲工作，但在国际问题研讨已“言必谈中国”的时代，各方高度关注中国与非洲国家关系的发展，其中不乏无端猜忌和指责。我对非洲问题的追踪程度绝不亚于其他国际问题。我曾在多种场合向西欧听众介绍中非关系的真正内涵和目的。非洲始终在我心中占有一席之地，非洲对我既不遥远更不陌生。

图阿布瓦大使在席间简短致辞，对我即将前往履新表示欢迎，并称他已向中非政府报告了有关情况，中非有关方面将会向我提供必要的工作便利，而且期待着与我建立良好的工作关系。图阿布瓦大使有针对性地指出，中国与非洲国家的友好合作关系由来已久，是非洲同其他国家关系的强有力补充，不具排他性，而非是有关西方媒体所说的竞争关系。非洲国家对中国的对非政策持真诚的欢迎立场，认为这种平等互利的伙伴关系才拥有真正的“可持续性”。

图阿布瓦大使夫人米蕾伊女士接过话头，说他们刚从美国到华任职时，在美学习的儿子曾在电话中提问：他从西方媒体中看到的中国与母亲向他介绍的中国，两者之间的差异为何如此之大？她回答称：你只有通过亲眼观察和亲身体验，才能了解真正的中国，免得认为母亲在向你进行所谓的“宣传”。儿子来华后，彻底改变了从西方媒体中得到的对华印象。这种情况值得所有人深思。

我在随后的答辞中指出，第一，在中非政府于3月21日照会同意中方对我的大使提名之前，图阿布瓦大使已向我发出了欢迎我去中非任职的贺信。我深为感动，同时对前往中非工作充满了期待。第二，地球是圆形的，每个国家都处于世界的中心，但汉语国名具有“中心、中央”含义的，只有中国和中非两个国家。这可能是个巧合，但这一美妙的巧合令人遐想。第三，研究成果表明，非洲是人类的重要发祥地之一，非洲地图活像一个古人类头骨化石。非洲和中国一样，都为人类的进步和发展作出了巨大的贡献，同时又遭受过巨大的灾难和牺牲。共同的历史和命运始终把中国与非洲连接在一起。

“一见如故”的友谊聚会在中国与非洲国家使节的热烈拥抱中结束。2011年北京春天的这一夜晚，令人难忘。

（刊于2011年4月28日外交部网站）

递 交 国 书

2011年4月21日早9时，我到馆次日，在中非国家典礼局官员陪同下，去使馆斜对面的外交部会见外长甘比中将（因担任过军队总长而被授予中将军衔），递交国书副本。副外长克蓬戈女士、外长办公厅主任、国家典礼局长等人在座。外长代表总统欢迎中华人民共和国驻中非新任大使，愉快地回忆起他对中国的友好感情，说他曾以总长身份访华，受到了“基本上”与国家元首相同的待遇。因为他检阅了三军仪仗队，只是没有为他鸣响礼炮而已。他担任外长后还未访华，虽然中方对他发出了邀请，但终未成行，希望尽快能以外长身份访华。

我向甘比外长表示感谢，特别对他表达的对华友好感情表示赞赏，指出中方对他的访华邀请始终有效，现正在等待对双方都适合的时机。我希望在今后的工作中能与外长先生建立起良好的工作与个人关系，共同推动两国业已存在的友好合作关系不断攀上新的台阶。甘比外长答称这正是他内心所愿。

按照国际惯例，递交国书副本后驻在国便接受了我的大使身份，我从即刻起便可开展各项外事活动了。我与甘比外长握别，国家典礼局长昂巴与我一起步出外交部大楼，前往使馆，商议明天向弗朗索瓦·博齐泽总统递交国书的具体细节。一切都将按既定的礼宾程序进行。

4月22日下午3时，一辆总统府国宾车和3辆总统卫队礼宾摩托车准时抵达使馆。在国宾车引导和摩托车护卫下，我乘坐大使专车，由政务参赞邵伟和经商参赞乐汉波陪同，前往总统府。大使专车前的国旗尚不能打开，缠在旗杆上，外罩锦套。

车队顺“烈士大道”前行，穿过首都坑洼不平的街道，沿途扬起阵阵红尘，经过市中心“零公里”处，进入总统府。

国家典礼局长昂巴把我迎进大厅，介绍给等候在此的博齐泽总统："共和国总统、国家元首先生，我荣幸地向您引见中华人民共和国驻中非特命全权大使先生。"我上前一步，上身微倾，双手递上国书："共和国总统、国家元首先生，我荣幸地向阁下递交中华人民共和国主席胡锦涛阁下任命我为中华人民共和国驻中非共和国特命全权大使的国书。"

博齐泽总统接过国书，交给站在旁边的国家典礼局长。总统与我握手，表示祝贺。我向总统介绍随行的使馆人员。国家典礼局长向我介绍出席仪式的中非方人员：外长甘比、副外长克蓬戈、总统办公厅主任马克弗伊、总统府办公厅全体成员。

由中华人民共和国主席胡锦涛签署、中华人民共和国外交部长杨洁篪副署的国书正本如下：

中非共和国总统弗朗索瓦·博齐泽·杨古翁达阁下

阁下：

为巩固和发展中华人民共和国与中非共和国的友好合作关系，我任命孙海潮先生为中华人民共和国驻中非共和国特命全权大使。

我相信孙海潮先生将尽力完成他所担负的使命，请你惠予接待，并对他代表中华人民共和国政府所进行的工作给予信任和帮助。

我愿借此机会对他任职期间所受到的接待和帮助表示感谢。

中华人民共和国主席　胡锦涛

中华人民共和国外交部长　杨洁篪　副署

二〇一一年四月二日于北京

国字第1949号

国书副本是我对博齐泽总统的致辞，内容如下：

尊敬的中非共和国总统

弗朗索瓦·博齐泽·杨古翁达阁下：

今天，我非常荣幸地向阁下递交中华人民共和国主席胡锦涛任命我为中华人民共和国驻中非共和国特命全权大使的国书。首先，请允许我转达胡锦涛主席对总统阁下的亲切问候以及中国政府和人民对中非政府和人民的友好情谊和良好祝愿。

中非是一个美丽而充满潜力的国家。近年来，贵国政府和人民在总统阁下领导下，为实现国家和平稳定、促进民族团结、重振国家经济、改善人民生活作出了不懈努力，取得了显著成绩。中国政府和人民对此感到由衷的高兴。今年一月，贵国顺利举行总统选举。阁下再次当选总统，充分表明了贵国人民对阁下的信任和支持。衷心祝愿贵国在总统阁下领导下，在实现国家长治久安和经济发展的道路上不断取得新的更大的成就。

中国和中非虽然距离遥远，但两国人民有着深厚的传统友谊。近年来，两国关系保持快速发展的良好势头。双方高层交往频繁，政治互信日益增强，经贸、文教、卫生等各领域合作成果显著，在国际和地区事务中相互理解、相互支持。总统阁下高度重视发展对华关系，二〇〇九年九月成功访华后，又于去年来华出席上海世博会中非国家馆日和中国国家馆日活动，为两国关系的发展作出了重要贡献。阁下和贵国政府坚定奉行一个中国政策，在涉及中方核心利益和重大关切的问题上一贯给予中方宝贵支持，我们对此表示赞赏和感谢。中方重视发展同中非方的友好合作关系，愿同中非方一道，深化政治互信，加强务实合作，推动两国关系不断迈上新台阶。

总统阁下，我在中国和中非关系蓬勃发展之际受命出使贵国，感到无比荣幸和责任重大。请总统阁下相信，我将同我的历届前任一样，竭尽全力，为进一步增进两国友谊，巩固和发展双边各领域的交流与合作作出不懈努力。我深信，在我履行这一崇高使命期间，一定会继续得到总统阁下和贵国政府的鼎力支持和友好协助。

祝中非共和国和平稳定，繁荣昌盛，人民幸福！

祝中国和中非友好合作关系不断巩固和发展！

祝总统阁下身体健康！

宣读完国书副本，国家典礼局长引导总统和我进入旁边的会客室。总统和我进行为时15分钟的单独会谈。

在之后将近两年时间里，我平均每半个月与博齐泽总统会晤一次，都在这间长方形会客室进行。这是一间长约15米、宽4米的屋子，陈设简单：顶墙是总统坐的沙发，沙发前一条长几，上面凌乱地摆放着资料和文件，墙角还堆放着几摞书籍和文件。顺墙两个长沙发供其他人坐。

总统落座，示意我在右手的长沙发上落座。我们两人身后是成堆的资料，前面长几上摆放着两国国旗。

我表示已在宣读国书副本时对总统阁下的工作、两国关系现状、本人将在历届前任工作的基础上为发展两国友好合作关系作出不懈努力作出了明确表态，希望继续得到总统阁下的支持。我要特别感谢总统阁下在我抵达贵国第三天便接受国书，充分彰显了总统阁下和贵国政府对两国关系的高度重视。我对此深受感动。

博齐泽总统回称，他曾认真地考虑过，鉴于对华特殊关系，是否让大使下飞机后直接从机场到总统府递交国书，以便在踏上中非土地的那一刻起就正式行使其使命。但由于新政府尚未组成，今天上午刚公布了新政府名单，故只能把递交国书的日期定在22日即我到任第三天，“还请谅解”。

总统要求我转达对胡锦涛主席的亲切问候，还说他数次访华，与中国各位领导人都建立了良好的关系，请代为致意和问候。两国人民有着深厚的传统友谊，感谢中国长期以来为中非和平与发展提供的支持和无私援助。欢迎大使履新，中非政府将尽可能地为大使工作提供便利。相信大使将为深化两国关系作出积极贡献。

单独交谈完毕，我与博齐泽总统与其他人会合。侍者端上香槟酒。等候在外的其他人早已手捧香槟或其他饮料。大家碰杯，热情地祝贺新大使到任，祝福两国关系更上层楼。

短暂的酒会后，总统与我并排站在大厅前台阶前，国家典礼局礼宾官招呼其他人站在后面的台阶上。两国国旗分列两旁。总统府摄影师拍摄“正式照片”。当然，前面的活动都已被电视记者拍进了镜头，并在当晚电视新闻中播出。总统府乐队奏两国国歌。

总统和我握别。国家典礼局长引导我踏上红地毯，检阅总统府仪仗队。

这是一支约30人的仪仗队。总统每次出席活动都会见到他们的身影。他们手中没有武器，在烈日下往往一站数小时，身穿的制服并不合身，而且早已不知汗湿过多少遍了，还需尽力显示出精气神来。

按惯例检阅完仪仗队，乘车离开总统府返回使馆。这时，大使专车前的国旗业已展开。车子前行，五星红旗在车前猎猎招展。班吉市中心没有红绿灯，沿途行人看见，都会主动让道。有人不时招手表示友好。

我在国家典礼局长陪同下返回使馆。使馆在小客厅略备小吃和饮料招待外方人员。欢声笑语中，双方已成为好朋友、老朋友。

中国副外长来访受到隆重接待

递交国书后，我于2011年4月26日拜会外交使团团长、法国驻中非大使让-皮埃尔·维东。按外交惯例，使团团长应由在任时间最长的大使出任，“论资排辈”，但法国大使却是驻中非外交使团的当然团长。非洲前殖民地国家的政权结构、经济模式、社会形态等都沿用法国统治时期的样式，政府和军队都有法国顾问。我到中非军队总参谋部拜会总长时，必先经过法国军事顾问的办公室。中非军队总长的军衔通常是将军，但却要不时征询法国尉级军事顾问的意见。法国在中非有300名长期驻军，需要时可从周边国家紧急调运。法国军营设在班吉国际机场旁边，必要时可随时控制这个内陆国家的重要对外通道。法国作为前宗主国，在中非独立60年后仍保持着强大的影响力和控制力。

我国一家建筑公司承建的“利比亚饭店”，因由利比亚领导人卡扎菲出资而得名，后因卡扎菲被推翻而更名为“莱杰饭店”。该饭店落成后，不仅是中非首都的唯一五星级大饭店，而且成为班吉的一大景观。一天，我到该饭店考察工程进展情况，随后登上饭店后面的山峰，希望俯瞰班吉全貌。山路崎岖，极难行走，古木参天，一片“未开发”景象。车到半山腰，看见数十名法国士兵架起仪器在勘测地势。一名军官模样的人在讲解，指着班吉市地形让士兵们辨认。山下的总统府历历在目。我得出结论，一旦有事，法国士兵便可抢先占领要地，控制局势。2006年，法国驻军曾帮助中非政府军平定北方叛乱，稳住了政权。

我到中非履新后的一周内，先后几次到法国驻中非大使官邸出席为摩洛哥大使、联合国代表、世行代表、世界粮农组织代表离任举行的酒会。法国大使讲话，代表外交使团向离任大使赠送纪念品。各国大使每人出资5000非洲法郎（约合10美元），作为酒会和纪念品的费用。

4月29日，出席博齐泽总统为离任的联合国驻中非特别代表莎赫尔-沃克·泽乌德女士授勋仪式。以德拉图瓦总理为首的政府成员、外交使团和国际组织代表、总统府办公厅成员站在总统府院子里临时搭起的布棚下。头顶的薄布对阳光和酷热毫无抵抗力，一个小时后，总统才出现在大家面前，在正中的椅子上落座。这种情况在阿拉伯和非洲国家已司空见惯，领导人每次都要让出席活动的客人等待较长时间，不知他是否知道这对于众人已成为一种痛苦的折磨。国家典礼局长宣布授勋活动正式开始。国家勋位委员会主席宣读为泽乌德女士授勋的总统令，总统和总理一前一后把勋章系在泽乌德女士脖子上。外交部长代表政府讲话，赞赏泽乌德女士率领联合国代表团为促进中非和平稳定所做的工作，同时表达惜别之情。泽乌德女士讲话，总结在中非期间的工作，对中非政府的配合表示感谢，承诺在新的岗位仍将继续为中非的和平与稳定再尽绵薄之力。瘦小单薄的泽乌德女士在酷阳下站立良久，衣服全部汗湿。我第一次出席此类活动，虽然自己也感燥热难耐，但对夫人的恻隐之心仍油然而生。

近两个小时的授勋活动后，博齐泽总统设宴款待。人们普通意识中的宴会是由侍者上菜，这里则是自助餐形式，包括总统本人也端个空盘取菜。倒是最后一道甜点由侍者送上桌来。饭毕，总统与大家握别。

2011年5月7日早11时，中国副外长乘坐包机从贝宁首都科托努飞抵班吉，甘比外长代表中非政府，与使馆人员同往接机。代表团分乘中非方提供的3辆礼宾车，在3辆总统卫队摩托车引导和护卫下，先到使馆就餐，后去总统府下榻，稍作休息。下午，中国副外长到外交部与甘比外长会谈，双方高度评价两国友好合作关系取得的丰硕成果，对未来充满信心，签署两国经济技术合作协定，有关款项将用于两国政府商定的合作项目。当晚，博齐泽总统会见并设宴款待中国代表团。中非方在主桌就座的有：总统博齐泽、议长加翁巴莱、总理图瓦德拉、外长甘比。3位主要国家领导人悉数出席。甘比外长和中国副外长分别讲话后，总统带头，拿起放在面前的盘子到餐台取菜。菜肴主要有乌班吉河特产的卡比丹鱼、烤肉串、烤或浇汁羊肉、鸡块、炸香蕉或红薯、蒸木薯、沙拉生菜、面包等，因中非系内陆国，故没有海鲜。甜点由侍者端上桌，是一块蛋糕。总统只饮矿泉水。这便是中非总统主持的宴会了。虽不丰盛，餐具也远没有发达国家（我长期在法国工作过，有比较）讲究，但正如代表团得以在总统府下榻一样，这场宴会也是特殊安排的结果，说明博齐泽总统对远方而来的中国朋友的重视。

次日，中国副外长一行开始参访活动。外方提供的3辆车加上使馆和中资机构的车辆，由近10辆轿车组成的车队在中非已属罕见，另外还有3辆开道和护卫的礼宾摩托，蔚为壮观。沿途路人和芒果树下茅屋旁出售木炭的居民纷纷向车队招手，舌头急转发出尖厉的叫声以示欢迎。车队不时与头顶木头的行人、车顶都坐满了人的出租车、数米高的载货车迎面相逢。突然，一辆负责护卫的摩托车不知是因为阻止还是躲避迎面驶来的车辆，猛然滑下路基跌落进旁边的沼泽地里。车队只好停下等待。摩托车在淤泥中动弹不得，车轮被乱草缠死，后轮的挡泥板和工具箱都已脱落，身穿红色制服的礼宾车手满身泥浆，扶着车把斜着身子勉强挺起身子，构成一道独特的风景。等到中非方警卫人员七手八脚把摩托车拖出泥沼，已经不能再跟上大部队了。

中非的路况都不好，前往参访地点的路程足足走了一个半小时。越接近目的地路况越差，车辆底盘不时与坑洼不平的路面发出刺耳的摩擦声。代表团在参访地的茅亭下歇息，苍蝇和不知名的飞虫随时会落进水杯。远处是从泥屋里进进出出的居民，小猪和鸡在草丛里寻食。在这里，一切都保持着半原始的状态。

从参访地返回，顺路游览了乌班吉河。乌班吉河是刚果河的最大支流，她是中非的母亲河，滋润了中非的大地，养育了中非人民。河对面就是刚果民主共和国，货物和人员往来仅一河之隔，极为便利。乌班吉河在首都班吉的码头既是重要的货物集散地，也是重要的海关港口和军事防卫要地。由于缉私和巡逻任务十分繁重，港口防卫由国防部负总责。

中国代表团到达班吉港口，中非方面告之河上气垫船因没有汽油而无法开动，需使馆买油。港口巡逻队因财政困难，气垫船已好多天没有挪窝了。使馆只好到加油站买油。两只大油桶被扛来后，往气垫船里加油又成了问题。只见一个军人把油桶举过头顶，另一人拿来一条短管，一头塞进油桶，用嘴叼住另一头，猛吸一口，吐掉口里的汽油，急塞进气垫船油箱入口。汽油就这样由油桶流进了气垫船油箱。中非是内陆国，除少量空运外，货物主要靠陆路和水路运输。孰料班吉港口的船只仍在用如此原始的方式加油，而且平时因无油可加而长歇码头。我好奇地问：“船只因无油而动弹不得，有事时怎么办？”对方回答：“士兵们白天在码头休息，晚上回家，不会出什么事。”

上得船来，烈日下游览著名的乌班吉河，倒也别有情趣。河面上，有人乘独木舟用破旧的渔网捕捞或用鱼钩垂钓卡比丹鱼，有人乘独木舟捞河沙和小石子，运到河边再装车运往建筑工地，有人在游泳戏水。河心小岛长满了各类树木，一片青翠。为中国副外长和大使驾船的军人经验老到，平稳而又能绕开浅滩。几个年轻人乘坐的汽艇就不一样了。速度快，转弯快，又不时搁浅，手忙脚乱地用木篙把气垫船拨回深水水域。船接近刚果（金）边界，清晰地看见许多人在河边戏水，甚至有妇女在河边洗浴，黑色皮肤在阳光下闪光。

夕阳西下，中国代表团圆满结束对中非的访问，甘比外长代表中非方到机场送行。使馆人员与祖国亲人惜别。

眼看着代表团包机腾空消失在遥远的天际，我们才离开机场。回使馆路上，从包机公司代理处得知，正副驾驶和女服务员昨晚游览市容时，放在旅馆房间的行李遭劫，丢失1000美元，2000欧元。报警只能是例行公事，根本不能指望中非警方能够破案。在中非的中资机构人员多次遭到军警明目张胆的抢劫，枪栓拉得咔咔响。但只要你把钱物交出，他们便会扬长而去，不会动粗或伤及你性命。我方人员有时找到上级军官理论，看到抢劫者就站在一旁。我方人员说刚才就是他抢劫的，军官问是吗？对方回说没有，或说没有那么多，只要了一个手机，还你吧。中非军警待遇差，多月甚或更长时间不发工资，抢劫勒索已成为常态。中非治安状况之坏，由此可见一斑。要想自身平安，只有时刻提高警惕。

中餐馆女经理被害与效率低下的中非司法

2011年5月1日，我应邀出席博齐泽总统主持的国际劳动节庆祝活动。活动在使馆前的烈士大道上进行，基本内容是总统检阅社会各界的游行队伍。平日里看上去陈旧不堪、风雨飘摇的观礼木台罩上幔布，柱子上缠了绢花，显得焕然一新，总统、议长、总理及政府成员、议员和外交使团在台上就座。政府各部门、社会各团体、企业及班吉市民、郊区农民队伍依次走过，有的单位就一人举个牌子。当一老一小两个农民头顶木薯从台前走过时，总统招手让他们过来，拿出两张纸币，按当地习惯先把纸币在对方头顶揉搓几下，再塞到两人手里。爷孙俩人不住作揖，千恩万谢地走了。最后是警察和军队。当衣冠不整的军队或站或坐在军车上，举着规格不一的枪支和掷弹筒从检阅台前经过后，这天的活动便告结束。前来观看的市民和学生被拦在数百米外的地方，不时发出尖叫或鼓掌烘托气氛。外交使团要比总统提前一小时到达，又要比总统及内阁成员晚走，我尚未习惯热带酷暑，又是一场意志的磨炼和身体的考验。

次日，天未亮，电话铃声响起，急促的带有哭音的腔调响起："中餐馆女经理被人伤害！"班吉市只有一家中餐馆，正式名称就叫"中国餐馆"，地处市中心"零公里"旁边的一条胡同里，是中资机构人员常去用餐之所。电话里传来的消息使我打了一个冷战，立即驱车赶往现场，并招呼医疗队派人前去抢救。我刚到中非，还未来得及看望华人华侨，就出了这种事，始料未及。只见房间凌乱，地上的保险柜被撬，财物失窃，女经理面朝地趴在床边地板上，双手双脚被人用黑色的胶皮电线从后面捆绑起来，早已没有气息。医疗队说死者身上没有明显受侵害的迹象，系被人捂住口鼻窒息而亡。卧室门窗没有明显撬痕，门是用钥匙打开的，钥匙就放在门边。"内贼"或熟人作案的可能性较大。我当即与到场的中非警方交涉，要求他们保护现场，搜集证据，尽快破案。同时与中非外交部长和公共安全部长通话，进行交涉。当天下午，在使馆召集中资机构负责人和华人华侨代表会议，说明在中非这样的国家，任何事情都可能发生，要求大家高度重视安全问题，重在防范，切不可掉以轻心，认真清查和堵塞安全漏洞。

随后数天，我先后会见博齐泽总统、图瓦德拉总理、甘比外长、古安德加公共安全部长、芬迪罗司法部长，并数次通过总统办公厅通报博齐泽总统，要求中非方尽速破案，切实保障中方人员的生命财产安全。博齐泽总统指示公共安全部长，说他对发生此事深感痛心，要求尽速侦破，采取措施保证中方人员安全，希望此事不会影响与中国的友好关系。

在会见司法部长芬迪罗时，对方指着水沟纵横已难以通行的司法部院子，以及常年渗水留下道道泥痕的办公楼走廊墙壁，脏乱的办公室和残破的沙发，说这种破败的景况已无法办公，请求中国为中非建造一座司法大楼。我顺口说沙石院子经过一个雨季后可能会被冲刷出多条水沟，这些又深又宽的水沟看出来是好些年冲刷出来的，为何不在每个雨季过后把院子平整一下？司法部大楼廊下长椅上坐着不少人，无所事事，每人动一下手，不就把院子平整了？办公楼漏雨，应早点修缮，堵塞漏洞。中国有句老话：“小洞不补，大洞尺五”。对方笑笑，不予回答。一年后，传说芬迪罗因参与推翻博齐泽总统的活动，同时大量贪污，被解除职务，为逃避司法追究而亡命法国。其担任某市市长的兄弟也因贪污而被解职。

中餐馆命案是中国与中非关系史上最为严重的事件，使馆根据国内指示与中非方进行了多次交涉。中非政府和警方表示高度重视此案，认为中餐馆的中国籍厨师、一名寄住在中餐馆楼上的中资机构人员、两名中非籍夜间保安具有重大作案嫌疑，遂将4 人逮捕。“中国餐馆”方面坚持认为是餐馆厨师伙同其他人共同作案。一是厨师最后与女经理分手，分手后还通过电话。二是厨师与女经理不睦，多次公开表示出辞职之意。三是失窃现场没有明显破坏痕迹，熟人作案可能性最大。四是餐馆院子里两条狗被人喂了麻醉药，第二天仍口吐白沫站立不稳，推测亦为熟人所为。

多轮审讯后，4 人均否认与此案有任何关系。但是，法律讲求证据，推测不能代替司法程序。我与公共安全部长古安德加讨论此案。对方明告：中非警方破不了案。既无手段采集必要证据，更无分析DNA和指纹的技术，只有通过反复审讯嫌疑人的方式从口供中找寻破绽，进而确定案犯。此案长期拖下去的可能性极大。他们确实不知道应如何办理此案："如果遇害者是个当地人倒好办了，给一点钱便可了结。"

半年过去了，中资公司遭扣押人员和一个黑人夜间保安被排除嫌疑释放，餐馆厨师和另一个黑人保安被继续关押。芬迪罗司法部长告：厨师只要交保2000万中部非洲法郎即可获假释，甚至可以回国，在需要时再回来应讯。2000万非洲法郎相当于4万美元，身无分文的厨师何来这笔巨款？厨师是中国公民，只身在外，使馆从关怀角度定期看望，并送去必须的生活用品。送去的食品之类往往很快便被同牢房的中非犯人分食。芬迪罗所提条件显然有借机敛财之嫌。

一年多后，时间到了2012年8月2日。这天，厨师因患疟疾，使馆安排其到班吉友谊医院由中国医生诊治，回来后发现班吉中心监狱已被游行的青年砸毁，管理人员和狱警也都不见了踪影。原来是青年们因对征兵腐败产生不满而发动暴力游行，顺便砸了监狱。管理人员和狱警只求自保，面对愤怒的人群唯恐避之不及，职责早就抛到九霄云外去了。关押在此的750名犯人见门窗被砸开，乐得一哄而散。

中非国家军队只有数千人，管理松懈、纪律涣散，毫无战斗力，但若加入其中，生活便有了保障。这对生活极端困苦，每天一顿饭都难以保证的当地青年具有极大吸引力。2012年计划征兵200人，6月26日却向报名的9000个应招体检的青年发放了登记表，每人收取5000非郎（约合10美元）登记费。5000非朗对中非人来说已是一笔不小的开支。许多人明知道当不上兵，这只是军方敛财的惯用手段之一，但仍抱着不妨一试的态度希望能走一次大运。7月30日公布结果，许多未参加体检的名字却出现在招收名单上。8月2日，青年们陆续到班吉宪兵学校打探消息，情绪渐趋激昂，遂决定上街游行，以表达对严重的贪腐现象和社会不公的强烈不满。沿途不断有对前途失望的青年和对生活丧失信心的市民加入游行队伍，逐渐演变为骚乱。班吉市市中心的解放纪念碑和第四区街心平面立交设施被毁，第四、五、六、七、八区5个区政府办公楼遭严重破坏，国际组织赠送的人道物资被抢劫一空。政府紧急动用大批军警弹压，事态直到晚间才渐趋平息。

总统长子、时任国防事务部长级代表（负责国防部日常工作，博齐泽总统兼任国防部长）弗朗西斯·博齐泽在当晚电视新闻节目中说明情况，但回避有关虚假名单一事，只反复说是一些“心怀不轨”和“受人操纵”者刻意挑起事端。“青年人受政客操纵，反对派应该明白，破坏行为使示威者和全国青年蒙羞。”次日，多个反对党联合发表声明，说人民食不果腹，有病难医，社会创痛全面暴露，这次骚乱是民众长期受压郁积的反政府情绪的大爆发，为何前几任总统的塑像都完好无损，唯独博齐泽总统的塑像被捣毁？政府应对示威者的要求作出回应，而不应毫无根据的寻找替罪羊。

3天后，在骚乱中乘势逃脱的750名犯人中有76人主动返回。中餐馆厨师无处可去，无亲可投，只能再回监狱，但行动较前自由。他可以随意上街，经常到中资机构和使馆来寻求帮助。同厨师一起遭关押的中餐馆中非籍保安脱逃后再未返回，不知去向，监狱方面也不追究。

这时，芬迪罗已被解除司法部长职务，因企图政变和贪污嫌疑而经乍得秘密逃往法国。我向新任司法、道德和掌玺部长姆博索问及案子进展情况，回答仍然是难以破案，厨师只能继续呆在监狱。又问同案遭关押的中非籍保安情况如何，回答是难觅踪影。为何？因为既无对方确切住址，又没有身份证可查。如果中国厨师届时与其他人一起消失，我们找不到人也就只好不找了。他自己回到监狱，我们只能继续关押。虽然本人否认作案，亦无确凿证据证明他犯罪，但诸多疑点仍难以排除，又无法证明他与本案无关。看来还得拖下去。

转眼到了2012年12月，叛军联盟“塞雷卡”在10天之内攻占全国大半领土，在距班吉70公里处的达马拉与中部非洲共同体多国部队形成对峙。首都人心惶惶，秩序大乱，许多人到外地或出国躲避，博齐泽政权岌岌可危。中非司法部门和监狱当局告知中央监狱的所有犯人：形势危急，监狱已不再是关押普通刑事犯人的地方，将主要关押政治犯和战俘，你们必须立即各自回家，至少是离开监狱，已往犯罪不再追究。

中餐馆厨师就这样在班吉中央监狱渡过了一年半时光，最后硬是被“轰”了出来。该厨师此后再未露过面，有人说他辗转回到国内，但妻子在他入狱期间已办了离婚手续，具体情况不得而知。

博齐泽总统亲自出席到任招待会

2011年5月13日，我们夫妇在使馆举行到任招待会。此前，我已与中非政府各部门首长进行了广泛接触，拜会或在不同场合结识了驻中非外交使团和国际机构代表，大家都已彼此熟悉。我与博齐泽总统已有数次会晤，招待会时间确定后，便当面向他发出邀请，当即得到肯定答复。招待会请柬一般提前一周寄送给外交使团、领事机构和国际组织代表，提前三四天发给中非政府部门，以免时间长了被遗失或遗忘。

招待会邀请范围包括总统府、议会、总理府、政府各部、军队主要官员，其他权力机构及各主要社会组织负责人，文教新闻机构代表及前政府官员和使馆老朋友等，外交使团和国际组织代表自然在邀请之列。

招待会定于晚7时举行。图瓦德拉总理携办公厅主任、总理府礼宾司长等人6时39分即抵达使馆。总理府与使馆比邻而居，都面向烈士大道，中间仅有一条小道之隔。两个大门的间距为50米。我在半月前对图瓦德拉总理进行到任拜会时，总理请我转达对中国总理及中国政府和人民的诚挚问候，代表中非政府感谢中国长期以来给予的大量无私援助和支持，中非将永远执行友好的对华政策。我感谢图瓦德拉总理的友好表示，转达温家宝总理的亲切问候，祝贺他在博齐泽在今年1月的选举中蝉联总统后被第三次任命为总理。希望通过双方共同努力，不断推动两国友好合作关系深入发展。

图瓦德拉总理曾长期担任班吉大学数学教授，为人十分谦和。根据总理提前半小时抵达的情况，我估计总统将会按时与会。我顾不上招呼其他陆续到达的宾客，陪同总理和随行人员到使馆小客厅暂歇，等候总统到来。重要内阁成员一同到小客厅休息。

按礼宾次序，图瓦德拉总理排在加翁巴莱议长之后。议长由于出访不在国内不能前来，除口头向我表示祝贺外，派出所有3位副议长悉数出席。我在加翁巴莱议长返国后前去拜会。对方率国民议会3位副议长、议会执行局和办公厅全部成员数十人与我会见。议长积极评价对华关系，强调中非视中国为值得信赖的合作伙伴，赞赏双方务实合作所取得的良好成果。中非感谢中国长期以来给予的援助和支持，真心希望学习、借鉴中方发展经验，实现中非的经济与社会重建。

中国共产党成立60周年之际，使馆与中非劳动党联合举办庆祝活动。加翁巴莱议长以中非劳动党第一副主席身份，与劳动党执行主席库瓦姆巴、秘书长维伊菲奥率该党政治局、书记处、顾问委员会、地方负责人和劳动党议员及政府成员150多人前来使馆。议长代表劳动党创始主席博齐泽总统和全体党员向胡锦涛总书记和全体中共党员致以节日祝贺，高度评价中国共产党60年来取得的丰功伟绩，真诚希望加强两党交流，学习和借鉴中国共产党人治国理政经验。

到任招待会当晚，来宾150多人，其中有15位部长出席。

晚7时整，博齐泽总统的车队抵达使馆。此前，总统卫队队长和国家典礼局长已率人先行到达，检查安全，安排礼宾程序。大使夫妇、两位参赞夫妇、总理夫妇及先行到达的内阁成员到门口迎接总统夫妇。总统夫妇到达后，卫队在使馆门前布岗，使馆大门关闭，其他人不得出入。晚到者被强行拦阻，只能满怀惆怅地折身返回。所以，使馆在请帖上业已注明，博齐泽总统将出席招待会，务请出席者在6时45分之前抵达。

在大使夫妇和总理夫妇陪同下，总统夫妇被请进使馆小客厅。国家典礼局长重新安排座次，刚才在此暂歇的一些部长便退到门外去了。博齐泽总统亲自把致胡锦涛国家主席的国庆贺信交到我手中，说他坚持要亲手转交贺信，以表达对友好、兄弟的胡锦涛主席和中国人民的敬意。我表示对总统此举深受感动并致以谢意，并再次对他通过选举连任总统、新一届国民议会和民族团结政府成立表示祝贺。

稍后，礼宾人员进来说可以开始了。以总理为首的其他人先行一步，大使夫妇陪同总统夫妇最后走出小客厅。出门时，总统客气地让两位夫人先行。

我到台前讲话，简要回顾两国关系的过去，对两国关系现状作出总体评价，列举两国合作项目及对中非经济与社会发展所作的贡献。指出博齐泽总统在我到任两天后即接受国书，充分显示出中非领导人和政府对发展两国关系的高度重视和两国人民间的深情厚谊。近年来，两国关系保持良好发展势头，双方政治互信不断增强，各领域合作富有成效。我表示对两国在各领域富有成果的合作与未来充满信心，对到中非后受到的热情接待表示感谢，希望在今后的工作中继续得到中非各部门的支持与配合。

中非国际合作部长巴伦扎帕女士致答辞，历数双方合作项目以及给中非带来明显的社会与经济效益，强调中非将进一步努力发展对华关系。博齐泽总统和图瓦德拉总理都对中方提供的多项援助给予高度评价，对中国社会和经济建设在近30年内取得的堪称奇迹的诸多成就深表赞叹，中国发展道路和模式对像中非这样的发展中国家具有强大的借鉴和示范作用，强烈希望加强对华合作。博齐泽总统感谢胡锦涛国家主席在他再次当选后致电祝贺，相信中国会一如既往地支持中非经济和社会发展。当前，世界正处于大变动、大改革的时期，非洲更加需要像中国这样的真诚朋友。中非与中国合作潜力巨大，应进一步加强和扩大两国务实合作，造福两国人民；并重申，中非将始终坚持一个中国政策。

博齐泽总统夫妇自2011年5月13日亲自出席中国大使到任招待会后，还先后出席在使馆举行的2011年和2012年国庆招待会，2012年“八·一”建军节招待会，并于2012年和2013年春节期间应大使夫妇之邀率家人和主要助手到使馆做客，与使馆人员共渡新春佳节。在不到两年时间内，驻在国总统先后5次造访一个国家的使馆，极为少见，也可说是绝无仅有。中非二号人物加翁巴莱议长和三号人物图瓦德拉总理到馆次数更多。

中国发展与不同意识形态和政治制度国家间友好关系，推动人民之间友好交往和理解，不干预别国内政的政策深受欢迎，特别是深受广大发展中国家的赏识，深得人心。中非这样严重依赖外援的国家，视中国为最值得信赖的朋友和伙伴。在每次交往中，博齐泽总统对华友好之情溢于言表。

讲完话后，我和夫人与总统夫妇等人到使馆宴会厅就餐。其他人在使馆大厅享用自助餐。宴会结束后，总统夫妇先行离席。我和夫人陪送总统夫妇上车，随同保护的架有机枪的多辆军车一同离去。其他人在总统走后才相继离去。招待会为时3个多小时，气氛热烈友好。

中非国家电视台和广播电台对招待会进行现场直播。中非国家通讯社、《中非晨报》、《燕子报》、《民主报》、《公民报》等多家媒体到现场采访。

5月20日，我们夫妇在使馆举行华人华侨专场到任招待会，我专家组、中资机构和华人华侨代表百余人出席。我在致辞中勉励我援中非专家牢记祖国和人民的重托，不辱使命，踏实工作。鼓励中资企业锐意进取，勇于开拓，为双边经贸合作发展作出有益贡献。希望侨胞们一如既往地关心和支持祖国的各项建设事业。要求大家与中非人民友好相处，遵守当地法律法规，同时要加强安全防范和自我防护意识，有效保障人身和财产安全。我们即将迎来建党九十周年的光辉节日。中国人民在伟大、光荣、正确的中国共产党领导下，实现了中华民族的伟大振兴，屹立于世界民族之林。改革开放三十多年来，我国社会进步，经济发展，人民生活水平日益提高，国际地位不断提升，在地区和全球事务中的作用和影响力持续扩大。“中国道路”在发展中国家的示范和辐射作用日趋强烈。驻中非使馆将继续深入贯彻落实“外交为民”理念，为在中非广大同胞办实事、服好务。与会嘉宾纷纷表示，要在各自的工作岗位上努力奋斗，以实际行动和优异的成绩向建党九十周年献礼。

就在博齐泽总统出席我到任招待会的同一天，2011年5月13日，欧盟驻中非代表桑赞大使接受媒体专访，谈欧盟对中非政策，对中非总统和政府提出多项批评。第一，博齐泽虽然在今年1月举行的大选中以66.08%的得票率蝉联总统，但根据欧盟专家的评估，选举存在诸多问题，远未达到公平、透明、可信的国际通用标准。欧盟作为中非总统选举费用的主要资助方，对这种情况深表遗憾。第二，欧盟答应为中非总统选举提供资助，先决条件是当选一方与反对派进行充分对话，倾听和照顾反对派的诉求与利益，而且与政府达成一致。但博齐泽总统当选后并未践诺。欧盟大使和法国大使不久前已当面向博齐泽总统提出，要求尽快与反对派举行选后公开政治对话。第三，作为欧盟驻中非大使，未应邀出席博齐泽总统的就职典礼。并非是欧盟质疑总统选举结果，而是反对在3月15日这一天举行就职仪式。因为3月15日是博齐泽政变夺权的日子，欧盟历来不支持政变。第四，下月在布鲁塞尔举行的援助中非国际圆桌会议并非由欧盟主办，而是中非政府和联合国中非和平建设委员会（联合国驻中非代表团别称）倡议举行的。欧盟虽会以中非援助伙伴的身份与会，但不会提供新的援助，欧盟现正在执行总额为1.6亿欧元的2008—2013年援助计划。第五，不久前，中非退伍士兵多次到欧盟代表处示威，把欧盟大使围困在办公室近20个小时无法离开，要求欧盟增发退伍补助金。欧盟已把答应中非政府的补助金足额拨付，退伍军人称政府克扣补贴，应找政府解决问题，但到欧盟代表处示威实不应该。

附录：

在中非工作随感

中国到中非，“二中”友情深。
鸡啼催早起，鸟鸣是乡音。
骄阳展热情，明月共一轮。
努力战病魔，抖擞更精神。
狂风识劲草，烈火见真金。
绿草蓝天美，红土黑肤亲。
世界欠公正，求实需搏拼。
你穷我不富，兄弟互帮衬。
尽心更尽力，坦荡无私心。
天下事纷繁，首破弱与贫。
同情并支持，天涯若比邻。
前途无限好，道路殊艰辛。
“新兴世界”强，齐发龙虎吟。
“中国故事”多，五洲传魄魂。
祖国万里遥，责任重千斤。
向党献薄礼，赤子表忠心。

到中非工作近一月，感触良多，遂将心中所思写成以上文字。5月13日到任招待会上，简单地将这段文字的大意口头翻译给应邀前来的中非共和国总统博齐泽、总理图瓦德拉以及三位副议长、三位国务部长和国际合作部长等中非来宾，获得赞许和掌声。

（刊于2011年5月17日外交部网站，此诗获外交部诗词楹联征文三等奖）

热烈简陋原始的庆祝活动

到任后几个月内，我先后出席了由博齐泽总统主持的数场大型官方活动。试举几例：

2011年“五·一”庆祝活动后，出席5月6日举行的计划、经济部新楼落成仪式。请柬和日程安排上都写明外交使团应于上午9时抵达，因已多次领教了中非方无时间概念的情况，为少受酷热煎熬，我特意比预定时间晚到45分钟。即便如此，中非政府成员、总理、议长仍在我之后半个小时才在临时搭起的阳棚看台上陆续入座。大太阳下，先是歌手在扩音器前用当地桑戈语唱着听不懂的歌，后是两名演员表演类似相声的语言节目，最令人感动是的5女3男在激情的手鼓伴奏下，赤膊光脚在滚烫的碎石地面上狂舞的场景。演员们长时间屈腿弯腰，甩手扭臀，使尽全身力气，虽然汗如雨下，但看上去却好像身不知热，腿不知酸，脚不知疼。总统府乐队和仪仗队有气无力地等待着。政府官员和外交使团穿西服，扎领带，虽身在阳棚下，但头顶一层薄布安能抵挡酷热，个个浑身都已湿透，焦急地不时朝着总统前来的方向张望。

11时许，博齐泽总统的车队终于抵达。总统跳上红地毯从仪仗队前走过，落座。国家典礼局长宣布仪式开始。计划经济部长讲话，说该座大楼共耗资263，579，267非洲法郎，由有关国家和国际机构援建。计划与经济部还拟在有关省份建造办事机构，建造中非经济与计划研究所，需资10亿非郎，殷切期盼各个国际合作伙伴慷慨出资。部长讲话后，班吉市长讲话，总统剪断横拉在新楼门前的国旗色彩带，并剪成小段分发给随后的部长和各国大使。大门开启，总统进入新楼，揭去铜牌上的绸布。铜牌上书：计划与经济部大楼。2011年5月6日，共和国总统、国家元首博齐泽揭牌。旁边另一块牌子上书：该楼由日本、世界粮食计划署、联合国人口基金会、欧洲联盟出资援建。总统前行，应邀出席揭牌仪式的数百名来宾鱼贯而入，参观新楼，出席酒会。

5月27日，中非独立选举委员会在国民议会举行仪式，宣布“独选会”工作结束。仪式由博齐泽总统主持。总统按惯例晚到一个小时。在“全体起立欢迎共和国总统、国家元首”的召唤下，总统在主席台就座，摇动面前通常由议长使用的铜铃，宣布会议开始。评论认为，“独选会”本是监督总统选举是否独立的机构，其工作结束仪式怎能由总统主持?

“独选会”于2009年10月成立，在总统选举活动开始后执行使命，职责是监督和保证总统及议会选举公正、透明。博齐泽于2003年3月15日以武力推翻帕塔塞政权并自任总统，在2005年4月举行的选举中正式当选，任期5年。根据宪法规定，本应于2010年4月25日举行新一届总统选举，竞选活动于半年前即2009年10月展开。政府宣布因技术原因两度推迟选举，直到2011年1月23日才得以举行。2月12日，中非宪法委员会宣布博齐泽在第一轮选举中当选，各反对派政党当即提出异议，拒绝接受选举结果，并成立“取消选举结果联盟”。被博齐泽武力推翻的前总统帕塔塞也参加了此次选举，得票率次于博齐泽。帕塔塞随后患病，要求到国外治疗。两度推迟后才得以出国，却于2011年4月5日病逝于邻国喀麦隆海滨城市杜阿拉。帕塔塞之死为反对派提供了新的攻击口实，使博齐泽总统陷于被动。后经反复协商，主要是博齐泽与帕塔塞家族达成协议，帕塔塞遗体运回国内，举行为期一周的国葬，停尸在班吉市政大厅供崇拜者和追随者瞻仰。5月21日，博齐泽出席帕塔塞葬礼。外交使团应邀出席有关国葬活动。事态虽未完全平息，但稍趋平静。

“独选会”报告除引言外，分为选举形势、国际援助、选民登记、选举与选票准备、候选人登记、选举过程与计票、选举结果审查、政治与公民社会等因素对选举的影响、选举纠纷处理、选举安全问题、中非选举的特点、结论与要求共12章。

“独选会”主席班吉马莱作总结讲话，说中非作为“后冲突国家”，总统选举面临严重的财政、后勤、安全等诸多挑战。参加竞选的数十个政党立场迥异，在涉及选举的几乎所有问题上纠纷不断，但选举仍能最终在法律框架内、在各派达成一致的基础上得以举行。讲完话，班吉马莱把“独委会”报告递交博齐泽总统。

博齐泽总统讲话，说中非经济脆弱，安全难有保证，因而难以有效地组织选举。中非人民虽然经受了推迟选举、不同争端等诸多考验，但选举终于在平静中结束，他要对中非人民的成熟表示敬意。现总统选举活动业已结束，应把精力集中于经济建设。同时积极推进对各类武装人员的“解武、复员、融入社会”的进程，希望国际社会继续提供财政和技术援助，使参与武装冲突的各类人员和平地回归社会。感谢联合国、非盟、中部非洲经济共同体、欧盟、法语国家组织以及法、美、德、波兰、多哥、南非、赤道几内亚等国际组织和国家为中非选举提供的物资和财政援助。现在，中非将把借来的投票箱归还给有关国家。

国家最高领导人的选举属于国家最高主权，但像中非这样的国家，不仅需要外方提供财政和物资援助，甚至连选民登记等基本工作都要借助于外力，投票箱也要从外国借用。所谓民主，只能是停留在口头上的一个名词而已。

我多次应邀出席在议会举行的活动，都会看到民间文艺团体表演的助兴节目。基本内容是以不同形式表现国家到此为止经受的各种苦难，号召人民努力劳动以消除贫困，摈弃政见建设国家，放下武器实现民族团结等。

6月4日，我应邀出席班吉大学第六届艺术与文化周开幕式。班吉大学与总理府一样，也与中国驻中非大使馆比邻而居。往市区方向走，路过与使馆斜对面的外交部，便是班吉大学的校舍。中非这所大学与众不同，没有院墙，没有校园，凌乱的教室散乱在烈士大道两旁，雨天泥泞不堪，晴日尘土飞扬。莘莘学子成堆成群在树下或坐或卧，在路边或走或站，随意穿越宽阔的烈士大道，神情轻松而慵懒，难以看到我国大学校园内学生们苦读的情景。班吉大学缺乏教学用具，更没有教学用实验室，教室简陋。我数次应邀向学生们介绍中国的发展情况和中国对外政策，大教室里没有一个窗户，没有照明设施，更没有空调，站在前面讲台上，只能看见后面黑乎乎的一片；因为没有窗户和照明的大教室是黑的，学生们的皮肤是黑的。学生学习条件差，教师待遇差，经费时常不到位，拖欠工资一年半载不足为怪。万名学生在这样条件和环境中学习和生活，怨气和怒气日积月累，干柴烈火随时可能被点燃。班吉大学每年都要发生数次大规模抗议示威活动，我国使馆就在近旁，往往会遭受池鱼之殃。使馆院子里曾捡到军警弹压学生而发射的弹头，使馆车辆也曾被学生扔过来的石块击中。

开幕式在临时清理出来的一片土地上举行。我应班吉大学生联合会要求，利用“大使基金”向本届艺术和文化周提供少量物资援助。博齐泽总统和部分政府成员出席。学联会主席在开场白中专门提到中国大使为本次活动提供了物资帮助，还说中国向发展中国家提供的帮助，与有些国家出于利益和剥削目的而提供的援助有本质区别。博齐泽总统在讲话中号召青年们为国家的复兴贡献力量，也对中国大使出席本次活动表示欢迎。数百名大学生对我报以热烈的掌声。

开幕式上，大学生演出了两个小品。《就诊》说的是一个小姑娘从降临人世间起就身患重病，衣衫褴褛，无人顾惜，精神萎靡，营养不良，浑身无力，举止彷徨，郁闷孤独，前途渺茫，病情日危，恨无良方。她怀着极端无助的心情前去就诊，“我任何事情都做不了，做不好，我对自己已经绝望，别人对我也已绝望，我该怎么办？”医生问小姑娘叫什么名字，回答说我叫中非共和国。医生说，经过诊断和分析，你的病完全可以治好，根本问题是你自己要有信心。药方是：振作精神，树立信心，制定目标，努力向前。只有振作才能催生对病毒的抵抗力，只有制定明确的目标才能不再迷失和彷徨，只有亲手劳动才能养活自己。《冲突》则通过艺术的方式和语言，一男一女两个大学生细数中非长期存在而且愈演愈烈的各类政治、军事和社会冲突，特别是武装派别与中央政府以及相互间的冲突对国家和人民造成的深重灾难，社会和族群裂痕日深，国家面临的危机日重，长此以往后果难测，必须高声呼唤和平与安全，呼吁青年们为实现这一目标而努力。《就诊》和《冲突》所描述的情景是数十年来中非的现实。谁能料到，一年半后发生的民族大灾难更加令人触目惊心。

7月1日，法国设在班吉的巴斯德研究所举行50周年暨两个新增设的研究室落成庆典。身穿原始兽皮服装的部落演员表演歌舞，主要动作是剧烈地抖上身和臀部，极度夸张。博齐泽总统应邀率政府各部门首长出席，向所长授勋。该所是一座标准的法式园林，古木参天，小楼别致，养护良好的草坪，碎石甬道，道旁花木修剪整齐，别有洞天。但一出研究所大铁门，便重新回到了现实之中，道路坎坷，晴天尘土飞扬，雨天水坑遍布，泥泞难行。中非外交使团和国际组织的环境基本如此。内部环境良好，出门后便要面对艰苦的现实。我们有时会开玩笑地说，我国使馆都要比总统府干净、美观、整齐。

8月13日，中非独立日宗教仪式在班吉“无玷始胎（意为圣母身体未受玷污受孕而生耶稣）大教堂”举行。仪式由梵蒂冈驻中非大使以大主教身份主持。博齐泽总统少有例外地没有迟到，率议长、总理及部分政府成员出席。其他政府成员代表总统在班吉市另外6个天主教堂和两个清真寺出席独立日宗教仪式。博齐泽总统毕恭毕敬，随着仪式的进行不时起身、坐下、在胸前画十字，吃圣餐，并向教堂捐款。宗教仪式结束，总统先行离席。总统车队离去时，有人从车上向围观的群众撒硬币，引起狂抢，人群大呼小叫，乱作一团。我曾目睹过多次这种场面，不知在世界其他发展中国家有否这种情况。

随时可能发生的宗教社会武装冲突

2011年5月31日夜，班吉市天主教徒与旅居中非的乍得穆斯林族发生大规模武装冲突。据报道，冲突起因是一个乍得穆斯林教徒骗杀了两个天主教家庭的男孩，据传是将男孩某些器官偷运到非洲某个国家用于宗教仪式。这种情况以前也曾有过。流言不翼而飞，迅速传遍整个城区。中非人对乍得人久聚心头的仇恨被再次点燃。

中非是个天主教和基督教新教以及原始宗教占主流的国家，伊斯兰教教徒不足15%，但精于计算且会做生意的乍得伊斯兰教徒在班吉零售业占据了大半壁江山，5公里处（市中心为零公里）市场主要由旅居中非的乍得人经营，大获其利，大赚其钱。2003年乍得总统代比派兵帮助博齐泽总统政变成功，博齐泽不信任中非军人，总统卫队主要由乍得人组成。总统卫队中的乍得人仗势欺人，横行无忌，时常引起极大民愤。中非人与旅居中非的乍得人经常发生矛盾，不时爆发激烈冲突。

暴怒之下的邻居们打死了杀害男孩的乍得人，混乱迅速蔓延成与该城区乍得人的暴力冲突。乍得伊斯兰教徒听到传言说中非天主教徒要去焚烧或捣毁清真寺，这下可不得了了。伊斯兰教徒们迅速集聚起来保护清真寺，在保护自己和发泄平日不满的双重动力下与中非天主教徒厮打在一起。打斗双方手中不只有斧头砍刀木棒，还有藏匿在家以备紧急情况下护身护家的枪支。有人趁机打砸抢烧掠。事态持续扩大，参与人数越来越多，最终导致数十人死伤，多所房屋被烧，众多商店被抢。

博齐泽总统当即派出大批军警前往出事城区弹压。班吉一时间枪声大作，闹事者和街头游民四散逃走。拂晓时分，事态渐趋平息。中非政府宣布在班吉市第

三、第五、第六区三个城区实施宵禁，暂时关闭“五公里市场”，荷枪实弹的军警徒步或乘车在全城巡逻。6月1日，数千天主教徒上街游行，有人要求把乍得伊斯兰教徒驱逐出中非。乍得人聚居区筑起路障以求自保。大批军警如临大敌，阻止两大族群接近。多名部长分别代表总统到出事地点、医院和宗教场所劝解和安抚群众。两大教派领袖分别劝解各自教徒不要轻信谣言，要相信政府和法律，在任何情况下都应避免暴力。中非政府发言人发表电视谈话，称以前曾多次发生过更为严重的暴力冲突事件，应吸取教训。当前市场秩序已逐渐恢复，市民不必惊慌。

清晨打扫使馆院子时，工作人员发现了多颗夜里散落的流弹。使馆及时与中资机构和华人华侨联系，发现我方人员全部平安，但仍要求大家加强保护，在秩序恢复前减少不必要外出。

博齐泽总统在派兵镇压的同时，与乍得总统代比紧急热线联系，解释情况。6月1日，乍得国防部长和外交部长奉代比总统之命，紧急飞抵中非，在机场会见乍得驻中非大使。博齐泽总统前往机场与之磋商，互通情报，避免事态扩大。博齐泽总统与我会晤时应询告：两国居民间发生此类事件习以为常，我们要求乍得方不要干预，让我们来处理此事。我在使馆宴请法国驻中非大使及使馆主要官员，席间谈及班吉骚乱事件。法国武官说法方随时掌握事态发展。法国大使说据法方掌握的情报，乍得方面在边境上没有军事异动，估计乍得不会采取报复行为。

6月18—19日，博齐泽总统率外交、司法、国土管理、公共安全、国防、养殖6位部长对乍得进行工作与友好访问，就两国安全与经济合作等问题与代比总统交换意见。

一年半后，在以乍得和苏丹伊斯兰教徒为主的外国军队帮助下，中非叛军联盟“塞雷卡”成功推翻博齐泽政权。班吉市民眼看着这些外国人攻入首都后大肆抢掠，随意开枪杀人，敢怒不敢言。此是后话。

中非天主教徒与乍得伊斯兰教徒间冲突尚未完全平息，班吉第三区和第五区居民又因停水停电长达一周，且无望于近期恢复而上街游行。中非400多万人口，能够享受电力供应的人口仅为15%，享受自来水供应都不足20%，而且很不正常。虽然只有首都班吉地区有电力供应，仍需实行分区、分时段供电。有些政府部门每天只供电数小时，无法正常上班。数天后，班吉突降暴雨，第二区和第三区因排水系统坍塌导致洪水泛滥，许多民房被淹倒塌。市民们再次上街游行。人居和住房部长卡里特呼吁市民冷静，体谅政府困难。

进入暑期，班吉大学学生因校方对奖学金分配不公和总统未兑现购置教学科研设备的承诺，教师因拖欠工资而分别罢课和罢教。学生们设置路障，切断交通。前往市区采购的使馆车辆被学生们扔过来的石块击中，只能急转车头，绕路行走。图瓦德拉总理本是班吉大学数学教授，熟知大学情况，与教师和学生代表多次协商，要求尽速复课复教。政府不是没有解决问题的意愿，而是确实无力解决问题。若学生们不能在本学年结束前考试，本学年就算虚度了。双方僵持两个月之久，结果仍如往常一样，老师和学生们在要求未得到满足的情况下复课，不了了之。

与此同时，盘踞在北部地区两派叛军武装重建民主力量联盟和正义与和平爱国者联盟发生激烈军事冲突，为争夺地盘和显示力量展开拉锯战，布里亚城数度易手。双方虽各有伤亡，却趁机大肆抢劫。当地居民仍是最大受害者，大批人到丛林中躲避战乱，本就持续动荡的局势再度陷入危机。联合国驻中非代表处、中部非洲共同体维和部队负责人、非盟与中非政府、部落领袖组成联合代表团，前往冲突地区进行“和平之旅”。促使两派达成停火协议，回到冲突前的位置，对布里亚城各占一半。两派地方武装领导人虽握手言和，武装冲突暂时停歇，但武装对峙的状态仍在。正义与和平爱国者联盟控制当地的钻石开采权，收取保护费和10%的交易佣金，同时对当地牧民强行收取保护费。联合国驻中非代表处（亦称联合国驻中非和平建设综合办事处，简称建合办）大使沃格特女士向安理会报告中非安全形势，强调“必须尽快采取措施阻止可能导致混乱的新一轮全面冲突”。

重建民主力量联盟和正义与和平爱国者联盟分属古拉和卢恩加两个民族，是中非势力最大的反政府武装派别。两族长期对立，近年又因不时发生武装冲突使裂痕愈深，都认为自己势力大而要求对方屈服并让出更多地盘。两派中的极端势力都不愿和解。政府因难以对北部三省进行有效管治，往往利用两派武装间的矛盾分而治之，借以维持微妙的权力平衡。孰料势不两立的两派部族武装却能在2012年12月联合起来，与另外两支反政府武装一起，组成“塞雷卡”叛军联盟，以摧枯拉朽之势向政府军发起进攻，并在2013年3月24日攻破首都防务，推翻博齐泽政权。

在中非这样的国家，存在着太多的不确定因素，随时都可能发生让人意料不到的事情。

首次媒体见面会

2011年6月16日，我就中国的经济发展现状和前景以及中国和平发展合作的外交政策举行了媒体见面会。中非国家电视台、中非国家广播电台、中非通讯社、《挚友报》、《中非晨报》、《民主报》、《阿格拉报》、《全球视野报》等十三家中非主流媒体应邀出席。

我首先简要回顾了中国共产党九十年来的辉煌历程，详细介绍了改革开放三十多年来，中国在经济建设和改革发展方面取得的巨大成就。中国经济和国际竞争力显著发展，人民生活水平不断提高，社会文化和交流合作方面也取得重大进展，这一切都是得益于中国共产党的坚强领导和全国各族人民的共同努力，根本原因是中国共产党终于找到了一条适合中国国情的发展道路。中国正确处理改革、发展、稳定三者之间的关系，使每个居民都真正享受到经济增长的实惠。中国共产党得到了全体中国人民的真心拥戴。当然，在前进的过程中，也遇到了不少的阻力和挑战。中国的人口多、底子薄，发展还很不平衡。中国仍然是发展中国家，还需要在国家富强、人民富裕的发展道路上继续付出艰苦努力。

我在谈到中国外交政策时指出，中国建立和谐世界的主张得到各国普遍欢迎。中国从不干涉别国内政，从不把自己的主张强加于人，认为世界各国的政治制度应归人民自主决定，把对外援助看作是朋友间的相互支持，最终目标是促进共同发展。中国在对外关系中高举和平发展的大旗，制定互利共赢的开放战略，与世界各国的合作关系取得了前所未有的巨大发展。

中国是世界上最大的发展中国家，非洲是世界上发展中国家最集中的大陆。中国和非洲占世界人口的三分之一以上，中非传统友谊不断发展，团结合作不断强化。

中国是个发展中国家，自身面临发展经济、改善民生的艰巨任务。尽管如此，中华人民共和国成立60多年来，尽其所能为发展中国家提供帮助，累计建成配套项目2100多个，培训各类人才12万余名，派遣外国专家和技术人员60万余人次，医疗队2万余人次，减免50个重债穷国和最不发达国家债务380笔。多双边互相结合。双边渠道是中国开展南南合作的传统方式。近年来，中国不断加强多边框架下的南南合作。2009年，中国向国际货币基金组织增资500亿美元，明确要求将资金优先用于最不发达国家。中国多次向世界粮食计划署捐款，帮助发展中国家抗击饥饿。

近年来，中国与中非双边关系取得明显发展。中国政府对中非的资金援助成倍增长，两次减免债务金额约2000万美元，完成两万人座体育场、100套住房、3所学校、友谊医院翻新等援助项目，另有百床宾博医院即将完工，备受中非人民关注的博阿利3号水电站上马在即。中国已累计为中非培训各类人才560余名，提供奖学金名额436人次。

今年是新世纪第二个十年的开局年，相信到2020年时，中国与非洲、中国与中非的友好互利合作关系将会取得更加辉煌的成就、更加丰硕的成果。

使馆参赞邵伟做了新时期中国和平、发展、合作外交政策的讲话。

与会记者希望以后能举办更多的此类活动，以帮助中非媒体和人民了解一个真实的、发展的、生动的中国。

我还就中国外交与大国关系战略、地区热点问题、中国与中非友好合作关系、中国如何正确处理在经济发展中遇到的各种问题等回答了中非媒体记者的提问。整个媒体见面会气氛热烈、活跃。

（刊于2011年6月17日外交部网站）

与中非劳动党联合庆祝中国共产党成立90周年

2011年6月23日，驻中非大使馆与中非劳动党隆重集会，共同庆祝中国共产党成立90周年。我和政务参赞邵伟、经商参赞乐汉波及使馆全体外交官，中非劳动党执行主席库瓦姆巴、第一副主席加翁巴莱、秘书长维伊菲奥率劳动党政治局、书记处、顾问委员会成员以及部分地方负责人，劳动党议员、政府部长共130多人出席活动。

仪式开始后，全体伫立，奏两国国歌。我和中非劳动党秘书长维伊菲奥分别讲话。

我在讲话中指出：

今天，我们相聚在这里，与中非劳动党的嘉宾和朋友一道，庆祝中国共产党成立90周年，回顾新中国在共产党领导下走过的辉煌历程，展望中非合作，特别是中国与中非双边关系发展的美好未来。

自1921年成立至今，中国共产党已经走过了90年不平凡的历程。从最初仅有几十名党员的红色革命团体发展壮大为拥有370多万个基层党组织、8000多万名党员的执政党。在新民主主义革命时期，中国共产党以其坚定意志和先进的思想，诠释了中流砥柱的模范作用。毛泽东同志等老一辈无产阶级革命家把马克思列宁主义同中国革命具体实际相结合，使中国共产党逐步成为民族独立和人民解放的中坚力量，推翻帝国主义、封建主义、官僚资本主义的反动统治，终使人民翻身做主。

中国共产党团结、依靠广大人民，建立、巩固社会主义制度，在一穷二白的基础上发展起独立的工业体系和国民经济体系，创造性地走中国特色社会主义道路，坚持以经济建设为中心、坚持四项基本原则、坚持改革开放，社会主义市场经济体制逐步完善，综合国力大幅攀升，人民生活显著改善。

中国共产党坚持把改善人民生活作为正确处理改革发展稳定关系的结合点，把改革的力度、发展的速度和社会可承受的程度统一起来，以改革促进和谐稳定，确保人民安居乐业、社会安宁有序、国家长治久安，为实现到2020年全面建成小康社会和到本世纪中叶基本实现现代化的宏伟目标奠定了坚实基础。

中国共产党坚持立党为公、执政为民，坚持权为民所用、情为民所系、利为民所谋，以实现好、维护好、发展好最广大人民的根本利益为出发点，当之无愧地成为实现中华民族伟大复兴的坚强领导核心。历史庄严地证明，只有坚持中国共产党的领导，只有坚持走中国特色社会主义道路，中华民族才能昂首屹立于世界民族之林。

当前，中国共产党正在领导全国各族人民，深入贯彻落实科学发展观，全面推进社会主义经济建设、政治建设、文化建设以及生态文明建设和党的建设，为实现“十二五”规划，全面建设小康社会，进而实现中华民族伟大复兴而奋斗。历史和实践证明，没有中国共产党就没有新中国，就没有中国特色社会主义。办好中国的事情，关键在党。

中国是世界上最大的发展中国家，非洲是世界上发展中国家最集中的大陆，中国和非洲的人口占世界人口三分之一以上。中国长期保持同非洲的团结合作，深化传统友谊，并在力所能及的范围内提供不附加任何政治条件的各类援助，维护发展中国家的正当要求和共同利益。特别是2000年中非合作论坛成立以后，双方合作进一步加强，贸易、投资、基础设施建设全面推进，医疗、卫生、教育等领域合作逐步拓展，形成了多层次、宽领域的崭新格局。为提高非洲国家的自我发展能力，在2006年论坛北京峰会上，胡锦涛主席宣布了加强中非务实合作、支持非洲国家发展的8项举措,并得到了全面落实。在2009年的论坛第四届部长级会议上，温家宝总理宣布了新的8项举措，同老8项举措一样，新8项举措更加注重改善民生，加强卫生和教育等社会事业，注重加强农业和基础设施建设，加强生态和环境保护。

2009年，中国成为非洲第一大贸易伙伴。2010年，中非贸易额达1269

亿美元，再创历史新高。截至2009年底，中国对非直接投资存量达93.3亿美元，对非洲援建基础设施项目500多个，学校107所，医院54所，疟疾防治中心30家，向29465人次非洲留学生提供政府奖学金，累计为非洲培训各类人才3万多人次，向非洲派遣青年志愿者312名。目前，有1000多名中国医疗队员在41个非洲国家提供医疗服务。

近年来，中国与中非双边关系取得明显发展。中国政府对中非的资金援助成倍增长，两次减免债务金额约2000万美元，完成两万人座体育场、100套住房、3所学校、友谊医院翻新等援助项目，另有百床宾博医院即将完工，备受中非人民关注的博阿利3号水电站上马在即。中国已累计为中非培训各类人才560余名，提供奖学金名额436人次。新、老八项举措已在中非初见成效。

回首往事，我们感慨万千；展望未来，我们信心百倍。中国共产党是一个开放包容的执政党，在党际交往中遵循“独立自主、完全平等、互相尊重、互不干涉内部事务”的四项原则，已经同世界上160多个国家的600多个政党和组织建立了各种形式的交往和联系，这其中就包括博齐泽总统创立的中非劳动党。几年来，中非劳动党为建立和发展与中国共产党的友好交往，为增进两国的友谊与合作，作出了不懈努力。中国共产党和中非劳动党之间平等、友好、合作、互利、共同发展的关系，有效地推动了两国关系的快速发展。今后，我们将会更广泛地发展与中非劳动党的友好交往与合作，更深入地交流党的建设和治国理政经验，为各自党的建设和国家的发展，为促进中国与中非的关系，为世界的和平、发展和人类进步事业作出新的更大贡献。让我们携起手来，共同分享发展机遇，共同应对各种挑战，为促进中国与中非友好合作关系发展、为构建持久和平、共同繁荣的和谐世界而不懈努力！

维伊菲奥秘书长代表中非劳动党、该党执行主席吉蒂吉—库昂巴、该党创始人博齐泽总统、该党第一副主席、国民议会议长加翁巴莱、中非劳动党政治局、中非劳动党全体党员，向中国共产党、胡锦涛总书记致以最热烈的节日祝贺，为能出席今天的活动而感到荣幸，并发表了热情洋溢的讲话。

维伊菲奥秘书长指出：

我们两党在中国共产党成立90周年的重要节日再次相聚，我们的友情更加密切。中国共产党和中非劳动党两党的关系有力地促进了两国人民之间的友好合作关系。中国共产党是中国工人阶级的先锋队，代表了中国各民族的根本利益，是中国社会主义事业的领导核心。她领导和团结中国人民，改革开放，以经济建设为中心，自力更生，艰苦劳动，终使中国成为先进、文明、民主的社会主义强国。毛泽东思想、邓小平理论已成为看得见、摸得着的具体现实。中国现已成为世界第二大经济体，成为所有希望发展壮大进而受到尊重的国家的榜样。中国奇迹为所有正在寻找发展经验的国家指明了道路。

中国共产党即将迎来90华诞。在非洲，90岁是经验和智慧的年龄，令人肃然起敬。

在伟大的中国共产党的英明领导下，中国势将更快地发展。中国共产党之所以能够领导中国人民实现伟大的社会变革及经济与社会成就，最主要的原因是中国共产党是一个拥有铁的纪律的党，是一个执行民主集中制原则的党，是一个能够倾听和对话的党，是一个能够进行批评和自我批评的党，是一个破除个人迷信的党，是一个令行禁止、上情下达与下情上达畅通无阻的党。中国共产党值得年轻的中非劳动党学习。

中非方对中国共产党和中非劳动党之间活跃、诚挚、富有成果的合作感到高兴。在中非劳动党与所有的外国政党的合作关系中，中非劳动党同中国共产党的合作最具体，受益最大。

维伊菲奥秘书长强调指出：

中非劳动党现阶段的主要任务是通过开发人力资源实现国家的真正发展。为了实现这一目标，中非劳动党希望通过与拥有丰富经验的外国政党合作，增强本党党员的能力，以便更好地管理国家。中非劳动党强烈希望不断加强与中国共产党的合作。中国共产党和中非劳动党的合作万岁！中国与中非的合作万岁！

我和维伊菲奥秘书长发表讲话后，双方共同举杯，热烈祝贺中国共产党90华诞，祝贺中国共产党和中非劳动党之间平等、相互尊重的友好关系，祝贺中国与中非两国和两国人民之间的友好合作关系。

庆祝活动历时约4个小时。大家一直沉浸在欢乐、幸福、热烈的节日气氛之中。

中非国家电视台、中非国家广播电台、中非通讯社、《燕子报》、《公民报》、《挚友报》、《中非晨报》、《民主报》、《阿格拉报》、《全球视野报》等近20家中非主流媒体到馆采访和报道本次活动。

（刊于2011年6月24日外交部网站）

双边合作的成功范例——姆波科农场

近年来，中国在中非实施了多项双边合作项目，中非政府和广大民众对此感触颇深，认为与中国的合作效果看得见，摸得着，对促进中非的社会与经济发展走到了良好作用。

“开心农场”行

七月初，雨季渐渐到了。大雨后的班吉不仅仅绿意盎然，更是清爽宜人。我国政府援建、由中国公司实施的中非姆波科农场，是我国向中非共和国派遣农业专家开展农业种植和养殖的工作基地，至今已有二十六年的历史了。最近时常在报纸上看到有关姆波科农场的新闻报道，农场里大大小小的活动是不少中非人津津乐道的话题，更有不少外交官和中非官员向我们驻中非使馆打听农场的联系方式，希望前去购买生态农产品。是什么让这个并不新鲜的农场变得闻名遐迩了呢？乘着习习凉风，使馆全体馆员和编外家属利用周末到姆波科农场一探究竟，顺便体验现实版“开心农场”。

开心旅途——在路上

姆波科农场位于中非共和国首都班吉市西郊26公里处，驱车也就是二十分钟左右的路程。沿途郁郁葱葱的芒果树和木薯会让人忘记这里是干旱炎热的非洲，然而，路边小摊上堆放的丸子样的小柠檬和不时走过的一群群顶着大角、瘦骨嶙峋的牛群提醒着人们这片土地的贫瘠。

简单、贫困的生活并不能阻挡中非人民对待中国朋友的热情和喜爱。看到大使专车前方迎风飘扬的五星红旗，他们总会激动地挥手致意。路边一行熟悉的中文字“中国姆波科农场”提醒我们目的地马上就到了。汽车驶下公路，颠簸着缓慢前进。“你好”、“欢迎、欢迎”走过来一群当地人，用简单的中文热情地打招呼。他们头上顶着一盘盘的鸡蛋，看来是农场的顾客哦。在农场周边居民的眼里，姆波科农场的中国专家不仅身怀绝技，能种田耙地、修理机器、给猪鸡把脉、庄稼治病，而且是热情善良，帮助他们耕地、拉木薯、运饮用水，更是慷慨大方地传授他们种植、养殖技术。提起姆波科的中国农场，自信、骄傲和喜爱的表情就写在人们的脸上。

开心牧场——养殖区

姆波科农场的院子宽阔而平整。进入养殖区之前，别忘了在消毒池里给鞋子杀杀菌，这可是关系到牧场里所有动物的健康呢。每到一处，都给人以一份欢喜；每观一景都引来一番惊奇。快看，那边鸡舍里大腹便便、悠闲散步的是红冠白羽的肉鸡，班吉市内大部分外交使团和西餐馆所需的鸡肉可都是来自这里。再瞧，这边住着三层大板楼、咯咯不停的是蛋鸡，“嘘”，轻点，别吓着这些胆小的鸡妈妈了，否则，第二天她们该生软壳蛋或畸形蛋了。羊圈里“咩咩”叫的那只黑白相间的小羊多俊俏，它来到这世上才刚刚一天呢。旁边住着膘肥体壮的“猪悟能”家族。农场的养殖专家们定期都会对养殖区进行清洗和消毒，还会对动物们进行免疫保健、产前保健、幼崽保健、驱虫及药物日常预防等，从技术上保障了养殖动物的健康生长。

看着这生机勃勃的牧场，当惯了网络农场“神偷”的你有没有手痒痒啊？别着急，马上就到菜园了。

开心菜园——种植区

农场院外，就是菜园子了。这块地正好位于河湾内侧，土质肥沃、灌溉方便，再施上农场自制的农家肥，真是蔬菜生长的天堂。一路走，一路看。玉米、小白菜、黄瓜、卷心菜、茄子、豆角，一畦畦，整整齐齐。忆往昔，先辈们勇于开拓，无私奉献；看今朝，农场人肩并肩、心连心，辛勤劳作。相信你到了这里，肯定会像我一样按捺不住激动之情，冲入菜地，尝试“偷菜”的乐趣，而且

“偷”的是不含任何化肥、农药的原生态蔬菜。对了，你还可以亲手挖一块木薯尝尝，这可是中非人餐餐必有的主食。

开心餐厅——农场食堂

从菜园子里满载而归，大伙儿直奔食堂、各展厨艺、把诸样食材变成美味佳肴。大家一边相互品尝着各自的手艺，一边交流着对农场发展的印象和建议。

短短一天的开心农场行，只是走马观花式的探访，但是勤劳的中国同胞、热情的中非居民、欣欣向荣的农场新貌都给我们留下了深刻的印象。依托班吉市的经济辐射力和农场员工们的辛勤劳作，在不久的将来，姆波科农场将成为班吉市的农副产品供应基地、农业养殖种植技术示范基地、两国友谊展示基地和班吉市休闲的后花园。

临离开农场前，我抑制不住激动的心情，即席题《赠山西国际公司援中非姆波科农场》：

大寨花植异域如在故乡，
姆波科结硕果迎风绽放。
打深井开沟渠荒野变样，
不毛地成沃畴示范农场。
猪满圈羊满圈鸡蛋满筐，
四季里丰收景瓜菜飘香。
顶骄阳抗疾病乐观向上，
传技术播友谊四方颂扬。
工人乐邻里乐市场更乐，
靠双手勤致富同奔小康。

“和平发展”结硕果，友好合作谱新章

2011年9月16日，我邀请中非农业和农村发展部长古安吉卡参观我援建中非的姆波科农场。外交部国家典礼总局局长昂巴，国际合作部高级特派员莫达耶，农业部办公厅主任科尼德、农业总司司长纳菲奥、畜牧业总司司长等40余

名中非官员一同前往。中非国家电视台、中非国家广播电台、中非通讯社、《挚友报》、《中非晨报》、《民主报》、《阿格拉报》、《全球视野报》等10余家中非主流媒体随行采访。

我和古安吉卡部长一行首先听取了中方农业专家和中非方经理的汇报，随后实地考察农场经营管理情况。“空山新雨后，天气晚来秋”，雨季的中非暂时褪去了炎热。中非方官员和随行记者到养殖场逐一参观育雏室、蛋鸡和肉鸡鸡舍、猪圈、羊栏，到田间地头观赏农作物和菜田。展现在众人面前的农场一片欣欣向荣。当了解到近两年来农场种植的作物品种已多达数十种、畜牧养殖成倍增加，持续改善中非方员工待遇，并为当地村民生活带来诸多便利后，在场嘉宾不断发出赞叹之声。

我首先讲话：农业是国民经济的基础，直接关乎人民的生存状态和其他产业的发展，乃至社会的稳定。中国政府新近发布了《中国的和平发展》白皮书，详细阐述了中国坚持走和平发展道路，对内求发展求和谐、对外求合作求和平的发展战略。和平发展是由中国的国家性质和民族特质决定的。这一政策不仅使中国的面貌发生了翻天覆地的变化，也为促进世界和平事业和经济增长作出了巨大贡献。中国将会长期坚持这一政策，永远不会改变。近年来，中国与中非在各领域的友好合作持续深入发展，农业合作便是一个鲜明的例证。6名中方技术人员和40多名中非员工一道，经过辛勤劳动，使这里每天都展现出一片丰收景象。姆波科农场不仅向市场提供了新鲜、高质的农产品，也为中非培养了多批次农业技术人员，还免费为周边的村民代耕和提供饮用水，有力地促进了两国的友谊。

姆波科农场既是中国与中非务实合作的成功典范，也是两国人民友好情谊的有力见证，更是中国在国际事务中坚持和平发展战略的具体体现。中国将始终高举和平、发展、合作的旗帜，奉行互利共赢的开放战略，倡导各国在良性竞争中取长补短，不断寻找合作机会，扩大合作领域，拓展共同利益，进而实现共同、和谐发展。中国愿在追求自身发展的同时，努力实现与中非发展的良性互动，共享发展机遇，造福两国人民。

古安吉卡部长接下来发言：中国在中非迄今共进行了六个农业合作项目，中国援建的姆波科和博阿利两座农场已成为中非农业发展的示范基地，农场生产的粮食、蔬菜、肉蛋等产品质量上乘、口感新鲜，不但活跃了中非百姓的餐桌饮食，而且激发了中非农户的生产积极性。古强调，中国人民智慧、勤劳、朴实，“授人以鱼，不如授人以渔”的古训与中非博齐泽总统倡导的劳动理念十分契合。这正是中非所需要的。中非希望进一步扩大与中国在农业领域的合作，学习和推广先进农业技术，提高作物产量，保障国家食品供应安全。中非政府决心在全国所有16个省全面推广中国援建农业项目的经验。

古安吉卡部长高度评价中国和平发展为促进世界和平与经济增长所作的贡献。国家典礼总局局长昂巴刚从中国归来，饶有兴趣地向大家介绍他在为期两周的培训考察中，实地了解中国的发展与和平、合作外交政策的情况。农业总司司长纳菲奥兴奋地展示他在中国培训期间拍摄的照片，畅谈在华见闻。

中非国家电视台和广播电台在新闻节目中详细转播了我和古安吉卡的讲话，以及中外宾客一起参观姆波科农场的情况。随访的中非平面媒体记者在各自报纸刊登了有关内容，对两国农业合作给予积极评价。

“和平发展”结硕果，友好合作谱新章。这是对我国坚持走和平发展道路伟大战略的一次成功诠释。

中非为中国农业专家授勋

2012年4月13日，我与中非农业和农村发展部长古安吉卡共同主持仪式，授予孙建钢、韩小军、马连升三位中国农业专家中非农业贡献勋章。中非农业部主要官员、非政府组织代表及首都各界群众100余人出席，中非国家电视台、国家广播电台等主流媒体对授勋仪式进行了全程报道。

我首先讲话：中国与中非的友好关系由来已久，双方在各领域的务实合作成果丰硕，此次中非政府再次向中国农业专家授勋，既是对中国专家辛勤工作的积极肯定，更是对两国友好合作关系，特别是两国农业技术合作的充分褒奖。孙大使强调，农业是国民经济发展的基础，关乎民生大计，只有粮食安全得到切实保障，国家才能稳定，社会才能发展进步。中国将一如既往地支持开展与中非的农业技术合作，增进双方农业技术人员的交流合作，为推动中非经济社会重建发挥积极作用。

古安吉卡部长宣读了博齐泽总统签署的授勋令，代表博齐泽总统及中非政府和人民感谢胡锦涛主席及中国政府和人民的无私帮助，特别是中方对中非农业发展提供的宝贵支持。古指出，中国长期派遣经验丰富、技术一流的农业专家到中非工作，他们远离家乡，培训当地农业技术人员，大力推广、普及农业科技知识，为当地农业增产、农民增收和深化两国人民传统友谊作出了重要贡献。中非政府愿继续加强与中国农业部门的合作交往，学习中国农业的先进技术和有益经验，推动中非农村经济和产业发展。

博齐泽总统高度评价新中国伟大成就

2011年9月24日，我应约会见中非总统博齐泽。

我首先说：中国人民即将迎来新中国成立62周年华诞。在过去62年里，中国始终不渝走和平发展道路，既通过维护世界和平发展自己，又通过自身发展维护世界和平，积极促进各国共同发展繁荣。中国与中非的友好合作关系不断进展，正是中国坚持和平发展战略在外交政策上的体现。中国愿继续在和平发展的道路上与中非携手并肩，为实现互利共赢、造福两国人民而不懈努力。我还通报了双边合作项目的最新进展，邀请博齐泽总统出席我援建的宾博百床医院竣工暨交接典礼。

博齐泽总统高度评价中国在和平发展道路上取得的伟大成就，表示将亲笔致函胡锦涛主席，祝贺新中国成立62年来在政治、经济、军事、文教、科技等各领域取得飞速发展，祝贺勤劳、勇敢、智慧的中国人民取得的改革开放成果。博强调，和平发展道路是中国的非凡创举，为世界各国，特别是广大发展中国家提供了有益借鉴。博齐泽总统欣然接受我的邀请，感谢中国政府提供的无私援助，希望进一步扩大两国各领域务实合作。

双方还就其他共同关心的问题深入交换了意见。

（刊于2011年9月25日外交部网站）

和平发展颂

《中国的和平发展》白皮书战略文件的发表，为中国和世界的发展指出了一个全新的方向，在世界范围内引起了强烈反响。特以粗浅体会作《和平发展颂》。

和平发展，中国首创。宏伟目标，明确方向。
科学自主，合作开放。旧邦新命，奋发图强。
稳定团结，和谐风尚。劳动致富，同奔小康。
挖掘潜力，优化结构。抵御风险，确保增长。
改善民生，机遇共享。贡献世界，寰宇颂扬。
防御国策，友好协商。互利共赢，全新主张。
文化借鉴，安全信任。政治尊重，互惠交往。
中华文明，人类宝藏。精髓在和，避免对抗。
同舟共济，友和万邦。履行义务，勇敢担当。
多极世界，谋霸必亡。历史鉴镜，遗训深长。
顺应潮流，国运恒昌。民族之福，人类希望。
迎新挑战，开新纪元。化新危机，续新篇章。
鸿鹄志趣，凌空翱翔。历久弥坚，万丈光芒。

（2011年9月28日于中非首都班吉，此诗获外交部诗词楹联征文一等奖）

中华人民共和国成立62周年国庆招待会

2011年9月30日，我们夫妇在使馆举行招待会，热烈庆祝中华人民共和国成立62周年。博齐泽总统、加翁巴莱议长、图瓦德拉总理、三位副议长、在首都的3位国务部长、18位部长以及军队、警察、青年、妇女、司法、工会等等中非各界人士，各国驻中非使节、武官，国际组织代表，中资机构、华侨华人代表和政务参赞邵伟、经商参赞乐汉波等使馆外交官共400余人出席。

博齐泽总统要求我转达他对亲爱的胡锦涛主席和伟大的中国人民最热烈的节日祝贺，强调指出，他认为必须亲自出席中国驻中非使馆举行的国庆招待会，而且坚持要把致胡锦涛主席的国庆贺信亲自交给孙大使，以表示他对友好中国的热爱和对中国辉煌建设成就的钦佩。博齐泽总统对两国合作关系不断深入发展并结出丰硕成果极为满意，再次对中方的无私援助表示衷心感谢。

我在致辞中首先介绍了新中国成立62年来取得的巨大成就，特别是面对历史罕见的国际金融危机，中国挖掘潜力，调整结构，使经济依然保持平稳较快发展，并为世界经济复苏提供了重要推动力。我同时指出，中国经济实现了连续30多年的快速增长，却仍面临人口、资源、环境、发展不平衡等诸多方面的压力，中国将通过努力践行科学发展观，以可持续发展的方式解决面临的各种问题，使全体中国人民都能充分享受到国民经济发展的成果。

我强调，爱好和平、讲信修睦、协和万邦是中国文化传统的重要组成部分，中国古代圣贤孔子在两千多年前便提出了“己所不欲、勿施于人”的经典理论。9月初，中国发布了《中国的和平发展》白皮书，再次向世界宣示中国始终不渝地走和平发展道路，在坚持自己和平发展的同时，致力于维护世界和平，积极促进各国共同发展繁荣的战略决策。多年来，中国不断加大对非援助和支持力度，切实兑现援非承诺，为帮助非洲国家消除贫困、改善民生、提高自主发展能力发挥了重要作用。中国的发展离不开世界，世界的稳定与繁荣也需要中国。高举和平发展合作旗帜、坚持走和平发展道路的中国，必将为维护世界的和平与发展作出新的贡献。

关于两国关系，我指出，近年来，两国关系快速发展，政治互信不断增强，经贸合作日益深化，人文交流成果显著，中国对中非的援助大幅增长，并取得实实在在的成果。此时此刻，大批中非学生正在中国留学深造，不少中非官员正在中国参加各类培训。中国农业技术组、太阳能开发建设组、打井队正在中非辛勤工作。一些中资机构也在积极探索在中非开展业务的各种可能性，促进中非社会与经济发展。宾博百床位医院的竣工和交接在即。博阿利3号水电站项目也已启动，将为中非百姓增加一个新的能源供应网。中国还将于近期派遣农业专家组来中非考察农业示范中心建设项目，帮助中非发展农业。中国政府和人民愿意同国际社会一道，为帮助中非推进经济和社会重建作出不懈努力。

中非国际合作、地区一体化和法语国家事务部长马伦扎帕女士代表中非政府致答辞。她指出，博齐泽总统坚持亲临中国使馆国庆招待会现场，与中国人民分享节日欢乐，这是中非人民与中国人民一同庆祝中华人民共和国成立62周年。中国与中非虽然相距遥远，但两国传统友谊深厚。不论历史如何曲折，不论接连发生的危机使动荡的世界具有多少不确定性，都不能动摇两国人民的真挚情谊。

62年来，中国人民以坚定的决心、坚忍不拔的意志、勇敢的改革精神、对外开放的意愿，并通过艰苦的劳动，实现了国家的现代化，谱写了一部伟大的和平发展史诗，为所有渴求独立发展的民族树立了奋斗的榜样。

近年来，中国援建中非的示范农场、百套住房、友谊医院、两万人座体育场和宾博医院等项目为帮助中非发展经济、改善民生作出了重要贡献。中国改革的伟大成就最早体现在农村，这对农村人口占80%的中非来说，具有极大的借鉴意义。

马伦扎帕部长强调，66届联大期间，中国与非洲重申非洲在国际舞台应有的地位和作用。中国时常就此发出声音，且令人信服。中国与非洲面临相同的挑战，让我们共同努力，推动中国与非洲间的特殊关系持续发展。

中非国家电视台、国家广播电台全程转播招待会实况，中非国家通讯社、

《燕子报》、《民主报》、《公民报》等15家主流媒体全文转载了我的讲话，并在评论文章中积极肯定中国和平发展道路，呼吁中非政府借鉴中国的改革开放战略，号召中非民众学习中国人民勤奋敬业、勇于拼搏的优秀品质，早日实现中非自强复兴。

（刊于2011年10月3日外交部网站）

博齐泽总统出席我援建综合医院交接仪式

2011年10月4日，我与博齐泽总统共同主持中国援建综合医院（对方习惯称百床位医院）交接仪式。加翁巴莱议长、图瓦德拉总理、3位副议长、4位国务部长、19位部长、宪法法院院长、最高新闻委员会主席、经社理事会主席、共和国调解委员会主席、翁贝拉—姆波科省长、医院所在地宾博市市长、国民议会议员、各界代表及当地群众，各国驻中非使节，国际组织代表，中资机构代表以及使馆政务参赞邵伟、经商参赞乐汉波等外交官共2000余人出席。

博齐泽总统首先发表讲话，强调在中华人民共和国成立62周年之际，感谢中国国家主席胡锦涛和中国人民送给中非政府和人民如此珍贵的礼物，再次向中国人民致以节日的祝贺。中方的援助看得见，摸得着，切实有用，对中非的社会稳定和经济发展起到了积极作用。中非深感满意，并希望双边关系在现有基础上获得更大发展。

我在讲话中表示，在两国领导人的共同关心下，中国政府援建、山西建工实施的百张床位综合医院经过18个月的紧张施工，于今天正式移交中非政府，这是中国与中非友好合作关系史上的又一重要成果。医院占地17784平方米，建筑面积5450平方米，由门诊、医技楼、住院三座主楼和3座后勤保障楼组成。设有内科、外科、妇科、产科、儿科、药剂科、眼科、耳鼻喉科、牙科、放射科和手术科等科室。它的竣工使用，彻底结束了翁贝拉—姆波科省从无医院的历史，将极大地提高当地医疗卫生水平。中国政府还将提供后续设备援助，不断完善宾博医院的诊治和办公条件。

我接着说：至此，胡锦涛主席2006年北京峰会上提出的八项援非举措在中非已经全部完成，温家宝总理2009年第四届部长级会议上提出的新八项举措在中非进入实质性实施阶段。中非合作论坛成立11年来，两国共签署了30多项经济技术合作协议和政府换文，在中非执行了50多个成套及技术合作项目，以及物资与现汇赠送项目，涉及农业、水电、科技、卫生、教育、文化、人力资源培训等多个领域。博阿利水电站项目将于年内开工，新一期农场合作项目业已启动，打井和太阳能项目的实地考察业已完成，职业学校和农技示范中心项目考察组即将抵达。今年已有近200名中非官员和技术人员赴华培训。遥远的距离不能阻隔我们相通的心灵。让我们携手并肩，共同努力，以辛勤的劳动开创两国关系更加美好灿烂的明天。

中非公共卫生、人口和防治艾滋病部长曼达巴致答辞，感谢中国政府和人民长期向中非提供的无私帮助。他强调指出，胡锦涛主席在2006年11月举行的中非合作论坛峰会上宣布的对非援助承诺，今天再次得到验证。通过中国山西建工工程队优质、高效、专业的劳动，中非人民翘首以盼的宾博百床位医院顺利竣工并移交中非政府。我们在这里再次见证中方合作者们优质、重诺、尽责的品质。医院按照国际标准设计，并根据中非人口实际，重点配置了儿科、妇科、内科、外科等诊治科室，中国政府还无偿提供了大量先进的检测和康复设备，为医院尽快投入使用提供了物质保障。近年来，在中国人民的大力支持下，中非的医疗卫状况不断得到改善。中国援建的友谊医院是中非规模最大的综合性医院，深受中非人民信赖。中国已累计向中非派遣14批医疗队，中国医生不惧高温、疾病，以高尚的人道主义精神和精湛的医术挽救了无数中非百姓的生命。中国政府在中非援建了抗疟中心并连年捐赠抗疟药品，减轻了疟疾这一重大疾病给中非人民带来的病痛。中非方希望在中非合作论坛框架下，进一步加强同中国在医疗卫生领域的合作，保障中非人民的身体健康。

随后，我将象征医院产权的钥匙交给博齐泽总统，并同曼达巴部长分别代表各自政府签署移交协议。交接仪式持续近两小时，中非国家电视台、国家广播电台全程转播现场实况，中非国家通讯社、《燕子报》、《民主报》、《挚友报》等10余家主流媒体记者进行了现场采访。

（刊于2011年10月5日外交部网站）

博齐泽总统出席水电站开工仪式

11月28日，我与中非总统博齐泽共同主持中国与中非最大的双边技术合作项目—博阿利3号水电站及配套输变电工程项目开工仪式。加翁巴莱议长、图瓦德拉总理、3位副议长、财政和预算国务部长等15位部长、总统和议长及总理办公厅成员、中非国家机构负责人、各界代表及地方领导人与当地群众，以及各国驻中非使节、国际组织驻中非代表共1500余人出席。

我首先在讲话中表示，在两国领导人共同关心和推动下，中国与中非最大的技术合作项目—博阿利3号水电站及配套输变电工程于今天正式开工。这是两国在中非合作论坛框架下的又一重大合作举措，其规模和意义均创双边友好合作之最。该项目竣工后，将有效改善首都班吉地区长期供电不足、供电质量差的局面，进而为中非经济社会发展，特别是基础设施建设和百姓生活提供安全、稳定的电力保障。

20年前，中国和中非两国合作构筑水坝，各有两名工人在筑坝过程中献出了生命，一起长眠在水坝旁的山坡上，已与这里的青山绿水融为一体，成为两国友好情谊的又一象征。

我接下来简要回顾了一年来两国友好合作的丰硕成果，强调指出，中国与中非有着相似的历史经历，同样肩负着发展经济、改善民生、维护发展中国家整体利益等艰巨任务，两国人民由此结下了深厚的传统友谊。

中非能源和水利部长法特朗在致辞中指出，中非电力供应长期短缺，全国电力供应率仅为3%，严重制约着经济社会的可持续发展。装机容量为1000万千瓦的博阿利3号水电站及配套输变电项目建成后，将会有效满足班吉地区用电需求，极大改善当地的生产和生活面貌。

博齐泽总统很高兴出席开工仪式，称该项目是中非和中国卓有成效的技术合作成果，要向中国人民表达真诚的谢意。中非从与中国的合作关系中收益良多，深知发展对华关系的必要和重要性，中非将坚定地奉行一个中国政策。近年来，双边关系保持快速、稳定发展，两国人民之间的友谊不断加深。

随后，我与博齐泽总统一起为博阿利3号水电站及配套输变工程奠基。

开工仪式持续近两小时，中非国家电视台、国家广播电台全程转播现场实况，中非国家通讯社、《燕子报》、《民主报》、《挚友报》等10余家主流媒体记者进行了现场采访。

（刊于2011年12月20日外交部网站）

中华龙赞

一

世间本无龙，中华做图腾。
历史弥久远，智慧凝文明。
形象威且猛，瑞兽集大成。
本领贯天地，寄托意与情。

二

吞云吐雾嘴，翻江倒海身。
电闪雷鸣眼，斩妖伏魔掌。
深渊作居所，太虚任翱翔。
乘时变化能，潜升有主张。

三

人间送富贵，上天降吉祥。
昼夜保平安，兴云播雨忙。
五谷丰登足，国泰民安康。
龙马精神在，君子当自强。

四

百年屈辱史，怒龙愤欲狂。
翻身求自立，醒龙奋图强，
神州换新颜，喜龙舞欢畅。
和平发展好，福龙引吭唱。

五

神龙舞东方，光焰万丈长。
今朝更自信，雄起愈辉煌。
祥云飘千里，和风暖四方。
伟哉中华龙，寰宇齐颂扬。

（刊于2012年1月17日外交部网站）

中非关系吹风会暨新春记者招待会

2012年1月27日，我在使馆举行中非关系吹风会暨新春记者招待会。中非国家通讯社、国家电视台、国家广播电台、《挚友报》、《公民报》、《中非晨报》、《阿格拉报》、《全球视野报》、《建设者报》、《人民报》、《镜报》、《燕子报》、林加广播电台等20家媒体的40余名记者应邀出席。

我详细介绍了全国政协主席贾庆林应邀出席非盟第十八届首脑会议开幕式并对埃塞俄比亚进行正式友好访问的有关情况，结合中非关系发展、中非合作论坛举措、中国与中非友好合作等主题同与会记者亲切交流。

我指出，龙年伊始，中国领导人首访选择非洲，出席非盟峰会，对进一步深化中非新型战略伙伴关系，加强发展中国家的团结合作具有重要意义。中国是最大的发展中国家，非洲是发展中国家最集中的大陆，双方传统友谊深厚，在国际事务中的合作日趋紧密。进入新世纪以来，在中非合作论坛的推动下，中非新型战略伙伴关系迅猛发展，双方在政治、经济、文化等领域的合作达到了前所未有的广度与深度，中非人民间的友好情谊与日俱增。中非贸易额从1950年的1200万美元跃增至2010年的1296亿美元，2011年更突破了1600亿美元。中国已成为非洲最大的贸易伙伴。中国对非各类投资累计超过400亿美元，其中直接投资147亿美元。在非投资的中方企业已超过2000家。

我强调，无论国际风云如何变幻，中国都将致力于推进中非新型战略伙伴关系，加强与包括中非在内的广大非洲国家的团结与了解，倾听非洲呼声，同国际社会一道，维护非洲和平、稳定、发展大局。新形势下，中非合作展现出强大活力和巨大潜力。中非合作既有利于各自的经济社会发展和各自国际地位的提升，也有利于世界的发展与和平。

加强中非团结合作是中国总体外交的重要组成部分，是中国长期坚定的战略选择。中国将始终遵循“真诚友好、平等相待、互利互惠、团结合作、共同发展”的原则，并根据国际形势和中非各自的情况变化，开拓创新，不断为中非关系注入新的活力。中方愿继续与非方携手努力，让共同发展的成果更多惠及中非人民。一是促进贸易平衡，提升贸易质量；二是扩大对非投资，提升产业能力；三是加强对非援助，提高发展能力；四是加强基础建设，提高一体化水平。相似的历史遭遇、相同的发展任务和广泛的共同利益把中非紧紧的联系在一起。深化经贸合作，促进共同发展，既是中非各自发展的内在需要，也符合双方的现实和长远利益。

我详细列举了近年来中国与中非双边友好合作关系的成果，指出2011年既是两国关系的大发展之年，也是双边合作的丰收年。随着中非政府不断改善投资环境，两国经贸投资关系的前景更加广阔。

我还就中国帮助非洲独立发展制造业、提高当地企业的生产能力、非洲在联合国安理会改革中的作用及代表权问题、中国企业在非投资、中国与中非双边关系的发展前景，以及中国政治协商会议、经济和社会发展情况及人权等问题回答了记者的提问。

整场活动持续近两小时，现场气氛热烈，双方互动活跃。与会记者向中国人民和中国同行祝贺龙年新年，对使馆为促进与中非媒体的友好关系所做的工作和努力表示感谢。纷纷表示，中国的发展成就举世瞩目，中国人民的优秀品质和勤劳致富的经验值得非洲学习、借鉴，希望中方能为非洲记者提供更多赴华采访的机会，以摆脱西方媒体的负面影响，客观、公正地介绍中国，深化非洲人民对中国的认识与了解。

记者招待会后，中非国家电视台、国家广播电台和林加广播电台还对我进行了专访。出席记者招待会的各媒体详细报道了我的有关介绍及回答提问的情况。

（刊于2012年1月29日外交部网站）

博齐泽总统隆重庆祝政变九周年

2003年3月15日，中非前武装部队总参谋长博齐泽继2002年5月和11月两次政变失败后，利用帕塔塞总统出访尼日尔并出席泛非首脑会议之机，在乍得重整旗鼓并得到乍得总统代比鼎力相助，与乍得军人一起，第三次政变成功。当日下午3时15分，博齐泽率领的近千名反政府武装人员攻入首都班吉，没有受到像样的抵抗，市民只听到几阵枪战，中非电台和法国国际广播电台便同时发布消息，说博齐泽将军的军队已占领总统府和班吉机场，也已接管政权。

反政府武装顺利进入首都，引起班吉市民极大恐慌，有的政府军脱掉军装混入逃难的平民队伍，有的临阵倒戈，掉转枪口当即成为叛军中的一员。百余人冲进帕塔塞总统官邸，高喊“帕塔塞已经下台”，把所有物品洗劫一空。

得知国内发生政变的消息，帕塔塞总统立即乘专机回国，当飞临班吉国际机场上空时，迎接他的是已占领机场的反政府武装激烈的高射机枪射击。帕塔塞总统急忙掉转飞机，改飞喀麦隆首都雅温得。

3月16日晚，政变领导人博齐泽发表全国广播讲话，宣布中止宪法和解散议会，自任“总统和国家元首”。

刚与帕塔塞共同出席泛非峰会的非洲国家领导人谴责政变，要求博齐泽允许帕塔塞回国并交出政权。由赤道几内亚、刚果（布）、加蓬、喀麦隆、乍得和中非共和国6个成员国组成的中部非洲经济与货币共同体发表声明，强烈谴责中非共和国前武装部队总参谋长博齐泽发动政变，要求继续进行全国性政治对话，通过对话解决中非严重的政治、经济、军事危机。要求政变当局保证在中非的维和部队官兵的安全，紧急呼吁国际社会支持中共体为恢复中非和平所作的努力。

联合国秘书长安南发表声明，对中非共和国人民和政府正在开展广泛的民族和解对话之际发生政变事件深表遗憾，并对政变期间发生的暴力和劫掠事件表示强烈谴责。声明要求政变领导人尊重人权，确保平民的基本权利，呼吁政变领导人博齐泽尽快恢复宪政秩序。

政变成功，叛军摇身一变成为政府军，但性质并未发生改变，胜利者在首都连续抢劫3天。有人说这是因为博齐泽为犒劳政变士兵而故意所为。但谁又能料到，10年后发生的另一场政变，士兵们会在首都连续抢劫近半年之久。

国际社会虽对博齐泽发动武装政变予以强烈谴责，但未采取任何实质行动。两年后，2005年1月，博齐泽在总统选举中正式当选，任期5年成为名正言顺的"民选"总统，得到国际社会的承认。本应于2010年进行的新一届总统选举因各种原因推迟至2011年1月，博齐泽再次高票当选，任期至2016年。

每年的3月15日，博齐泽都要举行盛大活动，庆祝这一"民族觉醒"的重大节日。因为从这天起，国家开始走上和平、安全、民主、繁荣的复兴之路，"觉醒"了的中非人民终于过上了幸福生活。

我于2011年4月到中非工作，没有出席当年的"3·15"庆祝活动，但赶上了2012年的活动，许多场景至今仍记忆犹新。现把我出席2012年"3·15"庆祝活动的情况记录在案。

3月10日，使馆收到中非国家典礼局出席"3·15"庆祝活动的请柬和节目单。根据这一日程，外交使团需14日早7时到外交部集中，前往达达纳纳—格里比齐省省会卡加班多罗，出席当地下午2时的庆祝活动。15日早6时30分在省政府早餐，7时30分先行出发前往乌昂达戈。博齐泽总统夫妇乘坐的小型飞机定于9时抵达。3月15日活动结束后，外交使团再在当地过夜，16日返回班吉。

我们知道，首都班吉并没有高等级公路与16个省会连接，沙石或泥土路极难行走，日程上列出的路途时间为早7时至下午2时，实际上10个小时也到达不了。全国除首都外都没有正常的水电供应，长途跋涉加上住宿条件差，蚊虫叮咬，外来者一时难以适应。

3月12日晚，我就应约会见博齐泽总统，就两国关系与之交换意见。博齐泽总统说，去年雨季大水将萨贝凯大桥冲毁，班吉对外交通的一条重要通道被切断，对市民出行和物资运输都造成了极大困难。他曾先后要求欧盟和法国帮助修复，均遭拒绝，现只能向友好的中国请求帮助。博齐泽总统再次高度评价中非与中国互利共赢的合作关系，充分肯定中国和平发展的外交政策，由衷钦佩中国改革开放取得的发展成就，期待进一步加强两国高层和人民间的交流往来。我对中非人民的处境表示同情，允向中国政府报告中非方的要求。经研究，中方决定在双边经济技术合作协定框架里重建萨贝凯大桥，迅即派出专家进行可靠性考察，施工人员和设备短时间内到位。班吉市民得知中方将帮助重建萨贝凯大桥消息，奔走相告。但天有不测风云，局势突变致使中方人员撤离，工程中断。我对博齐泽总统对两国关系的评价表示赞同，还简要介绍了我国近期国内有关情况。

谈话结束后，我顺便提及应邀赴外地出席"3·15"庆祝活动一事，说如果要求外交使团长途跋涉还要在外地连续住宿两晚，许多人的身体可能会受不了，也就不会出席该活动了。总统听后说，是这样，可以让外交使团乘坐小飞机去，随即从前面的小桌下面抽出一张小纸条记下此事。次日，使馆便接到国家典礼局的电话通知，外交使团乘坐总统府提供的小飞机前往。

由于交通极度不便，法国和黎巴嫩各有一家包机公司经营短途客运业务，为中非政府和国际机构提供便利。我于15日早7时赶到班吉机场，登上了法国包机公司的小型商务飞机。

一个多小时后，飞机降落在卡班加多罗。我们走下飞机，发现这里并不是想象中的机场，却更像一块庄稼地或是干涸的河床。四周全是半人高的荒草在热风中摇曳。因是旱季，地面皲裂，略显松软，一丛丛草根或是稻根还残留在那里。远远看见有几幢星散的平房。有车队在等待我们。远处有数十人组成的舞蹈队在欢迎我们，女青年都赤裸上身。乘车前往市区，一条土路从散乱稀落的房子中间穿过，高大的芒果树下有孩子在嬉戏。市中心广场倒是广阔，四周还盖了几间新房，看上去还没有住人。我们在摆在大树下的木椅上稍事休息，随即驱车前往集会地点乌昂达戈。

我与法国驻中非大使、联合国驻中非副代表等人同乘坐联合国在当地从事人道主义援助的越野车。司机是当地人，会说数种语言，待人热情。情况极熟，沿途随时解答我们提出的各种问题。

50公里路程，足足走了一个半小时。10多辆外交使团和国际组织的车队相互间保持一定距离。前面只见一团尘土，不见车辆。后面的车辆顺着土团前行，自身再掀起一团尘土，为后面的车辆指引道路。

我们在如此难以通行的道路上行走，在经过一条小河道时，竟然看到了一座用钢板架成的小型铁桥。我颇感意外。法国大使说，这是当年法国殖民时期供军车通过的桥梁。这是我在中非看到的最为坚固的桥梁。

到达集会地点，我们在临时搭起的观礼棚下落座。在近十辆全副武装的车队护卫下，博齐泽总统夫妇在群众的欢呼声中向大家招手致意。武装人员和车队迅速在四周布置警戒，因为数公里之外就有反政府武装活动。

博齐泽总统讲话，重述9年前夺权经过，国家实现了“爱国振兴”，解放了的人民不再遭受欺压和凌辱，恢复了尊严，经济步入增长轨道。博齐泽历数近年来取得的成就，列举中非今年都获得了多少国际援助，世界银行和国际货币基金组织还将提供多少财政援助，哪个国家承诺将提供何种援助及建设项目等，说他是中非历史上首位没有拖欠公务员工资的总统，要求人民继续跟着他前进。我翻看着典礼局发送的中非近年建设成就小册子，上面最醒目的几幅图片都是中国的援建项目，有半年前投入使用的宾博医院、去年奠基的博阿利水电站、中国公司承建的非洲开发银行高速公路等项目。

总统讲话后，各路队伍依次从主席台前经过接受检阅。可以看出，基本上仍是三八国际妇女节、五一国际劳动节、独立节和国庆节游行的人马，都是从班吉乘大巴专程赶到这里向总统致意的。还有从班吉赶来的军乐队和民间乐团与当地民众一起，在艳阳下吹奏、演唱、跳舞、呐喊。赤裸上身的数十个女青年站在主席台正面，大幅度摆动腰肢，剧烈地晃动身躯，高声喊叫。我从未看见过这种舞蹈，直为她们身体能否吃得消而担心。

检阅完毕，总统在国家勋位委员会主席引导下为数十位各界杰出人士授勋。他们中间既有从首都陪总统前来并接受勋章者，也有当地人士。外交使团应邀走下观礼台，向获得勋章者握手祝贺。

“3·15”庆祝活动终于结束，礼宾官宣布，总统夫妇设宴款待出席活动的来宾。大家到临时搭起的大棚下就餐。人多位少，外交使团优先入座，先于其他人到餐台选取食物。我吃完饭与总统夫妇打招呼准备离开时，不少人尚未拿到饭菜，还在排长队等候。

我们再次乘坐来时的越野车，经过一个半小时的颠簸赶往卡班加多罗。我再一次看到了那座小铁架桥，多有感触。稍做休息，来到干涸的河流或是稻田一般的简易机场，登上了等候我们的小飞机，闷热一个小时后于晚7时许抵达班吉机场。

走下飞机，步出机场，坐上使馆的汽车，行驶在平时看来那么坎坷破旧、人流嘈杂、尘土飞扬的通往班吉市区的大道上，顿时感觉到班吉确实应该被称之为大城市，中非的首都。凡事有比较才有区别，世间一切事物都是相对的。知道了首都之外其他城市的状况，了解了外地民众的生活水平，才知道这座与我国普通县城相比都十分落后的非洲国家的首都，原来在这个国家，这个位于全球最不发达国家之列的非洲国家，确实是全国的最为繁华之地。

交通不便，信息不通，是不少非洲国家存在的普通状况。所以，政变者只要占领了首都，或者说只要占领了总统府，就算夺权成功。中非1960年独立以来，先后发生6次改朝换代的军事政变，大小规模的兵变和未遂政变难以胜数，不足为奇。

图瓦德拉总理代表总统为我医疗队授勋

2013年8月16日，中国派遣援外医疗队50周年之际，中共中央总书记、国家主席、中央军委主席习近平在人民大会堂会见受到表彰的全国援外医疗工作先进集体和先进个人代表，代表党中央、国务院，向他们表示热烈的祝贺，向曾经参加和正在国外执行任务的援外医疗队全体同志致以诚挚的慰问。

习近平在讲话中指出，援外医疗工作是一项艰苦而光荣的任务。卫生援外工作是我国外交工作的重要内容。半个世纪以来，我国先后向亚洲、非洲、拉丁美洲、大洋洲等地区66个国家和地区派出医疗队员2.3万人次，累计诊治患者2.7亿人次，得到了受援国人民的充分信任和普遍赞扬。这项事业坚持了50年，很了不起。长期以来，一代又一代援外医疗队队员牢记党和祖国的重托，发扬国际人道主义精神，以精湛的医术和高尚的医德，全心全意为受援国人民服务，促进了受援国医疗卫生事业发展和人民健康水平提高。大家远离祖国和亲人，克服了种种困难，以实际行动铸就了“不畏艰苦、甘于奉献、救死扶伤、大爱无疆”的中国医疗队精神，展示了中国人民热爱和平、珍视生命的良好形象。大家的辛勤工作和无私奉献，加深了中国人民同广大发展中国家人民的友谊，为推进人类和平与发展的崇高事业作出了贡献。你们不仅是医疗卫生战线学习的榜样，也是全国各行各业学习的榜样。

习近平同志的讲话，使我想起了来自浙江省的中国赴中非医疗队通过自己和工作，为促进两国人民间的友谊和了解作出重大贡献的情况。两名浙江省援中非医疗队员，荣获全国援外医疗先进个人称号，受到表彰。

我国向中非派遣医疗队始于1978年，曾因两国断交而一度中断。2012年8月，在班吉友谊医院的中国第十四批援中非医疗队16人圆满结束为期两年的工作，即将离任回国。按照我代表中国政府与中非卫生部长签署的两国医疗合作协议，第十五批队员16人如期抵达，接过这根标志着两国友好合作关系重要内容之一的接力棒。医疗队员们以饱满的热情、精湛的技术、吃苦耐劳的“中国精神”，与中非同行们一起，每天为中非患者解除病痛，赢得了广泛赞誉。医疗队曾有两名同志牺牲，长眠在中非的土地上。

按惯例，中非卫生部长要代表政府为任满回国的中国医疗队员授勋。我到中非工作一年多来，与图瓦德拉总理建立了亲密友好的工作和个人关系，随时可以与之通话。当我在电话里问他能否出席中国医疗队员的授勋仪式时，图瓦德拉总理毫不犹豫地回答“肯定出席”，“将亲自为中国朋友授勋”。图瓦德拉总理说他与中国医疗队关系密切，因为他因患有腰疾而定期享受“健康保健”，他要利用授勋的机会表达谢意和惜别之情。这是多年来中非总理首次为中国医疗队员授勋。

2012年8月20日，中非国家典礼局在友谊医院搭起了临时彩棚，上方悬挂着我方准备的中法文横幅“第十四批赴中非医疗队授勋仪式”。授勋仪式由我和图瓦德拉总理共同主持，中非卫生部长曼达巴、装备和公共工程部长沃多博德、矿业部长级代表纳姆西奥、民航和航空运输部长级代表茹索、班吉市长亚朗加、中非总理府和卫生部高级官员，中非友谊医院员工及各界代表，使馆政务参赞王旭东、经商参赞刘宝义等外交官以及刚到任的第十五批医疗队员共200余人出席。仪仗队奏两国国歌。

我代表中方讲话，重点指出，中国第十四批医疗队抵中非工作两年来，在中非方大力支持和配合下，经受住了高温、疾病考验，克服了设备、药品短缺等困难，在保质保量完成平日坐诊工作的同时，还坚持利用休息时间到周边地区巡回义诊，全力挽救患者生命，解除病人痛苦。发挥团结协作、无私奉献的精神，在艰苦的条件下努力开展工作，累计完成门诊47505人次，抢救危重病人213人次，实施各类手术1663人次，麻醉936人次，收治住院1007人次，检验24938人次，X射线片和B超检查4395人次，药房配方近3万张，未出现一例医疗事故和医疗差错。鉴于中非当地医院不仅缺乏药品和器械，医学人力资源也极其不足，我医疗队员还热心培养当地医务人员，带领当地实习生、年轻医生看门诊、查房、手术。在工作中，我医疗队员与中非医务合作者建立了深厚的友情，以实际行动诠释了救死扶伤的人道主义精神。

我在讲话中说，中国第十四批援中非医疗队圆满完成使命，为进一步巩固和发展两国关系、尤其是为促进中非医疗卫生事业的发展作出了实实在在的贡献。博齐泽总统亲自签署命令，授予全体队员中非国家荣誉勋章。16名医疗队员中，1人获共和国“功勋”勋章，3人获共和国“骑士”勋章，12名队员获共和国“军官”勋章。这是中非政府和人民对中国医疗队工作的充分肯定，更是两国人民深情厚谊的最好见证。希望第十五批医疗队员牢记祖国和人民的重托，继承和发扬前任队员的优良传统，为发展中非医疗卫生事业、深化两国友好合作关系作出应有贡献。

中非勋位委员会副主席宣布博齐泽总统签署的为16名中国医务人员授勋的法令后，图瓦德拉总理亲自为每个人授勋并佩戴勋章，握手表示祝贺，再次代表博齐泽总统及中非政府和人民感谢中方长期在医疗卫生领域给予中非的无私帮助，高度赞赏中国第十四批医疗队员的高尚医德和精湛医术。图瓦德拉强调，此次颁发的荣誉勋章是对中国医疗队长期以来为中非卫生事业的发展和为中非人民的健康作出巨大贡献的充分肯定。是中非政府和人民对中国医疗队的崇高敬意和衷心感激，也是对中国医生辛勤工作的诚挚褒奖。图瓦德拉表示，中非方愿继续与中方携手努力，不断深化两国在医疗卫生领域的交流与合作，丰富两国友好合作内涵。

中非卫生部长曼达巴指出，中国医疗队的到来有效改善了中非医疗卫生状况，既为患者及其家属带了希望、减轻了痛苦，更向中非人民传递着中国人民的深厚友情。他们高超的职业素养受到中非各界一致好评。他代表博齐泽总统和中非政府向第十四批援中非医疗队队员致以崇高的敬意，感谢他们两年来为挽救当地患者生命、解除病人痛苦所付出的辛勤劳动。他强调，荣誉勋章表达了中非人民对中国医务工作者发自内心的感激，是对他们的高尚医德和精湛医术的真诚褒奖。中非政府感谢中国第十四批医疗对的辛勤工作，欢迎第十五批医疗队履新，将一如既往地支持中国医疗队的工作，提供各种工作便利。中非方并愿与中方共同努力，不断深化两国在医疗卫生领域的交流与合作。中非政府欢迎第十五批医疗队履新，并将一如既往地为中国医疗队提供各种工作便利，鼓励、引导中非医生向中国医疗队员学习宝贵经验与先进技术，共同为中非百姓提供良好的医疗服务，提高国民健康水平。

当天晚上，我在使馆举行招待会，欢送圆满完成使命即将离任回国的我国第十四批医疗队，为刚到中非履新的我第十五批医疗队接风。中非方面，总理图瓦德拉、卫生部长曼达巴、装备和公共工程部长沃多博德、国际合作部长马伦扎帕女士、国防部长级代表弗朗西斯·博齐泽、矿业部长级代表纳姆西奥、民航和航空运输部长级代表茹索、总理府部长级办公厅主任萨郎吉，中非政府有关部门高级官员和使馆外交官共百余人出席。

我代表中国政府感谢中非政府对我医疗队工作的大力支持和帮助，积极评价近年来中非医疗卫生事业取得的可喜成绩，表示中方将继续加强双边友好务实合作，巩固互利共赢的良好势头。指出我第十四批医疗队员在平凡岗位上创造出的不平凡成绩，以他们的日常工作促进两国人民之间的友好感情，祝愿他们返家顺利，早日与家人团聚，在国内工作岗位上再立新功。勉励我第十五批医疗队员，牢记祖国和人民的重托，继续弘扬历任医疗队员艰苦奋斗、无私奉献的优秀品质，努力为中非人民提供优质的医疗服务，为两国友好合作贡献应有力量。

图瓦德拉总理代表博齐泽总统及中非政府和人民，再次感谢中方给予中非的全方位支持。博齐泽总统签署法令，授予中国医务人员勋章，以表彰他们的杰出成绩。他代表总统颁发勋章，并亲手为每个人佩戴。中非政府和人民高度肯定中国医疗队长期以来为保障中非人民身体健康所做的重要贡献，对第十四批医疗队员的离任表示不舍，祝福他们回国后平安幸福，祝愿两国人民友谊长存。

白天，中非通讯社、国家电视台、国家广播电台等主流媒体对授勋仪式和使馆招待会进行了全程采访报道。

中非总统议长总理等出席我使馆63周年国庆招待会

2012年9月28日，我和夫人张秀清在使馆举行招待会，隆重庆祝中华人民共和国成立63周年。中非总统博齐泽、议长加翁巴莱、总理图瓦德拉、劳动党总书记恩盖库蒙、在首都的2位副议长、2位国务部长、17位部长、4位部长级代表以及军队、警察、青年、妇女、司法、工会等中非各界人士，以及各国驻中非使节、武官、国际组织代表、中资机构、华侨华人代表等应400人邀出席。使馆政务参赞王旭东、经商参赞刘宝义等外交官参加。

博齐泽总统一再请我转达他对胡锦涛主席及中国政府和人民诚挚的节日问候，衷心祝贺伟大的中国人民在中国共产党领导下取得的63年辉煌成就。博强调，他虽工作十分繁忙，但也要在加翁巴莱议长和图瓦德拉总理陪同下出席中国国庆招待会，以表达对中国的深厚感情和发展对华关系的重视程度。博高度评价中非与中国友好合作的丰硕成果，感谢中方长期以来向中非提供的重要帮助和支持，祝愿中国经济社会发展取得的更大成绩，双边关系向更高水平迈进，两国人民友谊地久天长。

我感谢博齐泽总统、图瓦德拉总理分别向胡锦涛主席和温家宝总理致国庆贺信，感谢各界人士对中国现代化建设和中国与中非关系发展的关心和支持，简要回顾了新中国成立63年、特别是改革开放30多年来发生的历史性巨变。强调指出，中国与非洲的友好合作经受住了时间和国际风云变幻的考验，收获了果实，更收获了友谊与互信。今年7月，中非合作论坛第五届部长级会议在北京成功举行，中国国家主席胡锦涛代表中国政府宣布了未来三年对非合作重大举措，全力支持非洲和平与发展事业，推进中非新型战略伙伴关系。

我积极评价中非人民在博齐泽总统领导下，致力于探索符合本国国情的发展道路，在国家安全、社会团结、参与地区一体化等方面取得了可喜成绩。我介绍了博齐泽总统不久前率团赴华参加经贸洽谈活动并会见李克强副总理等中方领导人，以及一年来两国政治、经济、人文交流合作情况，坚信在双方领导人的精心培育和两国人民的携手努力下，中国与中非友谊之花将绽放得更加绚烂，中国与中非务实合作将结出更加丰硕的成果，中国与中非双边关系将迎来更加美好的明天。

中非国际合作部长、代外长（甘比外长出席联大）马伦扎帕女士代表博齐泽总统和中非政府向中国政府和人民致以热烈的节日祝贺，并祝驻旅中非华侨华人、中资机构人员节日快乐。她强调指出，中国在改革开放和现代化进程中取得的飞跃进步为所有期盼发展的民族树立了榜样。中非为有中国这样的合作伙伴感到幸运和骄傲，并将对华关系置于中非总体外交战略的特殊、优先地位，感谢中方长期以来提供的宝贵支持和无私帮助，坚信两国合作在农业、基础设施建设等领域合作潜力巨大，发展前景广阔。

马伦扎帕部长指出，胡锦涛主席在中非合作论坛第五届部长级会议上宣布的对非新举措是南南合作的又一巨大成果，非洲人民备受鼓舞、倍感振奋，对非中关系发展更具信心。中非政府真诚希望继续在论坛框架内加强与中方的务实合作，不断增进在国际和地区事务中的相互支持与配合，加强学习、借鉴中方的先进经验，共同推动落实论坛举措，促进两国关系继续深入向前发展，造福两国人民。

马伦扎帕部长最后说，中国共产党领导中国人民建立了中华人民共和国，特别是近30年来领导中国人民推动社会进步，使中国跻身于世界经济强国之列，现正在积极筹备第十八次全国代表大会，中非政府和执政的劳动党表示热烈祝贺。

招待会持续两个多小时，现场还举行了“脉动中国”图片站及图书赠阅活动，与会嘉宾高度赞赏中国人民勤奋敬业、勇于拼搏的优秀品质，充分肯定中国的和平发展道路和改革开放政策，期待中国在未来发展中取得更大成绩，在国际舞台展现负责任大国的风采。中非国家通讯社、中非国家电视台、国家广播电台、卢卡（私营）广播电台、林加（私营）广播电台、《挚友报》、《燕子报》、《民主报》、《公民报》等10余家主流媒体对招待会进行了现场采访报道。

（刊于2012年9月30日外交部网站）

举行钓鱼岛问题记者会

2012年10月9日，我在使馆召开记者会，严正阐述中国政府在钓鱼岛问题上的原则、立场。中非国家通讯社、国家电视台、国家广播电台、《燕子报》、《民主报》、《挚友报》等16家当地主流媒体的40余名记者出席。使馆政务参赞王旭东等外交官参加。

我根据《钓鱼岛是中国的固有领土》白皮书、中华人民共和国外交部声明、杨洁篪外长在67届联大发言等内容，以中国疆域版图开篇，通过生动讲解、标示中国地图，准确、直观地介绍了钓鱼岛地理概况，而后又分别从历史和法理层面，有力证明钓鱼岛及其附属岛屿是中国的固有领土，中国对其拥有无可争辩的主权。我强调，无论是甲午战争末期日本通过不平等的《马关条约》窃取钓鱼岛，还是上世纪50、70年代美日对钓鱼岛私相授受，都严重侵犯了中国的领土主权，是非法、无效的，没有也不能改变钓鱼岛属于中国的事实。孙大使指出，近年来，日本不断对钓鱼岛采取单方面举措，特别是9月10日，日本政府不顾中方一再严正交涉，宣布“购买”钓鱼岛及其附属的南小岛和北小岛，实施所谓“国有化”，严重侵犯了中国主权，严重伤害了13亿中国人民的感情，严重践踏了历史事实和国际法理。这一非法行径不仅背离了中日两国老一辈领导人达成的谅解和共识，也极大损害了中日关系，更是对世界反法西斯战争胜利成果的否定和挑战。中国政府和人民将继续为维护钓鱼岛主权进行坚决斗争，强烈敦促日本尊重历史和国际法，立即停止一切损害中国领土主权的行为，不折不扣地回到双方达成的共识和谅解上来，回到谈判解决争议的轨道上来。

与会记者对我的慷慨陈词报以热烈掌声，纷纷就中方应对举措、国际社会态度、事态发展走向等问题踊跃提问并发表感言。他们表示，中非与中国同属第三世界国家，历史遭遇相似，中非人民对中国人民经受的惨痛、屈辱殖民史感同身受，反对一切形式的霸权和殖民行径，充分理解并支持中国政府的相关原则、立场，相信中国人民完全有勇气、有智慧、有能力捍卫国家主权和领土完整。

记者会持续两个多小时。当晚，中非国家电视台、国家广播电台、卢卡（私营）广播电台播放了记者会实况。

（刊于2012年10月10日外交部网站）

中非最大私营报纸《燕子报》发行中国特刊

在中国共产党第十八次全国代表大会召开前夕，中非最大私营报纸《燕子报》发行共12版的《中国特刊》，详细介绍中国发展道路、理念与成就，全面阐述中国和平外交政策。

《燕子报》主编佐斯为特刊撰写社论，通过摆事实、列数字，系统回顾了新中国成立、特别是改革开放30多年来取得的经济、社会、文化发展成就。佐斯在文中指出，即将召开的中国共产党第十八次代表大会是中国人民政治生活中的一件大事，将对中国未来发展走向产生积极而深远的影响。他最近刚刚到中国参访、培训，接触到的普通百姓都认为“没有共产党就没有新中国”，都坚信中国共产党将领导中国人民实现中华民族的伟大复兴。

特刊通过“中国工业飞跃”、“中国在最新技术革命中的核心地位”、“中国未来发展走向与挑战”等主题，重点介绍了中国在工业、农业、科技等关键领域的巨大进步，赞赏中国党和政府采取的“三农”、“工业转型升级”、“科教兴国”等正确决策。文章认为，中国的现代化建设已初具规模，是科技创新为中国发展提供了源源不断的强劲动力，充分证明“科学技术是第一生产力”。

相关文章指出，中国是世界上人口最多的国家，拥有几千年文明史，上世纪70年代末改革开放以来，中国迎来了经济社会快速发展的黄金时期，人民生活水平大幅提高。当前国际背景下，中国的综合国力不断提升，为维护世界和平、促进世界经济增长、推动可持续和谐发展作出了重要贡献。与某些发达国家展现和评论的相反，中国的发展水平和前景大有希望，世人完全有理由相信中国自主发展的能力，中国的发展必将为非洲伙伴带来更大的合作机遇。

特刊还以《中国——中非:南南合作与共同发展的典范》为题，介绍了中国和平、发展、合作的外交政策、特别是对非政策，以两国关系发展历程为基本脉络，展现了双方在农业、教育、医疗等方面的合作成果，积极评价中国驻中非使馆为促进双边各领域交往所做的巨大努力。文章最后强调，中非是中国的兄弟国家，感谢中方提供的宝贵帮助，期待两国合作不断迈上更高水平。

（刊于2012年10月30日外交部网站）

就十八大接受中非国家电视台、广播电台联合专访

2012年11月6日，我应邀接受中非国家电视台、广播电台联合专访，就即将召开的中国共产党第十八次全国代表大会及中国与中非友好合作关系等问题回答记者提问。

关于十八大召开的背景和任务，我简要回顾了中国共产党与中华民族命运紧密相连的辉煌发展历程，重点阐述了十八大对中国共产党和国家发展进步的深刻意义。孙大使指出，91年前的中国，内部贫穷落后、民生困苦，外部备受欺凌、丧失尊严，在马克思列宁主义同中国工人运动相结合的进程中，中国共产党应运而生。她从最初仅有几十名党员，发展成为今天拥有8200多万党员、400多万个基层党组织的执政党，团结带领中国人民完成了新民主主义革命和社会主义革命，推行改革开放，开创、坚持、发展了中国特色社会主义，书写了人类发展史上的壮丽诗篇。

我强调，历史和人民选择了中国共产党。她不愧为伟大、光荣、正确的马克思主义政党，不愧为领导中国人民不断开创事业发展新局面的核心力量。中国共产党十八次全国代表大会是中国在全面建设小康社会关键时期和深化改革开放、加快转变经济发展方式攻坚时期召开的一次十分重要的大会。大会将认真回顾中国特色社会主义的经验，审视世界和中国发展大势，为中国未来的发展提出具体规划。大会将对全面推进中国改革开放和社会主义现代化建设、全面推进中国共产党建设新的伟大工程作出的战略部署，必将为推动科学发展、促进社会和谐、继续改善人民生活、增进人民福祉、全面建设小康社会产生重大而深远的意义。

关于十六大以来中国共产党的工作，我简要介绍了中国共产党十年来领导全

国人民取得的伟大成就，成功地举办北京奥运会和上海世博会，战胜多次重大自然灾害，努力转变增长方式，推进经济转型，克服二战后最严重的全球性经济和金融危机的不利影响，保持了世界最高的经济增长率，使中国成为世界第二大经济的有关情况。强调指出，在十八大精神的鼓舞和指导下，中国人民将为建设强大国家更加勤奋地劳动，中国的前途更加辉煌。

关于中国特色社会主义，我指出，马克思主义只有同中国的实际相结合，即马克思主义中国化，才能在中国焕发出强大生命力。中国共产党在长期的革命和建设实践中找到了适合中国国情的发展道路。与此同时，中国共产党对中国存在的问题有着清醒的认识，将坚定不移地走共同富裕道路，推进和谐社会建设。世界上没有任何可供复制的发展模式，中国绝不寻求输出自己的发展模式，不会把自己的制度强加于人。

关于双边关系和党际交往，我表示，近年来中国与中非的友好合作关系保持良好发展势头，政治、经济、人文领域合作成果丰硕，尤其是党际交往成为双边关系发展的亮点。2010年，中联部部长王家瑞率团访问中非，随后，中非劳动党代主席约瑟夫、总书记恩盖伊库蒙分别率团赴华参访，两党交流合作自此跨入了共同发展的快车道，为促进双边其他领域务实合作增添了巨大动力。中国党和政府重视发展对中非的友好合作关系，坚定奉行独立自主的和平外交政策，愿继续与中非方一道，推动双边关系不断迈上新台阶，造福两国人民。

参与采访的中非国家广播电台台长扬伽科拉感谢我在十八大召开前夕应邀接受专访，向中非广大观众、听众介绍中国党和国家的发展历程，充分满足了中非各界对于了解中国发展“诀窍”、学习中国发展经验的迫切愿望。扬伽科拉指出，中非经济与社会的各个领域都可以看到与中国共赢合作的成果。深化对华关系已成为广大中非民众的共同呼声。

（刊于2012年11月7日外交部网站）

中非总统与执政党总书记祝贺十八大胜利召开

2012年11月7日，我应邀参访中非执政党——劳动党总部，受到了该党总书记恩盖库蒙、全国第一书记邦德隆、宣传部长翁多、对外联部长贝纳祖姆、财经部长马克西姆、青年部长德迪祖姆、妇女部长茜娜等主要政治局成员，以及百余名党员的热烈欢迎。

恩盖库蒙总书记庄严宣读并请我转交劳动党创始人——博齐泽总统及其本人对中国共产党召开第十八次全国代表大会的贺信。二人在贺信中，代表中非人民和中非劳动党向中共十八大的胜利召开表示热烈祝贺，向领导全党取得伟大成绩的胡锦涛总书记致以崇高敬意，向即将选举产生的新一届中央委员会、中央纪律检查委员会、中央政治局、中央政治局常务委员会和中央委员会总书记表示衷心祝贺。贺信强调，博齐泽总统上任以来，坚定发展对华关系，尤其希望通过学习、借鉴中国共产党的治国理政经验，探寻符合中非国情的发展道路，早日实现民族振兴。中非劳动党成立伊始，中国共产党就表达了深入发展两国、两党交往的真诚愿望。近年来，两国合作进展十分顺利，在政治、经济、贸易等各领域取得了丰硕成果。中非方将继续坚定不移地与中方携手合作，共同开创美好未来。

我感谢博齐泽总统、恩盖库蒙总书记、中非劳动党党员及全体中非人民对中共十八大的良好祝愿，对参访该党总部受到的热情接待表示深受感动。我简要回顾了中国共产党91年来领导中国人民翻身解放、取得社会主义革命和建设的伟大成就，介绍了十八大有关情况，强调指出，伟大的政党领导伟大的人民、铸就伟大的国家，各国友好政党都应相互借鉴、彼此学习，一道为世界和平发展与人类进步贡献力量。中国党、政府和人民愿不断拓展与中非方的全方位、多领域合作，推动经济社会共同发展，使两国人民过上幸福安康的生活。

参访结束时，我接受了当地多家媒体联合采访。

（刊于2012年11月9日外交部网站）

《中非晨报》发行《中共十八大特刊》

在中国共产党第十八次全国代表大会胜利闭幕之际，中非主流媒体《中非晨报》发行共24版的《中共十八大特刊》，全文刊发十八大报告、习近平总书记在新一届中央政治局常委同中外记者见面时的讲话及习近平总书记简历等内容，受到当地各界读者广泛好评，许多当地政府、组织友好人士纷纷打电话，对中共十八大的胜利召开表示祝贺。

我专门为特刊撰写了《中国和平发展道路成就与展望》一文，以党的十八大胜利举行开篇，以新中国成立63年、特别是改革开放30多年的辉煌成就为主线，系统回顾了党团结带领中国人民取得的丰功伟绩，阐述了科学发展观的历史地位，介绍了经济建设、政治建设、文化建设、社会建设和生态文明建设“五位一体”的中国特色社会主义事业总体布局，以及到2020年实现全面建成小康社会，国内生产总值和城乡居民人均收入比2010年翻一番的奋斗目标等内容。我还结合国内国际形势，阐释了中国和平发展道路、独立自主的和平外交政策和互利共赢的开放战略，指出，热爱和平、渴望发展的中国人民将在以习近平同志为总书记的党中央领导下，坚定不移走中国特色社会主义道路，为全面建成小康社会，夺取中国特色社会主义新胜利而奋斗，同时继续高举和平、发展、合作、共赢的旗帜，以更加积极的姿态参与国际事务，发挥负责任大国作用，为人类和平与发展的崇高事业而不懈努力。

《中非晨报》主编贝拉在社论中指出，中共十八大在北京圆满闭幕，总结了中共十六大以来的10年发展历程，选举出了以习近平为总书记的新一届中央领导集体，并对中国下一个10年，乃至更长一段时间内的发展方向作出了明晰的规划。中国共产党走过了91年发展历程，带领13亿中国人民走出了一条中国特

递交国书后与博齐泽总统单独会谈（2011年）

与博齐泽总统共同主持水电站开工仪式（2011年）

会见首任过渡国家元首乔托迪亚（2013年）

会见首任过渡政府总理蒂昂盖伊（2013年）

会见第二任过渡国家元首庞扎女士（2014年）

会见第二任过渡政府总理恩扎帕耶凯（2014年）

荷枪实弹巡逻的法国士兵

法国军人强行收缴非法武装

伤亡随处可见

中资机构办公室政变后遭抢劫状况

机场附近难民营

馆员宿舍窗户被流弹击中

“塞雷卡”武装

色社会主义道路，特别是改革开放30多年来取得的惊人成就，使中国发展成为紧随美国之后的世界第二大经济体，其综合国力和国际地位得到巨大提升。中国共产党的先进执政能力和强劲活力发挥了不可磨灭的作用。中国奉行和平、发展、合作的外交政策，与包括中非在内的广大非洲国家长期保持友好关系与互利合作，在经济、社会发展的各个领域都为非洲人民带来了实实在在的好处。非洲人民理应也愿意加深对华交往，充分借鉴中方的有益经验，进而推动本民族的独立发展。

（刊于2012年11月29日外交部网站）

中非总统总理议长联袂出席轧花厂开工庆典

中国国投国际贸易公司经过数年的考察和论证，决定成立中非公司，在博齐泽总统的家乡博桑格阿市业已废弃20年的轧花厂旧址上建造一座新厂。中非气候适于棉花种植，本是高质量棉花出口国，但数十年的战乱和动荡使棉花产量逐年递减，由30年前的年出口6万吨降为近年的4000吨。博齐泽总统把中方建造的轧花厂设在他的家乡，意在促进家乡经济发展，目标是把中非的棉花产量提升至原有水平，创造近10万个就业机会。中方有意在博齐泽总统的支持下，逐步扩大与中非的棉花合作，并用棉籽榨油供当地人食用。中方技术人员与中非朋友一起，用了不到两个月时间，建成了数千平方米的厂房，并经海运从国内运来了最先进的大型轧花设备。中国技术人员日夜赶工，顶酷暑，睡草地，任由蚊虫叮咬，患上疟疾也不休息，一起工作的中非朋友近距离领略到了何为“中国精神”，何为“中国速度”，由衷佩服，叹为观止。博齐泽总统对该项目极为关心，不断亲自过问有关情况并作出安排。12月9日一早，我和部分中非政府部长乘坐小飞机，经过近两个小时飞行，抵达距班吉450公里的博桑格阿市，与先期到达的博齐泽总统会合。就在中非领导人和中方人员一起出席轧花厂开工庆典，为两国棉花合作前景而兴奋不已的时候，中非10年来最大的灾难正在悄然降临。“塞雷卡”叛军联盟于次日（12月10日）起事，向政府军发起全面进攻。刚开工的轧花厂又面临停工和被摧毁的局面。

2012年12月9日，我与博齐泽总统、加翁巴莱议长、图瓦德拉总理、中国国投国际贸易董事长常俊传、总经理张嵩林共同主持中国国投国际贸易中非有限公司在博桑格阿市投资建造的轧花厂开工庆典。中非农业、国际合作、权力下放、新闻等12位部长、执政党劳动党总书记、瓦姆省3位全国议员、首都班吉市长、总统和议长及总理办公厅成员、瓦姆省省长、博桑格阿市长、驻中非使馆经商参赞刘宝义等一同出席，当地各界群众共3000余人参加。

我简要回顾了近年来中国与中非在投资合作领域取得的可喜成绩。我强调指出，当前，中国与中非同样肩负着发展经济、改善民生、维护发展中国家整体利益等一系列艰巨任务。两国人民友谊深厚，双边合作蕴含巨大潜力。中国国投国际贸易在中非博桑格阿市投资共建的轧花厂是两国友好关系的又一象征，必将对中非农业发展、农民增收、特别是深化两国传统友谊作出积极贡献。中方将一如既往地鼓励、支持中资企业走出国门，结合非洲国家经济社会特点进行投资，增进企业间经贸往来与合作，在为企业自身创造效益的同时，更好地为当地百姓谋得福祉，不断开创中国与非洲新型战略伙伴关系新局面。

博齐泽总统表示，非常高兴携议长、总理及主要政府成员回到家乡博桑格阿出席中国国投国际贸易投资建设的轧花厂开工庆典，高度评价近年来双边关系保持快速、稳定发展，一再代表中非政府和人民感谢中国政府和人民长期以来提供的宝贵支持。博强调指出，中非自然条件优越，是传统的农牧国家。上世纪六、七十年代，中非棉花、咖啡、可可、花生等作物的产量和质量在非洲名列前茅，但由于后来国家政局动荡，农业生产与对外农业合作逐渐衰退，百姓生活十分困苦。中国国投国际贸易公司在中非博桑格阿市投资建设轧花厂，配备了一流的中方专家员工，安装了世界先进的生产设备，在极短时间内建成投产，用事实体现了“中国效率”，展现出了中国企业的强大实力和独到的投资眼光，为中非广大棉农带来了新的希望，掀开了中非农业发展崭新的辉煌一页。博表示，中非政府学习中国发展经验、发展对华全方位合作的决心十分坚定，希望更多像中国国投国际贸易这样的中资企业前来投资兴业，中非方将竭尽所能提供便利优惠条件，促进两国友好合作关系不断发展。

古安吉卡农业部长、常俊传董事长、博桑格阿市长、棉农代表也分别致辞，中非方在讲话中盛赞两国友好合作关系，期待与中方企业的合作取得丰硕成果。

随后，博齐泽总统还向常俊传董事长、张嵩林总经理授予中非农业勋章，以褒奖他们率领的企业团队为中非农业和两国友好关系发展所做的重要贡献。博还设国宴款待中方嘉宾，并与孙大使等饶有兴致地参观了轧花厂生产线，听取了工厂中方和中非方负责人的汇报。

开工仪式持续四个多小时，中非国家电视台、国家广播电台全程转播现场实况，中非国家通讯社、《燕子报》、《民主报》、《挚友报》等主流媒体记者进行了现场采访。

在班吉大学进行十八大及中国发展前景演讲

2012年12月14日，我与中非总统府新闻顾问博朗伽在班吉大学共同主持召开中国发展研讨会，介绍十八大精神和中国发展前景。班吉大学校长德巴勒女士、中非全国学联主席帕邦吉、班吉大学师生代表共300余人出席。驻中非使馆政务参赞王旭东等外交官一同参加。

我在会上作了题为《中共十八大会胜利举行，昭示中国光明发展前景》的主旨演说，详细介绍了十八大的重要内容和深远意义，阐释了邓小平理论、“三个代表”重要思想、科学发展观等中国特色社会主义理论，以及“五位一体”总布局、“两个百年”奋斗目标等重要论断。我通过数十幅幻灯片，向听众详尽展示并讲解了自1840年第一次鸦片战争及1861年签署《南京条约》后，中国逐步沦为半殖民地半封建社会、日军侵华罪行、解放前中国人民生活困苦，以及解放后、特别是改革开放以来中国发生翻天覆地变化的情况，帮助他们了解中国，提振对中国发展的信心。我还结合国际、地区形势和中国与中非友好合作关系，阐明了中国坚定不移走和平发展道路、奉行独立自主的和平外交政策和互利共赢的开放战略的信心，同时指出，青年一代承载着两国友好关系的未来与希望，衷心祝愿中非青年大学生朋友们更快更好地成长进步，实现中非友好合作事业薪火相传。

博朗伽新闻顾问详细介绍了其近年来多次赴华参访的难忘经历，对在华见闻津津乐道，重点介绍了今年7月应人民日报社邀请，作为非洲媒体代表到中国江苏、吉林、北京考察，并出席中非合作论坛第五届部长级会议、第二届中非民间论坛的有关内容。博结合自身对中共十八大精神的感悟，讲解了中国国情和中国对非政策，强调指出，中国先后成功举办了2008年北京奥运会和2010年上海世博会，向世界展示了中国的古老文明、蓬勃生机、尤其是日益强大的综合国力。博认为，中国在各领域取得飞速发展，强大的科技实力是基石，五千年文明智慧是动力，以人为本等先进理念是核心，为广大发展中国家树立了典范，值得中非认真学习、借鉴。

班吉大学校长德巴勒女士指出，中国的发展举世瞩目，“中国效率”、“中国奇迹”已成为全球学术界讨论的热点，充分证明了知识改变命运，一个国家的发展终究要靠自身努力来实现。德代表中非教育界人士感谢中国政府每年向班吉大学提供宝贵的奖学金名额，使越来越多的中非青年学生有机会赴华深造、直接汲取中国的发展经验和智慧，他们中的许多人已学成归国，走上了政治、经济、教育、卫生等各领域工作岗位，并以他们在华所学感染身边的每一位中非民众，不断深化中非与中国的友好合作关系。

中非全国学联主席帕邦吉在致辞中，代表全体学生感谢中国政府和人民给予中非学生的关心和帮助，感谢中国驻中非使馆长期以来对中非学联工作的大力支持，号召广大中非青年学生刻苦学习，牢记中非民族振兴和发展对华友好的使命，在深化与中国务实合作的基础上，探索符合中非自身实际的发展道路，为实现中非2025年建成新兴崛起国家的目标贡献力量。

随后，我还回答了现场师生的提问。

研讨会历时两个多小时，中非国家通讯社、国家电视台、国家广播电台、《燕子报》等当地主流媒体记者进行了现场报道。

（刊于2012年12月17日外交部网站）

"塞雷卡"叛军联盟突然发难逼近首都

2012年12月10日，主要叛军之一的重建民主力量联盟前领导人米歇尔·乔托迪亚在失踪多年之后重新现身，率部占领中非北部巴明吉—班戈兰省会恩代莱。乔托迪亚属于重建民主力量联盟中的强硬派代表，因坚决反对与政府和解，受到排挤，后出逃贝宁。贝宁政府应中非要求将其逮捕。2008年6月21日，重建民主力量联盟与政府签署和平协议，被贝宁扣押的乔托迪亚因之获释。政府呼吁乔托迪亚加入和平进程，遭到拒绝。乔托迪亚从贝宁获释后先后逃亡尼日尔、苏丹等国，数年没有声息，已被人遗忘，今又纠集旧部与政府对抗。

数十年来，地方和部族武装、反政府武装及外国非法流窜的叛军武装你争我斗，纷纷扰扰，从未停歇过，只是苦了百姓。2006年，还是这支重建民主力量联盟叛军武装，向北部另一城市比劳发动进攻，政府军在法国驻军武装直升机的支持下强势反击，使之受到重创，迫使其加入中非政府在国际社会帮助下实施的对叛军"解武、复员、重新融入社会"的进程，才有了2008年的利伯维尔全面和平协议。各路叛军与政府讨价还价，反反复复，叛军间相互撕咬，人们早已习以为常。所以，听说又有叛军发起进攻，没有人当一回事，觉得过几天就过去了。这里既有中部非洲经济共同体（"中共体"）的维和部队，更有法国驻军保护首都安全，主要叛军都与政府签署了全面和平协议，至少在口头上答应与政府合作，没有人公开向总统提出挑战，中部非洲共同体和联合国都是见证，博齐泽总统仍像往常一样，依旧高枕无忧。

世事难料。这次确实与以往大不相同。乔托迪亚潜回中非后，先是说服重建民主力量联盟中不愿与政府合作或者说是对没有得到足够补偿而心怀不满者一同起事，与正义与和平爱国者联盟、爱国者救国大会、重建民主人民军、中非正义解放运动、中非人民民主阵线6支(前4支为中坚力量)叛军中的强硬派联合成立“塞雷卡”（当地桑戈语为联盟之意）叛军联盟，向政府军发起进攻。多年来势不两立互不相让，属于不同族群和宗教信仰，武装割据各自占领地盘且不时发生火并的各路叛军，竟然能在短时间内组成联盟，让人匪夷所思，但却是千真万确的事实。

“塞雷卡”这次起事非比往常，就是要夺取政权，目的明确，战斗力极强。一周时间即攻陷数十座城市，全国16个省份近半数落入叛军之手。中非安全形势急转直下，面临博齐泽总统执政近10年来最严峻的局面。

2012年12月18日，中非国民议会议员举行大游行，一为谴责和抗议“塞雷卡”叛军联盟与政府军宣战，攻城略地，肆意妄为。二为向被占领城市的居民表示声援，希望他们奋起抵抗。评论称该游行颇具讽刺意味和戏剧性。为何？因为议会作为国家最高权力机构，而应就国家面临的重大危机进行议会辩论，要求总理到议会对国家面临的形势作出解释，并作出有关决定，而不应像普通市民那样上街游行请愿。议会又能做些什么呢？中非的现实情况是：议会和执政的劳动党一样，都是一种摆设，不起任何作用。议会从未认真讨论过国家的社会经济形势，遑论安全形势。

博齐泽总统在慌了手脚之后，猛然想起应该向老朋友乍得总统代比求救。2008年以来，代比总统就派兵在中非境内清剿窜逃的乍得叛军爱国复兴阵线，终使自封为将军的叛军首领巴巴拉德因年迈体衰投降被引渡回乍得。2010年12月，代比总统还派兵帮助博齐泽总统收复被叛军和平与正义爱国者联盟攻占的上科托省会布里亚。更为重要的是，博齐泽总统2002年政变失败逃往乍得，得到代比总统的庇护才得以重整旗鼓，2003年3月15日率领叛军攻占首都政变成功，也是在乍得军队帮助下实现的。博齐泽总统不相信中非士兵能保证其安全，政变后成立的总统安全卫队主要由乍得人组成，各级负责人都由乍得人担任。乍得人以保护中非总统的名义在中非耀武扬威，以欺负抢掠百姓为常事，甚至公然抢劫物资运回乍得，出事后博齐泽总统又往往不能为本国百姓做主，民众极为不满。2004年，乍得军人与班吉民众发生武装冲突。2010年，两名中非警察被乍得军人开枪打死。乍得军人以保护总统的名义胡作非为，既是对中非人民的羞辱，也是一颗随时可能爆炸的不定时炸弹，还使中非人民对国家的自豪感严重丧失，甚至对中非的文化造成重大冲击。2012年10月30日，报道称博齐泽总统终于决定把贴身安全卫队中的乍得人遣返回国，保护总统安全这一重大的国家主权问题终于由中非人自己来承担了。赶走总统卫队里的乍得人，虽然时间晚了点，班吉民众还是感到松了一口气。谁料一个半月后，博齐泽总统又紧急请求代比总统发兵，打退叛军，救兄弟于水火。看来，中非确实离不开乍得。

往常有求必应的代比总统这次一反常态，没有派兵驰援，只是同意向“中共体”驻中非多国部队增兵参与维和。

博齐泽总统随即与法国总统奥朗德通电话，请求救援，要求法国驻军干预，打退叛军的进攻，至少应使叛军的攻势缓解下来。针对法国的疑虑，博齐泽强调说他无意修改宪法，无意在2016年本届任期届满后谋求连任，保证进行公正透明可信的选举。奥朗德总统发表公开讲话，称中非安全形势急剧恶化，法国将从加蓬紧急调运200名士兵加强在中非的驻军力量，但法国在中非的军队不会干预该国内部事务，驻军的使命是保护法国侨民和法国利益的安全。

12月19日，联合国安理会在法国要求下讨论中非安全形势，认为“塞雷卡”叛军联盟在一周内攻占北部和东北部数省，违反了2007年《比劳和平协议》和2008年《利伯维尔全面和平协议》，造成严重的安全、人道和社会经济问题，应立即停火并无条件撤出所占城镇，通过对话解决与政府的分歧。安理会同时要求中非政府全面落实有关协议，提供解除叛军武装所需的资金，向已解除武装的叛军支付生活与回归社会等费用。法国准备的安理会主席新闻稿称，安理会对中非形势高度关切，认为应追究破坏和平、安全、稳定者的责任，要求叛军武装立即停止其暴力行为和向首都班吉进发的步伐，并撤离所控制的城镇。安理会要求中非各武装派别全面遵守利伯维尔和平协议，与政府合作，以透明和全面的方式推进解除武装进程，致力于民族和解，强调通过政治对话解决危机的重要性。

同日，中非9个反对派政党发表联合声明：一是谴责叛军通过军事手段与政府摊牌特别是使人民深受其害的行为，应立即停止军事行动，要求国际力量参与调停；二是要求政府立即启动与国内各反对派的政治对话，共同寻求解决日益严重的众多威胁和问题的办法。反对派联盟认为，博齐泽总统应为当前的形势负主要责任，是他没有遵守比劳和利伯维尔协议而导致的结果。反对派政党重申民主原则，明确反对“塞雷卡”叛军联盟武力夺取政权。

同日，叛军攻陷距首都班吉350公里的中部重镇卡博。中非政府发布战事一号公报，称叛军并未控制北部地区，而是在政府军战略撤退后驻扎在北部地区。政府军将在友好国家帮助下尽快收复失地。“塞雷卡”叛军联盟执意与人民为敌，妄图不择手段夺取政权，希望国际社会继续支持中非人民在博齐泽总统领导下和平发展。法国外交部网站发布领事提醒信息：中非北部、东部、东南部、中部地区为安全红色警戒区，法国公民切勿前往；其他地区为橙色警戒区，非必须原因不建议前往；首都班吉及周边地区暂为正常警戒区，需保持警惕。

12月21日，“中共体”执行主席、乍得总统代比在恩贾梅纳主持特别峰会，中非总统博齐泽、刚果（布）总统萨苏、加蓬总统邦戈及其他成员国代表与会。峰会作出五项决定：不以军事手段解决中非问题；立即停止军事行动和侵犯人权的行为，叛军在一周内撤回到起事前地点；由“中共体”维和部队和乍得增派的部队组成紧急干预部队；由刚果（布）总统萨苏担任中非危机后续委员会主席和总协调人，召集各方在加蓬首都利伯维尔磋商，审查2008年利伯维尔协议的执行情况;支持中非改革和重建政府军，呼吁国际社会支持“中共体”所做努力。非洲联盟委员会主席祖马再次表示高度关注中非局势，严重关切叛军联盟持续发动凌厉攻势引发的严重后果，赞赏“中共体”特别峰会有关决议，要求“塞雷卡”立即停止军事行动。

“塞雷卡”叛军联盟置国际社会的呼吁和地区与国际组织的决议于不顾，继续推进，扩大占领区。政府军根本不做抵抗，听说“塞雷卡”即将到来但还远未见对方踪影，便抛弃武器辎重赶紧逃命。有的把武器集中存放，车辆加满油后才离去，有的静等“塞雷卡”到来，临阵倒戈，然后一起抢劫百姓。

12月25日，博齐泽总统在圣诞公告中祝愿全国人民圣诞快乐，呼吁信众在节日之际祈祷使国家远离苦难和灾祸。此时此刻，外地百姓只想着逃命，首都居民则在祈求叛军不要来犯。物价猛涨，人心惶惶，举国不安，谁还有心思过节。“塞雷卡”发表声明，称为国家和人民安全着想，且博齐泽已丧失对局势的控制力量，现暂无必要向班吉进发和占领首都，要求所有政府军士兵放下武器，加入“塞雷卡”。

12月26日，上千名班吉市民到法国驻中非大使馆示威，抗议法国驻军对中非面临的严重危机视而不见，对中非人民遭受的苦难置若罔闻，实际上起到了助长和纵容“塞雷卡”叛军联盟气焰的作用。青年们先是高呼抗议口号，进而向使馆院子扔石头。大家的愤怒情绪越来越激烈，有人翻过围墙，进入使馆院子，向办公楼投掷石块，更有人从高耸的旗杆上扯下法国国旗，撕烂烧毁。法国使馆办公楼因有强力抗暴门阻隔，抗议民众没能冲进去。法国提出强烈抗议，并要求中非政府作出解释。同时，法国航空公司驻班吉办事处、美国驻中非使馆也遭受冲击。

法国总统府发言人指出，奥朗德总统要求法国国防部采取措施保护法国使馆和侨民安全。从26日晚起，法在中非驻军担负起保护使馆安全的职责。法国侨民应尽量减少外出和聚会，与使馆保持联系，避免风险。奥朗德重申法在中非驻军并非是要保护某一政权，只为保护使馆和侨民及法国利益，不会以任何方式干预该国内部事务。只有在联合国授权的情况下，法才会干预，但目前情况并非如此。

美国国务院宣布暂时关闭驻中非使馆。美国大使的解释是国务卿希拉里吸取了驻利比亚大使在班加西遇害的惨痛教训，担当不起该悲剧重演的责任，遂决定暂时关闭使馆，撤离所有美国侨民。此举只是出于对使馆人员安全的考虑，不影响两国外交关系。美呼吁中非交战双方停止敌对行动，和平谈判。

联合国驻中非代表处紧急撤离“一切非必要人员”，到邻国喀麦隆首都雅温得待命。随后，该代表处负责政治事务、人道援助、儿童与难民救助等部门的300余名工作人员全部撤离。

12月27日，联合国秘书长潘基文发表声明，强烈谴责“塞雷卡”叛军联盟发动武装袭击，称事态严重破坏了以往签署的和平协议和国际社会的和平努力，对武力冲突造成众多伤亡和平民流离失所深表同情。各方应避免针对平民的暴力行为，以“中共体”特别峰会决议为基础，和平解决争端。中非政府应履行职责，确保联合国工作人员及其住所的安全。

博齐泽总统在班吉市中心对数千支持者发表讲话，要求青年人不应坐以待毙，要提高警惕保卫首都。他认为这是一场阴谋，叛军背后有“看不见的国家和势力”，意在阻止中非开发自己的资源。消息称政府已向支持者发放武器。

12月28日，联合国、非盟驻中非代表团与“中共体”特派工作组联合组团，分别与中非政府、反对派各政党、“塞雷卡”接触，力促停火、谈判。“中共体”

副秘书长加尔西亚将军指出，各方基本同意无条件谈判。

12月29日，中部非洲多国部队从距离班吉130公里的锡布市后撤，到距离班吉75公里的达马拉市驻扎，“塞雷卡”占领区顺势前移至锡布市。多国部队解释后撤原因是为了便于防守，防止“塞雷卡”穿越广袤的丛林地带，绕过锡布市进攻班吉。多国部队与“塞雷卡”形成对峙之势。两个防区间的中间地带任由“塞雷卡”军车耀武扬威。

12月30日，贝宁总统亚伊以非盟主席身份紧急访问中非。外交使团应邀到机场迎接。亚伊总统的专机降落到班吉国际机场时，各位大使已在机场跑道上头顶烈日站立了一个多小时。亚伊总统抵达后即与博齐泽总统在机场贵宾室会谈，4个小时后乘专机返回。返回前再次逐个与各位大使握别。亚伊总统双手紧握法国大使伸出的一只手，说非洲大陆的安全形势全面恶化，法国必须担负起应有的责任，并且连连说：“帮助我们，帮助我们。”我站在一旁，对非洲仍然高度依赖法国而产生颇多感触。

亚伊总统专机起飞后，博齐泽总统对外交使团和新闻界发表讲话，说他与亚伊总统达成协议，他将不参加2016年的总统大选，无条件前往利伯维尔出席“中共体”峰会，与各政治派别和“塞雷卡”商议共组联合政府事宜。

法国紧急从加蓬调拨两批军人进驻中非。法军人数达600人。

12月31日，“中共体”执行主席、乍得总统代比发表声明，要求中非政府和叛军遵守特别峰会决议，立即停止一切军事行动。强调达马拉防线是一条不可逾越的“红线”，“塞雷卡”若试图冲击这条“红线”，就是与中部非洲的10个国家为敌，将会受到无情打击。“中共体”已授权多国部队坚决阻止任何破坏停火的行为。

博齐泽总统发表新年讲话，重申不参加2016年总统选举，希望顺利完成剩余的3年任期。批评中非政府军涣散，未能完成使命。感谢多国部队维护中非和平，感谢乍得总统代比决定向中非增兵；若非如此，班吉已经遭受攻击。

非盟委员会主席祖马强调，反对武力夺取政权，“塞雷卡”所为是对非洲和平与安全的严重威胁，也是对非洲民主和经济与社会发展进程的破坏，对博齐泽总统致力于和平解决危机的努力表示欢迎。

利伯维尔协议促成停火成立全国联合政府

2013年1月1日，中部非洲国家经济共同体（“中共体”）宣布，多国部队已在达马拉部署就绪，将中非政府军与叛军联盟“塞雷卡”分割开来，要求双方立即停火并前往加蓬首都利伯维尔进行和平谈判。加蓬和喀麦隆分别向中非增派120名士兵，与中部非洲多国部队会合。多国部队完全有能力保证班吉的安全。“塞雷卡”宣布自即日起停火，将派出代表团赴利伯维尔谈判，但拒绝博齐泽总统提出的建立联合政府的建议，要求通过“排除博齐泽的政治过渡方式”来解决当前危机。

1月2日，博齐泽总统宣布解除负责国防事务的部长级代表弗朗西斯·博齐泽（总统之子）和军队参谋总长拉波少将的职务，任命旺代少将为新任总长。旺代少将在2003年博齐泽政变后曾任总长，2011年当选为议员，国家危难之际再次出山。我就此与法国大使交换意见，对方答称此2人无足轻重，解除他们的职务，只是为了减轻压力和应付舆论的表面文章。军权始终掌握在总统手中。

利伯维尔会议召开之前，中非政府、反对派政党联合代表团、“塞雷卡”三方展开激辩。博齐泽先期抵达，与“中共体”任命的中非危机协调人刚果（布）总统萨苏会晤，商定会议议程。“塞雷卡”方面除要求释放被捕的己方人士外，要求政府军缴械，博齐泽承认军事失败辞职，移交海牙国际刑事法庭，审判其战争罪和反人类罪。与会的反对派政党没有表示出明确的反对意见。博齐泽强调他为两次民选的合法总统，叛军多为外国雇佣军，不能代表民意，他下台问题不容讨论。利伯维尔谈判现场交锋激烈，班吉亲博齐泽派民众举行万人大游行，绵延达数公里，要求和平，反对暴力，支持总统。

1月11日，“中共体”利伯维尔峰会闭幕，发表了峰会“最后公报”，以及中非冲突各方在与会首脑斡旋下达成的停火协议、中非危机利伯维尔谈判各方原则声明、有关中非共和国政治与安全危机解决方案的政治协议等4个文件，统称利伯维尔协议。这是2008年6月20日有关解除叛军武装的利伯维尔全面和平协议之后，"中共体"峰会为解决中非安全问题达成的第二个利伯维尔协议。

第一个文件是与会各国元首、政府首脑或元首代表通过的峰会"最后公报"。"中共体"执行主席乍得总统代比、利伯维尔全面和平协议后续委员会主席刚果（布）总统萨苏、赤道几内亚总统恩圭马、中非总统博齐泽、加蓬总统邦戈、圣多美和普林西比总理弗雷拉，以及代表本国元首出席会议的喀麦隆副总理、刚果（金）外长、安哥拉外交国务秘书、布隆迪国防部长，以及"中共体"秘书长乌埃杜决定：紧急调集维和部队隔离冲突双方；重申坚决排除通过军事手段解决中非危机的可能性;立即停止敌对行动，停止侵犯人权，叛军在一周内撤回到起事前地点，要求中非政府和"塞雷卡"联盟立即无条件签署停火协议；签署原则声明；通过解决中非政治与安全问题的利伯维尔政治协议。

"最后公报"还为中非各方签署停火协议、原则声明和政治协议3个重要文件提出了指导意见。

根据"最后公报"要求，中非政府和"塞雷卡"叛军联盟4个武装派别签署了停火协议。虽然事后证明停火协议并未达到初衷，"塞雷卡"只是暂时停止了大规模军事行动，最终仍通过军事进攻推翻了博齐泽政权，但作为中非这段历史的重要组成部分，有必要加以记录和叙述。

停火协议指出，秉承联合国、非洲联盟、"中共体"和平与安全委员会的精神，和平解决中非冲突特别是2008年6月21日利伯维尔全面和平协议、2008年12月20日在班吉启动的包容性政治对话进程和行为准则精神，各派为建立国家持久和平和安全展开对话，是国家重建和建立民主体制的首要条件。鉴于博齐泽总统已在2012年12月31日的全国讲话中提出宽容、对话、和解的倡议，"塞雷卡"联盟已表现出就签署停火协议和撤军事宜与政府谈判、重建民主体制的意愿，根据2012年12月21日恩贾梅纳特别峰会的决定，"中共体"执行主席、乍得总统代比和中非危机后续委员会主席、刚果（布）总统萨苏进行国际调停，中非政府和"塞雷卡"联盟达成停火协议。

停火协议规定，双方在协议签署72小时后停火和停止任何敌对行动，不相互在媒体上攻击，停止一切针对平民的暴力行为，尊重和保护人权，停止招收儿童兵，不向平民发放武器，不关押和杀害犯人。开放人道主义走廊，以便向灾民提供援助。释放政治犯和在交战中抓获的军事人员。双方军事部署撤回到开战前的位置，“塞雷卡”部队在规定地点集结，由中部非洲和平特派团监督执行。中非政府国务部长萨科和“塞雷卡”联盟领导人乔托迪亚代表双方签字，“中共体”秘书长乌埃杜和刚果（布）外长代表后续委员会主席萨苏总统签字。

利伯维尔协议第三个文件是原则声明，向参与谈判的中非各派间的谈判提供原则性指导，以建立信任气氛，推动心平气和的对话进程。各方充分认识到中非人民在多年的战争与动乱中深受磨难，同意为恢复国家的和平与安全进行富有成果的谈判，作出三项庄严承诺：

第一，严格遵守“中共体”国家元首有关中非危机的声明，立即无条件停止敌对行动，开放人道主义走廊，允许人道组织向灾民提供帮助。尊重人权，尤其是儿童和妇女的权利，停止对妇女任何形式的性侵犯行为，停止招收儿童兵。停止招收民兵和散发武器。

第二，以2008年利伯维尔全面和平协议为基础，进行包容性对话，寻求彻底解决当前政治与安全危机的方法。为国家最高利益着想，以宽容、负责任、相互信任和妥协的精神进行对话，签署一项所有各方都可以接受的协议，使中非共和国恢复和平，达到维护和巩固中部非洲地区和平的目的。

第三，不发表任何有损于谈判进程的公开声明。

国务部长萨科代表总统多数派、乔托迪亚代表“塞雷卡”叛军联盟、伊塞恩代表与政府签署和平协议的前武装派别、蒂昂盖伊代表反对党联盟（俗称民主反对派），分别在原则声明上签字。“中共体”秘书长乌埃杜、乍得外长代表代比总统、刚果（布）外长代表后续委员会主席萨苏总统签字。

利伯维尔协议第四个文件是寻求解决正当与安全危机办法的政治协议，与会的中非4大派别依据联合国宪章、非盟宪章和“中共体”和平与安全委员会议定书的精神，对中非共和国政治与安全形势的变化深感担忧，认识到通过对话在全国建立持久和平与安全的必要性，谴责通过非宪政方式改变政府，决心建立法治国家，建立良好的政治、经济、社会管治，尊重人权和人的基本自由。

中非与会各方就以下内容达成一致：

第一，国家权力结构。共和国总统保障国民生命财产安全，任期到2016年，不得谋求连任。建立为期12个月的全国联合政府，可视情延长。全国联合政府由反对派人士担任总理，总统不得解散政府。政府的任务是重建和平、组织选举、改组军队、进行经济与社会改革等。总理和政府成员都不得参加下届总统选举。

第二，各方责任。成立由“中共体”成员国和有关国际组织组成的后续委员会，监督执行有关协议。中非与会各派别表示了努力实现民族和解的共同意愿，不再寻求通过武力解决彼此间的分歧。“塞雷卡”联盟承诺从占领城市撤出，放弃武装斗争。政府允诺释放与本次危机有关的在押人员。解散全国各地方武装，保证政府在全国范围内行使权力。各派武装力量在规定地点集结，由“中共体”维和部队监督执行。非本地区国家的军队（特指南非）在安全形势好转后撤出中非。

政治协议在各方代表签字后立即生效。

在“塞雷卡”兵临城下、政权岌岌可危的情况下，应该说利伯维尔协议是向博齐泽总统伸出了援助之手。他仍是国家元首和最高军事统帅，可以执政至2016年本届任期结束，体面交权。但事态的发展并非如人们预料，因为彼此都没有诚意，只是希望利用协议中对自己有利的部分拖延时间。

博齐泽总统出席利伯维尔峰会后在国外访问，我无法与之联系了解形势发展。自2012年12月10日“塞雷卡”发起军事行动，一直到2013年3月24日攻入首都夺取政权，中非外交部没有向外交使团通报过一次情况，上门打听也说不知道。我先后数次拜会军队总长，也说不出个所以然。一切情况都由总统掌握。我到任后一直与博齐泽总统保持密切关系，但要从他嘴里得到确切消息亦属不易。我们只能通过各自的渠道打听消息。总统不在国内期间，我唯一能找的便是在国内留守的图瓦德拉总理，但往往也说不出个所以然来。

1月9日，我约见图瓦德拉总理，就中非安全局势、利伯维尔和谈、中国与中非友好合作等问题交换意见。总理先生简要介绍了正在进行的利伯维尔谈判进程，强调中非政府将一如既往地发展对华友好合作，愿与中方共同努力，推动两国关系在新的一年取得更加丰硕的成果。我对中非政府及有关各方为促成利伯维尔和谈所付出的巨大努力表示赞赏，重申中方有关立场，强调和平稳定的环境是国家经济社会发展的基础，相信在国际社会的共同努力下，中非人民一定能走出符合自身实际的发展之路。

1月15日，我再次约见图瓦德拉总理。此时利伯维尔协议业已签署，但与会各方尚未返回，或留在原地磋商，或出访“中共体”有关国家寻求支持。但由于利伯维尔协议已规定将成立由反对派政党出任全国联合政府总理，图瓦德拉已成为看守内阁总理。图瓦德拉介绍了利伯维尔谈判后的局势进展及新一届政府的筹备情况，强调中非重视发展对华合作，希望双方共同努力，最大限度地消减危机对两国关系的影响。我表示中方欢迎各方在非盟、中共体等调解下签署《停火协议》、《原则声明》和《政治协议》等文件，希望各方切实遵守和落实有关共识，使中非早日重新步入稳定与发展的轨道。

1月18日，星期五，博齐泽总统根据利伯维尔协议任命反对派联合推举的候选人尼古拉·蒂昂盖伊为联合政府总理。19日，星期六，新老总理交接。21日，星期一，我如约会见蒂昂盖伊总理。

蒂昂盖伊总理表示很高兴在正式就任总理后首个工作日便会见中国大使，我是他会见法国大使后会见的第二个外国驻中非使节。蒂昂盖伊愉快地回忆起两次赴华经历。第一次是1979年他担任中非在法国留学生协会主席时应邀访华，还专程赴韶山参观毛主席故居，留下终生印象。第二次是2006年赴华旅游，看到中国翻天覆地的巨大变化，对中国人民在国家建设各个领域取得的辉煌成就表示钦佩。蒂昂盖伊介绍了中非新一届政府的筹备情况，强调新政府成立后将一如既往地执行友好的对华政策，继续发展对华合作，深化双边友谊，造福两国人民。我对蒂昂盖伊出任总理表示祝贺，强调中方重视发展与中非的友好关系，愿与中非方保持密切沟通与协作，推动双边关系继续向前发展，同时希望中非政府采取有效措施，切实保障中方在中非人员的安全，为两国合作营造安全、稳定、有序的环境。

2013年2月3日，根据利伯维尔协议成立的中非全国联合政府名单公布。“塞雷卡”叛军联盟5名成员入阁，领导人乔托迪亚如愿以偿，被任命为新政府第一副总理兼国防部长。值得一提的是，被任命为新政府新闻部长的“塞雷卡”发言人克里斯托夫·加扎姆—贝蒂，曾于2001年至2006年担任中非驻华大使，调任回国后加入反政府联盟，其子2003年赴华学习，学成后在中非驻华使馆工作。

我在会见贝蒂时曾与其子用汉语通话，互祝春节快乐。

新政府成立后，我迅速与有关人员建立了关系，数次与5名入阁的“塞雷卡”部长进行接触，了解情况。我分别向他们详细通报中国坚持不干涉别国内政，积极发展国与国之间、人民与人民之间友好关系的外交政策，这一政策不会因政权的更迭而发生改变；向他们介绍中国与中非友好合作关系的发展进程及其所取得的丰硕成果；赞赏他们以民族和国家利益为重，加入民族和解进程，成为新一届全国联合政府阁员；希望与他们一道，为推动中国与中非两国关系不断深入发展和取得成果而共同努力。我的努力得到了积极回应。这些工作，为“塞雷卡”政变后的局势变化预做了必要准备，使馆财产安全未受任何损失，人员安全得到有效保证，使馆工作照常进行。

安全恶化中方人员首次紧急撤离

2012年12月9日，我与博齐泽总统、加翁巴莱议长、德拉图瓦总理及20多位部长，以及专程从国内赶来中投国际代表团，到离首都450多公里的瓦姆省首府博桑戈阿市，出席中投国际贸易公司中非有限公司投资建造的轧花厂开工庆典。博桑戈阿市是博齐泽总统的故乡，民众对这一项目寄予极大期待，希望能带动当地经济发展，进而创造近30万个就业机会，对博齐泽总统的感激之情溢于言表。总统兴致极高，对与中方合作充满信心，在看到群众热情欢呼的场面后，流露出将会修改宪法，争取在2016年第三次竞选总统的意愿。

次日，12月10日，从北部城市巴明吉—班格兰省传来消息：由数股叛军共组的叛军联盟“塞雷卡”已占领该省首府恩代莱市，并迅速向周边地区扩散。“塞雷卡”起事的消息主要经由法国国际广播电台发布，中非民众对叛军不时发动进攻以便向政府提高要价早已习以为常，认为过几天就没有事了，没人把这次闹事当一回事。

12月11日傍晚，我应约会见博齐泽总统，谈到双边关系时，总统要求我向胡锦涛主席致以崇高敬意和良好祝愿，并向习近平总书记等新一届中共中央领导人致以诚挚祝贺。我顺便问及“塞雷卡”叛军联盟发起新一轮攻势是否会影响到国家安全和稳定等情况，博齐泽总统肯定地答复：这是一群乌合之众，翻不了天。中部非洲多国部队和法国驻军不会任由他们造反，请中国朋友放心。

12日，我拜访中非执政党总书记恩盖库蒙并访问该党总部。劳动党专门组织了近百人身着盛装的党员载歌载舞热烈欢迎中国大使。博齐泽总统是该党创始主席，在与我会见时反复强调要学习中国共产党的经验，建立一个强有力的执政党，在全国范围内推广党的执政理念，自下而上地争取民众支持。为此，中非劳动党还专门派出高级干部代表团赴华考察，并提出希望中国帮助其建立党校，培训干部，为长期执政做准备。但谈何容易。中非政府连对全国16个省进行有效管理都谈不上，总统的活动范围主要限于首都班吉，执政党实际上徒有虚名，在民众中几乎没有影响。我在恩盖库蒙总书记和劳动党政治局主要成员陪同下参观各个办公室，简陋的办公条件给我留下深刻印象。我与劳动党政治局主要成员集体座谈时问起他们对当前形势的看法，没有人能够得出准确的结论，只是笼统地说相信博齐泽总统的领导能力，叛军武装不会进攻首都。

12月14日，我根据与总统府新闻顾问博朗加的约定，在班吉大学共同主持中国发展研讨会。我利用幻灯形式向大学生们介绍中国近百年来屈辱的苦难历史、中国共产党领导中国人民翻身解放、改革开放30多年来所取得的伟大成就、十八大胜利召开提出两个百年奋斗目标和实现中华民族伟大复兴的中国梦的伟大设想，当我说到现在已无人胆敢轻易对中国发动侵略战争时，全场爆发出激烈的掌声和欢呼声。博朗加新闻顾问通过他对华考察的真实观感，向大学生们介绍中国翻天覆地的变化和发展前景，以及中非对发展对华关系的诸多期待，引起强烈共鸣。从当天的情况看，大学生们情绪高涨，并未对国家面临的危险感到担忧。或许是习以为常，或许是听天由命，或许是与己无关，或许是兼而有之。

12月17日，我与农业部长古安吉卡联合主持了我援建中非农业示范中心奠基仪式。18日，我拜会图瓦德拉总理，会见总理办公厅主任萨朗吉及主要工作人员。当问及日趋恶化的安全形势时，图瓦德拉总理说他并不了解具体情况，军事问题由总统直接负责，但中非政府将会尽最大努力保护中资企业财产和人员安全。

我仍然每天出席外事活动，与中非方接触。但据我数十年外交工作和从事形势调研的经验，并根据中非近十年来内战不休的状况进行综合分析，得出结论，此次叛军举事不同于以往，攻势凌厉，政府军不战自退，“中共体”多次斡旋并召开峰会，中非局势正在酝酿重大变化，形势的严重性不容低估。中资企业和中国侨民的安全面临重大危险。使馆当即作出决定：所有在外地的中资机构人员暂时撤回到相对安全的首都班吉地区。重要设备就地妥善封存，并要求当局提供安全保护。使馆根据国内指示，启动应急机制，每天向中方人员通报安全情况。使馆对中方人员的统计具体到个人，包括国内亲属的住址和联系方式，并要求大家做好在必要时撤离的准备。

12月22日夜，博齐泽总统紧急约见我，说他刚从恩贾梅纳出席中部非洲国家经济共同体峰会回来，希望向中国大使通报有关情况并就两国关系交换意见。根据“中共体”峰会决议，政府将与包括“塞雷卡”在内各反对派和社会力量举行全国包容性对话，中部非洲多国部队将派出直升战斗机参战。若“塞雷卡”不执行峰会有关在一周内撤回到原驻地的决议，“中共体”和多国部队将会采取行动。一周后形势将会趋稳。博齐泽总统说他对与中方的合作深感满意并向中方表示感谢，现衷心希望中方不要撤离技术人员和侨民，以便向外界展示积极信息。中方应对有些国家破坏两国关系的企图保持警惕。我简要讲述了中方重视发展与中非友好合作关系以及中资企业在中非的有关情况，特别要求中非方保证中方财产和人员安全。在与我交谈过程中，博齐泽总统精神疲惫，两眼无神，按门铃后副官进来问有何事，总统说我刚想起来一件事又忘记了，过会儿再说吧。

12月24日，我与法国驻中非大使缪塞蒂举行工作会晤。我如约来到法国驻中非使馆后，大使秘书说大使会客尚未结束，让我稍等。不一会儿，看见中非反对党联盟领导人从大使办公室走出，后出任全国联合政府总理的蒂昂盖伊便在其中。缪塞蒂大使告我：刚与反对派联盟领导人就中非形势交换过意见。武装叛军“塞雷卡”已占领全国半数以上领土，现距首都班吉最近处只有380公里，可能还会向前推进，不会执行“中共体”峰会有关一周内撤回到起事前地域的要求。现乍得已向中非派出增援部队，阻止叛军武装向首都进发。叛军暂不会进攻首都，目前的意图是占据地盘以便向政府讨价还价。法国没有撤侨计划。

12月26日，数千名中非青年冲击法国使馆并越墙进入使馆院内撕毁国旗。美国驻中非大使馆和法国航空公司驻班吉办事处受到冲击。随后，美国宣布从中非撤馆，联合国机构先是宣布撤离“非必要人员”，后宣布全部撤离。

这段时间，我动用平日工作中建立的人脉关系，先后7次会见博齐泽总统，5次会见图瓦德拉总理，3次会见加翁巴莱议长，2次会见军队总长，每天与有关部长和军方联系，与外交使团和各国际组织代表保持接触，争取全面掌握形势，作出准确判断。我向宪兵总监提出保证使馆安全的要求后，对方即派出4名军人昼夜在使馆门前值守。中资机构物资仓库周围出现异动，我与总理、卫生部长和宪兵总监联系，卫生部长和宪兵总监亲往现场处理，平息了事态。

在这种情况下，中方人员的撤离计划排上议事日程。使馆向国内汇报有关情况后，国务院和外交部领导十分关心我人员的安危，对使馆工作作出具体指导，对组织人员撤离作出详细部署。

中非作为“非洲心脏”，属于典型的内陆国。陆路只有通向喀麦隆一条公路，空中通道只有班吉一个国际机场。叛军联盟发动的武装叛乱使陆路对外联系彻底中断，由法国军队控制的班吉机场成为中非唯一的对外通道。12月26日法国驻中非使馆和法国航空公司受到抗议者冲击，每周一班的法航班机中途折返巴黎，并宣布因安全原因暂时停航，何时恢复将视班吉的安全状况决定。中非与欧洲的联系中断。每周从北京起飞经停亚的斯亚贝巴的埃塞俄比亚班机因客源不足业已停航数月，只剩肯尼亚航空公司每周两班客机，客源不足便停飞。要在短时间内撤离数百名中资机构人员和中国侨民，困难不少。

根据国内指示和现实情况，使馆决定通过先两个途径撤离。一是尽量争取乘坐国际航班离境。二是租用小型飞机撤离到邻国，再搭乘方便的班机回国。第三是考虑在紧急又别无选择的情况下租用外航大型飞机，并通过我国驻杜阿拉领事馆与有关航空公司协商。总之，要争取在形势失控前完成撤离任务，坚决避免出现“想走走不了”的情况。

主要撤离途径是苏丹和喀麦隆。决定撤离后，需立即办理两国签证。援建水电站的数十名中方人员的护照放在移民局办理居留许可，我电话向已下班回家的国家安全、移民与公共秩序部长古旺加说明情况，古旺加部长立即命令移民局长赶回办公室，把护照交给中方人员。我与苏丹和喀麦隆驻中非大使通话，请求他们紧急为中方撤离人员办理入境签证，都已下班的两国大使当即答应并赶回使馆。两国都只有一个工作人员，大使在旁等候，在每个办好的签证上签字。

我公司租用的苏丹包机需办理入境许可，使馆在极短时间内拟好照会。国防部长接我电话后通知办公厅主任，在办公室等候接待我方人员，当时签署并通知机场随时做好各项准备。谁知好事多磨，苏丹包机飞行员担心自身安全，坚持要求苏丹驻中非大使亲笔出具可以安全降落的信函。这本是一个极不合理的荒唐要求，苏丹大使接我电话后仍答应出具安全信函，并亲自与该飞行员通话说明情况。我公司人员得以迅速转移至苏丹回国。

我国驻喀麦隆大使馆紧急与该国外交部联系，说服对方同意从中非撤离的中方人员若来不及办理签证，可在使馆人员陪同下办理临时入境签证。我驻喀麦隆使馆和驻杜阿拉领馆同志昼夜在机场值守，等候接待从班吉撤离的中方人员，与对方海关交涉出境事宜，安排大家的食宿和转机事宜。

使馆得知埃塞俄比亚航空公司临时增加一个航班的消息后，使馆当即联系订票，使该航班基本上变成了一座中国包机。另外，30多个中资机构人员顺利乘坐安哥拉包机撤离至罗安达转机回国。

在形势极端混乱的情况下，不到一周时间内，主要集中在12月27—29日，使馆在国务院和外交部直接领导下，稳妥、安全、有序地撤离了370多名中方人员，没有出现一个伤病。

我国驻中非使馆是个小馆，外语干部只有我和政务参赞、经商参赞几位老同志，另有几个刚参加外交工作不久的青年同志。大家日夜工作，克服交通不便、通讯不畅、高温酷热和断水断电等多重困难，为保证撤离人员安全抵达机场，使馆安排人员分批护送，协助办理登机手续。大家始终保持着饱满的工作热情，发扬外交人员“特别能吃苦，特别能战斗”的“文装解放军”精神，圆满完成了首次撤侨任务。

我率领两位参赞到机场为大家送行，看到同胞们有说有笑，相互帮助，体现出中华民族强大凝聚力和团结友爱的传统风尚，深为感动。最后，尚有8个同胞因各种原因留守。我要求他们随时与使馆保持联系，若有紧急情况即刻到使馆来躲避。中国使馆是中国人的家，使馆会尽全力保护每个在外的中国人。

中非方在我人员撤离过程中的友好姿态令人感动。中非政界人士的友好态度令人感动。苏丹和喀麦隆驻中非大使的友好情谊令人感动。中国和中非同属发展中国家阵营，发展中国家间的友好合作关系不会发生变化。

值得一提的是，个别人员出现不应有的恐慌情绪，还通过微博随意散布不实消息并发表评论，对使馆和我人员撤离工作造成干扰，国内不少人打电话向使馆求证，有人甚至提出批评和指责。战乱后，使馆领事保护电话保持24小时畅通。但由于时差关系，国内上班时这里正是午夜。使馆不仅要接受众多媒体的采访，还要对网上的不实信息进行澄清和耐心解释。

利伯维尔协议签署后，中非成立包括“塞雷卡”领导成员在内的联合政府，中部非洲多国部队在达马拉前线部署就绪。“塞雷卡”的军事行动虽仍停止，但各方至少在口头上都表示会遵守利伯维尔协议，实现民族和解，首都的安全暂时获得保证，局势呈现出一定的缓和迹象。

2013年2月1日，我前往国民议会会见加翁巴莱议长，副议长恩达卡拉女士和议会办公厅主要成员。双方就中非安全形势和双边关系交换意见后，加翁巴莱议长特向中国领导人和兄弟的中国人民致以春节问候。3日，我如约会见博齐泽总统，祝贺中非全国联合政府成立。博齐泽总统表示，新政府将继续把发展对华关系置于对外关系的重要位置，中非对与中国开展新的合作寄予更大希望。总统还向中国政府和人民祝贺新年。4日，我会见蒂昂盖伊总理和总理办公厅主要成员。蒂昂盖伊总理高度评价对华友好合作关系及其成果，强调中非新政府将一如既往地执行对华友好政策，深化两国友谊和互利共赢的合作关系。蒂昂盖伊总理还向中国政府和人民致以新春的祝贺。专程前来采访中非形势的中央电视台记者随同采访了中非三位主要领导人，拍摄了画面，并在中央台新年特别节目中播出了他们对中国人民的新年祝福。我还分别看望了班吉古邦古中学和中方援建的友谊小学师生，赠送了学习用品。中央台记者随同采访拍摄。

我依照往年做法，分别于2月15日、2月22日和3月1日，邀请博齐泽总统、加翁巴莱议长和蒂昂盖伊总理率领家人和主要身边工作人员来使馆做客，共度中国春节。三人均愉快地应邀前来。博齐泽总统兴致很高并应询告我，中非北部的安全形势仍较为脆弱，但首都地区的安全已有保障，希望中方继续对中非的和平稳定、经济与社会发展及提高人民生活水平提供宝贵的支持与帮助。

天有不测风云，人有旦夕祸福。孰料一个多月后，博齐泽总统便被军事政变推翻，远走他国。

"塞雷卡"撕毁停火协议发动武装政变

利伯维尔协议生效后，为了对"塞雷卡"形成有效威慑，以便给新成立的全国联合政府创造良好的工作环境，中部非洲多国部队司令让—菲利克斯·阿卡加反复声明，多国部队的任务是将"塞雷卡"叛军与政府军隔离开来，不让双方爆发军事冲突，绝不容许"塞雷卡"超过多国部队部署在达马拉的"红线"，阻止"塞雷卡"叛军进攻首都班吉。一旦"塞雷卡"企图跨越"红线"，就会被视为同中部非洲共同体10个成员国［中非、乍得、喀麦隆、刚果（布）、刚果（金）、赤道几内亚、加蓬、布隆迪、安哥拉、圣多美和普林西比］开战，多国部队将会毫不留情地予以坚决回击。多国部队拥有足够强大的战斗力，足以打退"塞雷卡"叛军的任何进攻。多国部队保护班吉的决心不容置疑。在多国部队面前，"塞雷卡"叛军不敢轻举妄动。400名装备精良的南非部队也已部署到位，随时准备迎击进犯首都的"塞雷卡"叛军。

法国驻中非使馆遭班吉市民围攻后，法国紧急从加蓬调拨300名士兵加强在班吉的驻军力量。法军人数增至700人。奥朗德总统虽然反复申明不会干预中非内部事务，只是保护法国利益和侨民安全，但法国增加驻军数量并不时在班吉街头巡逻，客观上有利于形势趋于稳定。

"好消息"被中非政府成员和媒体广泛传播。"我们没有任何理由不相信中部非洲多国部队总司令的话"，首都民众沉重的心情顿时轻松了许多。虽然"塞雷卡"在所到之处烧杀抢掠、无恶不作，惨遭伤害的无辜百姓多到丛林中躲避，但首都班吉市民已不再担心自身的安全。

利伯维尔协议承认博齐泽总统的合法性，加之全国联合正式成立和"塞雷卡"5名领导人加入新政府，一般人都认为"塞雷卡"在要求得到满足的情况下将会遵守协议，停止向政府军发动新的进攻，博齐泽政权将会得以维持至2016年。博齐泽总统觉得自己的地位并未受到实质性威胁，感到松了一口气，往日的强硬气势有所恢复。他已面临四面楚歌的悲惨境地，却未认识到更大的危险正在悄然逼近，末日即将来临。

2013年2月6日，“塞雷卡”领导机构发表声明，称其被任命的5名入阁成员将尽快就职。当日晚间，又向下科托省首府巴莫耶发起进攻，占领机场和战略要点，迫使2300多名市民逃往邻国刚果（金）。“塞雷卡”最高委员会在巴黎发表公告，称占领巴莫耶市是为了阻止博齐泽聘请的外国雇佣军向首都开进，因为博齐泽在迫使“塞雷卡”解除武装的同时，仍在部署军力准备发动反攻，要求利伯维尔协议后续委采取有效措施，促进中非和平。

2月14日，博齐泽总统主持成立后的全国联合政府首届内阁会议，感谢国际社会为实现中非社会稳定的努力和贡献，号召全国人民团结一致共渡难关。“塞雷卡”领导人、新政府第一副总理兼国防部长乔托迪亚出席内阁会议后即赴前线看望“塞雷卡”士兵，对外宣称是要求叛军遵守停火协议，集结待命，不再在交通要道对货物通行制造障碍和收取高额费用。

同日，联合国人道主义事务办公室发表声明，指出“塞雷卡”起兵引发的政治和军事危机使中非人道状况急剧恶化。“塞雷卡”已占据全国19个主要城市和9个省区，使80多万人的生活受到严重影响，16万学龄儿童失学，8000多人逃往刚果（金），1500多人逃往乍得。

2月21日，“塞雷卡”领导人、全国联合政府第一副总理兼国防部长乔托迪亚率其他“塞雷卡”入阁部长到达马拉和锡布前线看望“塞雷卡”士兵，对记者说他们与“塞雷卡”军事将领讨论了军队集结和重组问题，号召士兵们遵守和平协议，并对媒体上有关“塞雷卡”破坏停火协议的报道予以澄清。同时批评博齐泽总统没有诚意，未遵守利伯维尔协议精神，限制“塞雷卡”入阁部长的行动自由，如新闻部长贝蒂视察电视台时受到卫兵阻拦，还派人监视他们的行踪。

2月24日，中部非洲驻中非多国部队总司令阿卡加将军宣布，按照恩贾梅纳路线图的规定，“塞雷卡”武装分子的集结行动即将正式开始。“塞雷卡”军事委员会却发出不同声音，称并未接到任何进行军事集结的官方文件，特别是后勤等技术问题没有解决，有关活动将相应推迟。来自不同方面的消息，说将近1800

名来自乍得和苏丹的武装人员从北部进入中非领土，将于“塞雷卡”一起参与战斗。还说有1700名“塞雷卡”士兵欲突破多国部队在达马拉的防线，向首都班吉发起进攻，被多国部队成功制止。各方面消息来源十分混乱，总的情况是，“塞雷卡”虽然在达马拉正面战场没有大的动作，但在其他地区的攻城略地行为并未停止，全国大部分区域已处于“塞雷卡”控制之下，首都班吉基本成为一座孤岛。民众恐慌心理日甚，首都街头行人日渐稀少。博齐泽总统暗中向忠于自己的民间组织和青年民众发放武器，准备在万不得已时保卫政权。博齐泽总统还专程前往南非与祖马总统密商，根据两国共同防御协议，南非特别派出400名士兵保卫班吉的安全。博齐泽总统虽然已在做最坏打算，但内心仍寄希望于中部非洲多国部队能够抵御住“塞雷卡”的进犯。

时间进入2013年3月，战争空气持续趋紧。在联合政府任职的“塞雷卡”成员不时对“塞雷卡”在其他地区发动武装行动表示谴责，要求博齐泽总统遵守利伯维尔协议。

2013年3月15日，博齐泽总统发动武装政变夺取政权10周年纪念日。每年此日，博齐泽总统都要举行盛大集会隆重庆祝。前文已对2012年的活动有过详细描述。今年国家已陷入严重政治与军事动荡，“塞雷卡”占领全国4/5以上面积，政府军望风披靡，但庆祝仪式仍要举行，只是规模远小于往年而已。庆祝仪式在中国援建的20000人座位体育场举行。博齐泽依惯例发表讲话，仍称10年前的今天是民族复兴之日，现在有一帮匪徒企图推翻民选合法政权，班吉市民应奋起抗争，保卫首都和国家安全。当晚还燃放焰火举行庆祝。博齐泽总统的讲话激起“塞雷卡”方面和联合政府中各政党的强烈反应，认为违背利伯维尔协议要求的民族和解精神，驻中非外交使团和各国际机构代表也认为当前情况下举行类似活动并发表对“塞雷卡”的挑衅性讲话严重欠妥。“焰火更有可能引发战火”。

两天之后，3月17日，联合国、欧盟、非盟、中部非洲多国部队、中非问题协调人刚果（布）总统萨苏特别代表等20多人，领土管理部长以及5名加入全国联合政府的5名“塞雷卡”领导人一起，组成联合代表团，前往锡布—达马拉前线视察停火情况，并相机说服“塞雷卡”士兵按照“中共体”峰会要求集结和解除武装。双方刚进行接触，“塞雷卡”军事领导人即表现出极为强硬态度，说博齐泽总统欺骗了他们，已无必要与政府和国际社会就有关问题进行谈判，要求有关人员立即离开，并随即把一同前来的5名“塞雷卡”入阁部长扣为人质，而且分开关押，禁止他们与外界联系。当有人试图与这些人进行电话联系时，手机都已关闭。为了免受“塞雷卡”迫害，其他人员只好怏怏而回。

联合代表团到前线发现，部署在达马拉负责保护班吉免受进攻的多国部队与随时准备向班吉发动进攻的“塞雷卡”部队之间，敌对双方的界限并不分明，而且彼此好像并不陌生，见面后相互拥抱，十分亲热，犹如久违的朋友一般。仔细打听才知道，多国部队方面主要由乍得军人组成，“塞雷卡”方面也多为乍得和苏丹人，大家都是穆斯林，都讲阿拉伯语，以前好像就认识似的，一点没有“仇人相见分外眼红”的景象。一方说要随时向班吉发起进攻，一方说要誓死保卫班吉，但大家又都是朋友，这仗还怎么打？

当晚，“塞雷卡”向博齐泽总统和联合政府发出为期72小时的最后通牒：全面执行利伯维尔协议；政府军队不得以反对“塞雷卡”叛乱的名义欺压百姓；“塞雷卡”方面入阁部长由5人增至10人；立即吸收1000名“塞雷卡”士兵加入国家军队和安全部门，首要任务是保护“塞雷卡”入阁部长的安全；立即释放所有政治犯，特别是被捕入狱的“塞雷卡”人员；颁布总统令承认“塞雷卡”各级军事领导人的军衔并纳入国家军队；南非军队立即从班吉周边的防务驻地撤离回国；撤除亲政府民兵在达马拉至首都沿途设立的武装路障，允许2000名“塞雷卡”士兵进驻首都。最后通牒若在预定期限内得不到满意答复，将枪杀被扣为人质的5位“塞雷卡”入阁部长，然后向班吉发起进攻。

形势骤紧而又扑朔迷离。在国际社会极力撮合下终于成立的全国联合政府陷入瘫痪，国家有可能陷入全面混乱和无政府状态的局面，后果将是灾难性的。“塞雷卡”葫芦里到底卖的什么药？无人知晓。众说纷纭，各种猜测都有。一般认为博齐泽总统3月15日的讲话刺激了“塞雷卡”，入阁的5位部长感到已难以继续待在联合政府内，回到自己战士中间才能保证人身安全。但同时认为，“塞雷卡”所为更像是一个恐怖组织，既把入阁的部长扣为人质，又提出极难满足的高要价，实际上向政府宣战。中部非洲多国部队司令阿卡加发表声明，绝不允许“塞雷卡”跨越达马拉红线一步。中部非洲维和部队最高负责人、中非问题协调人刚果（布）总统萨苏特别代表埃松戈将军答记者问：“塞雷卡”有武器，我们就没有？南非驻军表态：不容许“塞雷卡”跨越自己防地进入首都。

"塞雷卡"发出最后通牒后，虽没有表现出向首都进攻的明显迹象，但在全国各地的军事行动明显趋于活跃。不只是攻城略地，对民众的攻击和侵害事件更趋猖獗。由于"塞雷卡"主要由穆斯林组成，来自乍得和苏丹的穆斯林雇佣军更是大肆抢掠和捣毁基督教教堂，看见猪便开枪打死，使中非自独立后一直平安相处的两大教派日趋对立，为随后不断发生的教派激烈冲突埋下了种子。"塞雷卡"的一切非人道行为使中非的人道主义灾难日趋严重，引起国际社会高度关注和担忧，联合国安理会发表主席声明予以强烈谴责，其他国际组织相继表明了各自的态度。

3月20日，乍得总统代比和刚果（布）总统萨苏分别以"中共体"执行主席和中非危机总协调人身份联袂来访。两位总统集体会见博齐泽总统以及联合国、欧盟、非盟代表团和中部非洲多国部队负责人，但由于"塞雷卡"已完全切断了与外界的关系，因而无法与5位入阁的"塞雷卡"部长取得联系，故只能隔空向"塞雷卡"喊话："中共体"10国元首和政府首脑联合签署的利伯维尔协议精神不容侵犯和破坏，而且必须得到全面执行；达马拉"红线"不容跨越，"中共体"10个成员国组成的多国部队已做好战斗准备，若遭到进攻必将予以还击。法国和欧盟是多国部队的主要出资方，法国驻军还负责该部队的日常军事训练，法国军队虽不会直接参战，但这本身就对"塞雷卡"构成必要的威慑。此外南非应博齐泽总统要求派出的400名精兵具有较强的战斗力，足以抵御"塞雷卡"从另一方向对首都的进攻。

"中共体"两个主要领导人专程前来调停未果，而"塞雷卡"72小时最后通牒时限已到，战争气氛越来越浓烈，博齐泽总统不得不作出让步。先是撤除达马拉至班吉道路沿线的防务路障，再是释放关押的"塞雷卡"犯人，实际上所有的犯人都被无条件释放，另外说一切都可以谈判，应互相作出让步，不必诉诸武力。

3月22日，"塞雷卡"对首都发动军事进攻，特别是在北部距班吉12公里处与南非军队发生直接冲突，在东部多国部队驻防的达马拉地区尚未发现军事异动。传言称"塞雷卡"将于23日一早进攻首都。局势已相当紧张。班吉市民响应博齐泽总统号召，在通往首都的必经道路上筑起简易堡垒，有的手持不同形式的武器，有的举着砍刀和打猎用的原始弓箭，准备抵抗"塞雷卡"发起的进攻。

3月24日凌晨，南非军队因抵抗不住轮番发动的“塞雷卡”攻势，特别是不愿看到娃娃兵大量伤亡，在自己方面14个士兵阵亡37人受伤后放弃阵地。“塞雷卡”突破南非部队防区直扑班吉。达马拉方面，中部非洲多国部队未作任何抵抗，掉转枪口，让开通道，“塞雷卡”顺利地跨越多国部队反复吹嘘的坚固“红线”，浩浩荡荡地向首都开进。“塞雷卡”军队边开进边放枪，并向可疑目标发射榴弹炮，沿途简易堡垒里的普通百姓早已作鸟兽散。早7时，首都全城枪声响成一锅粥，总统府方向传来阵阵炮声，街头民众四散奔走，有人中弹倒在路旁，有的车辆被击中燃烧。博齐泽总统在叛军进城前已乘坐早已备好的小飞机离开总统府，不知去向。后得知先逃往刚果（金），再转往喀麦隆。

与此同时，“塞雷卡”在首都大肆抢掠烧杀。街道上所有车辆均被“塞雷卡”强行征收用于运送抢劫的各种物资。总统府、总理府、议会及政府各部门均遭受多轮抢劫，基本上空无一物，运不走的大型物件多被砸毁。博齐泽总统因备有小型飞机而得以逃脱，但住处被抢劫一空后遭严重毁坏。政府要员家庭都被轮番抢劫，或被“塞雷卡”征用成为指挥部或兵营。多数官员逃到联合国代表处、中部非洲多国部队和法国军队营地避难，来不及逃生的官员都被抓捕。班吉市民只能眼睁睁地看着自己的财物被抢，稍有反抗便性命不保。据人道组织后来公布的数字，政变当天近200人被打死，暴尸街头。

10年前，2003年3月15日，博齐泽发动武装政变，军队进入首都后抢劫3天。10年后的今天，“塞雷卡”发动武装政变，半年后抢劫还在进行。致使国民经济严重倒退，百姓陷入了极度困苦，怨声载道。

2013年3月25日，“塞雷卡”首领乔托迪亚宣布博齐泽政权已被人民推翻，中止宪法，解散议会和政府，由他领导的“塞雷卡”组织接管国家全部权力，他已成为中非共和国新任总统。国家现处于特殊时期，一切行政和军事命令均通过总统令的形式颁布。

事后证实，“塞雷卡”所做的一切均是为最后发动武装政变做准备。如“塞雷卡”领导人乔托迪亚要求出任联合政府第一副总理兼国防部长，意在全面掌握军队的部署情况。“塞雷卡”扣押5位入阁部长并发出最后通牒，都经过事先精心策划，为向首都发动军事进攻制造借口。“塞雷卡”起事时兵力为2000人，后发展到5000人，进入首都后扩展到25000人，构成极为复杂。许多人混入只有一个目的：抢劫——发战争财，发国难财。“塞雷卡”为了夺取政权，来者不拒。这便为国家陷入独立以来最严重的混乱局面埋下了伏笔。

惊心动魄中方人员二次撤离

利伯维尔协议签署后，中非各政治和武装派别成立全国联合政府，“塞雷卡”5名主要领导人入阁，乔托迪亚如愿出任第一副总理兼国防部长，中非安全形势表面上有所缓和。国际社会希望通过军事新问题和经济与财政援助，推动全国性包容对话，实现中非民族和解。但实际情况是，博齐泽总统和入阁的反对派人士特别是“塞雷卡”领导人不仅互不信任，相互间的猜忌极深，而且事后证明“塞雷卡”领导人入阁只是缓兵之计，其最终目的仍是武装夺取政权。“塞雷卡”在入阁后所做的一切均是为以后向班吉发动军事进攻，推翻博齐泽政权做准备。博齐泽总统也是在不得已的情况下被迫作出让步，寄希望于在缓过劲来之后消灭“塞雷卡”反叛势力。

新政府成立后，博齐泽总统和“塞雷卡”方面谁都没有闲着。博齐泽总统为维持政权四处奔走，除中部非洲多国部队外，还特地请来了南非军队，谣传说是用矿山和森林作为交换条件与南非签署的秘密防务协议。“中共体”国家和法国对此都不以为然。“塞雷卡”方面的军事行动仍在继续，消息说乔托迪亚利用在担任中非驻达尔富尔地区领事期间，与当地武装建立了盟友关系，达成秘密协议，疯狂走私钻石积累财富，一直在招兵买马购置军火，广泛招募苏丹和乍得雇佣军，为武装夺取政权做准备。但这样的内幕情况外界当时并不知晓，特别是“中共体”峰会和多国部队信誓旦旦地反复强调绝不容许“塞雷卡”越过达马拉“红线”，使外界产生了不少错觉，认为形势真的可以逐步缓和下来。

这种情况下，出于保护设备安全和工期的考虑，撤离回国的部分中资机构人员又陆续返回。由于中非安全形势仍在恶化，而且在短期内看不出好转的迹象，使馆继续保持高度警惕，与中非政府部门、外交使团和国际组织代表保持密切接触，随时掌握形势变化。同时每天向中方人员通报情况，要求大家始终把安全置于所有工作的首位，遇有异常立即汇报。使馆在现阶段的最大责任就是确保所有中方人员生命财产的安全。使馆就是中国人在外的家，若感到自身安全受到威胁，便可即刻到使馆躲避。战争情况下，外交使团还是相对安全的。

3月17日，“塞雷卡”把5名入阁部长扣作“人质”并向博齐泽总统发出24小时最后通牒，我预感形势可能会发生重大逆转。当我当面向博齐泽总统了解情况时，回答说对形势并不感到悲观，若“塞雷卡”要打，那就和多国部队打吧。法国大使应询回答我，“塞雷卡”5个部长离开政府，只是提高要价以便争取更多好处，不会立即打起来。我向外长办公室提出约见甘比外长，回称外长两周来一直在国外访问。我只能向外交部二号人物、办公厅主任邦达了解情况，对方一无所知，只是抱怨法国掠夺中非财富，阻挠中非发展，只希望中非作为法国的矿产资源库，50年后再来开发。拜会军队总长旺代，这位对中国极为友好的老将军，对前线事态发展也谈不出个所以然来，也像邦达主任那样，对法国满腹怨气，越说声音越高，根本不顾忌就在隔壁办公的法国军事顾问。

法国向中非军队派有军事顾问，而且就在中非军队总长隔壁办公。

3月21日，我们夫妇如约邀请法国大使缪塞蒂夫妇、第一参赞、武官夫妇、合作参赞夫妇等9人到使馆做客，并就中非形势交换意见。缪塞蒂大使当天中午打来电话，问今晚的宴会还举行吗？我颇感诧异，说已商议好的事情就不应该变更吧。对方说，好吧。中非动乱以来，法国大使外出必有武装保镖随行。大使一行来馆出席宴会前，保镖先行察看。这一异常举动引起我深思：中非形势可能有变！

宴会期间，法国大使夫妇反复称赞中国菜肴，宾主谈笑风生，法方没有表现出任何对形势发展感到忧虑的迹象。我与缪塞蒂大使谈及法方对中非形势的看法，答称据法方观察和分析，局势发展已与去年大有不同，“塞雷卡”叛军武装随时可能会进攻班吉，但法国认为“塞雷卡”不会损及法国利益。因此，法国没有撤侨计划。我说，法国在中非驻有数百名装备精良的部队，希望在必要时对中国使馆提供保护。缪塞蒂大使满口答应。宴会在热情友好的气氛中结束，法方来宾对中方的热情款待一再表示感谢。

3月22日上午10时，炽烈的阳光下，我国援建的宾博医院医疗设备交接仪式如期举行。联合政府总理蒂昂盖伊率司法部长姆博索、电信部长普泽雷、卫生部长恩库埃女士、公职部长克波科洛等9名部长出席。中非国民议会第一副议长恩贡巴巴翁、贝拉-姆博科省省长恩达卡拉女士和宾博市长等应邀出席。使馆主要外交官陪同出席。

蒂昂盖伊总理、恩库埃卫生部长和中国大使分别讲话。

蒂昂盖伊总理说，宾博医院是中非与中国友好的象征，他代表中非全国联合政府和人民，向中国政府和人民致以亲切问候。中国是中非诚挚的好朋友。感谢中方一直以来坚持对中非友好合作政策，长期为中非社会经济发展提供多种形式的无私帮助。希望能进一步全方位、多层次提升双边务实合作，深化两国人民传统友谊。

卫生部长恩库埃女士对中方长期以来向中非提供医疗援助、两国在医疗卫生领域合作所取得的成就表示感谢，认为两国医疗卫生合作前景广阔。

我在讲话中赞同蒂昂盖伊总理和恩库埃卫生部长对有关两国关系的评价和展望，赞赏以蒂为首的中非全国联合政府对推进中非和平、稳定局势、恢复社会经济发展所做的努力。中国历来都视中非为兄弟般的朋友，重视、珍惜与中非的友好合作，愿与中非政府一起为实现中非的和平、稳定和发展而努力。

随同蒂昂盖伊总理出席活动的部长和中非红十字会长上前与我交谈，都提出了希望中方向他们各自所在的部门提供相应援助的要求，特别是对中方向宾博医院提供的两辆救护车十分羡慕，说他们最需要的是交通工具。我做了原则性表态，强调中方将继续向中非这样的欠发达友好国家提供力所能及的帮助。中方不会忘记老朋友，穷朋友之间相互帮助是应该的。我还接受了中非国家电视台、电台以及平面媒体的采访。

活动结束后，我与蒂昂盖伊总理和有关部长一一握别。蒂昂盖伊和我约定尽快见面，就如何在新的基础上加强两国关系深入交换意见。

我回到使馆的时间是中午12时30分。陪同总理出席上午活动的总理府办公厅主任电话告，蒂昂盖伊总理从宾博医院交接仪式结束后刚返回家中，便被多国部队保护起来，全家人都到多军部队营地躲避。我当即与军队部长和公共安全部长联系，回答说“塞雷卡”已向南非军队阵地发动进攻，在达马拉方向已突破中部非洲多国部队防线，多国部队未加抵抗，“塞雷卡”军队已开始向班吉进发。

我电话向法国大使求证形势是否有变，回称说尚不知“塞雷卡”的真实用意，但班吉危在旦夕，局势随时可能有变，法国军队不会干预。

我与政务参赞王旭东（商务参赞刘宝义回国休假）紧急协商，决定立即启动应急机制，逐个通知在班吉市的中方人员到使馆暂避。两个小时后，60多名中方人员带着重要资料和随身物品赶到使馆。我简要通报了使馆从不同渠道得到的信息，要求大家镇静、团结，今晚先在使馆过夜，明天再根据情况决定下一步计划。

使馆把有关情况向国内汇报后，国内指示必须确保每个中方人员的安全。以人为本，外交为民，确保我公民和企业安全是使馆工作的重中之重。

这是中国驻中非使馆自建馆以来首次接待60多位同胞过夜。厨师连续蒸出数笼馒头，在使馆菜园内摘下几个数十斤重的大冬瓜，作出大锅冬瓜海米粉丝，另有米饭稀饭和其他配菜。大家好像回到了久违的家，有人直说在外面工地上条件很差，“好久都没有喝到这样的稀饭了”。数十人在使馆大厅的地毯上睡觉，只有几个年长者和女同胞被安排在使馆仅有的几间客房里过夜。有人只能躺在几把椅子上睡觉。好在我们身处热带，晚间不怕着凉。

使馆领导把大家安置下来后，开会研究形势和下一步计划，准备进行第二次撤侨。经了解，还有两个中资机构团组分别从广州和摩洛哥前来中非，一组在广州机场已登上飞机，另一组正在卡萨布兰卡机场办理登机手续，使馆当即通知他们取消行程。

决定一旦作出，便需坚决执行。使馆当夜与中非的两家包机公司联系。两家包机公司，一家由法国人经营，一家由黎巴嫩人经营，各只有一架小飞机。同时动员大家可直接由使馆去机场，搭乘包机到喀麦隆转机回国。次日一早，30人在使馆人员陪同下直奔机场，分乘两架包机离境。还剩下37人，回住地收拾安顿后返回使馆，准备下午乘包机撤离。

午饭后，剩下的37人分乘6辆越野车，由使馆人员陪同前往机场。为登机方便，包机公司老板也被请到使馆，随我方人员一起去机场。但沿途路已不通，手持棍棒刀具的市民挡住去路，高喊外国人不能留下我们不管，石块雨点般飞来，使馆车辆只能掉头返回。

使馆同时得到消息，“塞雷卡”将于明晨向班吉发起进攻。

此时停水停电已近30个小时，酷热难耐，大家只能从游泳池里打水洗澡和冲刷厕所。净水装置已失去作用，吃饭用水是在停水前接的，大桶下面一层泥。数十人若长期滞留使馆，光用水就是一大问题。

3月24日凌晨4时，政务参赞王旭东和几位年轻同志开车，趁着夜色赶往机场。这是一场与时间赛跑的战斗。大家顾不得吃早饭，只带了干粮和水。我事先与法国大使缪塞蒂通电话，告知将有中方人员在天亮前赶往机场，请法国士兵放行。两天后印度修建水泥厂的技术人员因未通知法军，夜里硬闯机场，法军因不明情况开枪阻拦，致印方数人死亡。法方事后虽然表示了歉意，但损失已无法挽回。

虽然离天亮还早，使馆车辆在机场路上还是遭遇路障拦截，经交涉后通过。最后一辆车遭手持砍刀木棍石块的人群围困，被迫冲破路障，强行通过。在机场刚刚停稳，周边便响起密集的枪炮声。王参赞召集人员迅速向停机坪移动，选择隐蔽处停下。随员李旭、缪长莹联系保卫机场的法军提供保护，大家悬着的心才稍微放松。此时，周边枪炮声大作，震耳欲聋，从声音判断，“塞雷卡”已攻入城内。机场的法国士兵开始向外密集开枪。撤离人员所处位置空旷，周围没有遮挡物。为防止流弹伤人，经再次冒着危险协商，法军最后同意把我人员安置到法军作为据点的候机楼下躲避。

早8时，使馆同志先后送走3架包机，17人安全离开。9时，我馆租用的17人座包机被法军征用，8人座包机因故取消。当法方把17人座包机交还我方时，又遇“中共体”多国部队要用该机运送伤兵。下午3时，最后20人登机时，不少人流下了激动的泪水。

此次撤离全部人员共67人，第二次撤侨行动结束。使馆同志返回时已是晚7时，前后在机场历经15个小时，在40多度高温下，只能用饼干充饥。虽然十分艰苦和惊险，大家仍为圆满完成任务而感欣慰。

王参赞带领撤离人员奔赴机场后，我与其他几位同志留守使馆，观察动向。中方人员抵达机场的同时，“塞雷卡”叛军武装车队通过使馆门前的烈士大道进入班吉市区，沿途随意开枪和抢劫。从使馆办公室向外望去，旁边总理府的警卫排早已不见踪影，工作人员都已人去楼空，“塞雷卡”士兵砸开铁门破楼而入。使馆正对面的高级公寓里的主要住户是各国际机构和外国公司雇员，我馆商务处三个外交官也在里面租住，此刻成为重点抢劫目标之一。从使馆斜对面的外交部传来清晰的枪声和铁门敲砸声，令人心悸。战乱中，许多普通市民也成为暴徒，乘乱抢劫。一辆辆满载抢劫物资的汽车驶向城外。攻打总统府的隆隆炮声和密集的枪声从市中心传来。

此时，电视广播电话手机信号全无，对外联络完全中断。外面的情形我看在眼里急在心里，特别是数十人聚集在使馆门前，伺机抢劫对面的高级公寓，一举一动让人揪心。机场同胞们的处境如何，有无危险？我虽已两天两夜没有合眼，连续数日腹泻不止，现在都不在话下了。经过两个多小时的连续拨打电话，终于在时断时续的微弱信号中得知机场的消息。

撤离人员离境后，使馆人员又被困在机场无法返馆，向守护机场的法国军队提出要求，遭到拒绝。我又与法国驻中非大使联系，希望法国军队方便时能护送他们返回使馆。缪塞蒂大使答称，他将亲自过问此事，待保护使馆安全的法军换防时护送中方人员回馆。我心稍安，并向缪塞蒂大使表示感谢。

晚7时，我馆4辆汽车在法军两辆全副武装的装甲车前后护卫下安抵使馆。另有两辆汽车停放在法军营地，安全无虑。我在使馆门前迎接凯旋的战士，并向法国士兵致意。夜色之中，抬头可见子弹如流星般在头顶飞过。次日，使馆院里捡到数十颗流弹，光游泳池里就发现4颗弹头。数辆停放在使馆院里的中资机构汽车车窗玻璃被流弹击碎。

“塞雷卡”政变成功，大肆抢劫，数百人死伤，医院人满为患，首都班吉陷入一片腥风血雨。中方人员虽然大多撤离，但使馆时刻牵挂自愿留守的15名华侨和13名民企人员的安危，每天与之联系，要求遇紧急情况即到使馆躲避。

3月26日，我终于与政变当局取得了联系。“塞雷卡”政治新闻发言人、联合政府新闻部长贝蒂应我要求前来使馆，商谈使馆和中资机构财产与华人安全问题。贝蒂乘坐一辆没有车牌显然是抢劫来的汽车，上身T恤衫下穿牛仔裤，满身汗渍，蓝色的T恤衫已变成土灰色，牛仔裤裤脚都已磨烂，光脚穿一双廉价夹趾薄底塑料拖鞋，一脸疲惫。

由于已是熟人，我直接同他谈起使馆安全问题，他答应派4 名武装士兵昼夜值守。贝蒂提出要求，向同来的“塞雷卡”上校支付10万非郎小费，由他派手下人保护使馆。对方数完钱后脸色一沉，把钱还给我方，大吼一声：我们走！这是嫌少啊。贝蒂大为尴尬，说此人是乍得雇佣军，我去找几个可靠的中非人来保护使馆。

当天夜里12时许，使馆周围枪声大作，每颗子弹都像是在耳边炸响。我想起了上午嫌钱少的乍得上校，担心此人前来闹事。我当即给法国大使打电话，讲述了上午的情况，希望在城中巡逻的法国装甲车关注中国使馆的安全。缪塞蒂大使听后回称“我来安排”。我来到使馆监视屏前，不一会儿便看见法国军车绕着使馆围墙环行一周。当晚恰是阴历2月15日，一轮圆月当空高挂，满地银光，树影斑驳，绿草如毡。外面枪声密集，子弹流星般在头顶飞过。月光皎洁夜，惊心动魄天。次早查看录像，法国军车共在使馆周围绕转了三次。

3月27日下午，在联合政府担任工商部长的“塞雷卡”主要负责人哈龙前来使馆。说他奉“总统”乔托迪亚之命，听说中国大使对中方人员和财产的安全感到担忧，将加派兵力保护中国使馆安全。“总统”要他转告中方，中非新政府重视发展对华关系，当今世界任何国家都不能无视中国这个世界第二大经济体的作用和影响。中非新政府关注正在南非德班举行的“金砖五国”与非洲领导人会议。我要求尽快会见乔托迪亚，就两国关系中的重大问题与之交换意见。哈龙允转告并尽速答复。

3月28日，两次与法国大使缪塞蒂通电话，对法军装甲车巡逻时关注中国使馆安全表示感谢。缪塞蒂大使应询告：政变数天来的大规模抢劫活动还在继续。本以为法国人不会受到干扰，现许多人都遭抢劫。政变后，法国紧急从加蓬调兵350人，仍未能对本国侨民进行有效保护。现在看来，班吉市的安全和秩序恢复需要一段时间，市场供应已基本中断，需保持警惕。我长嘘一口气：中方紧急撤离在中非人员的决定是正确的。

3月31日上午，联合政府新闻部长、“塞雷卡”政治发言人贝蒂来访，说政变领导人乔托迪亚将于下午3时30分应约会见中国大使。下午，贝蒂开着无牌车辆在前带路，穿过空寂无人的街道，来到我国援建的莱杰饭店一层“总统套间”，带我与政变领导人乔托迪亚会见。能源矿业、公共工程、新闻、工商四个主要部长陪同会见。乔托迪亚左臂缠有绷带，态度亲切友好，称高度赞赏中方不干涉别国内政的原则立场，强烈希望继续与中国发展友好关系，将保持对华政策的延续性，答应对中方人员和机构物资提供安全保护。我表示赞赏乔托迪亚的友好表态，强调中方将视中非方是否提供有效保护审定其对华政策。事后证明，由于政变当局及时派兵保护，我在中非的能源合作、水电站、轧花厂、公路建设等合作项目百余台大型设备未受损失。

恩贾梅纳特别峰会提出解决中非问题路线图

2012年4月3日，“中共体”首脑在乍得首都恩贾梅纳召开特别峰会，讨论政变后的中非形势。政变领导人乔托迪亚的国家元首身份尚未得到承认，中非全国联合政府总理蒂昂盖伊应邀与会。法国报章评论称，本次峰会意在承认1月11日利伯维尔特别峰会调停中非危机的努力彻底失败，承认“塞雷卡”政变推翻博齐泽政权的现实，但还要说几句强硬话以便挽回面子。与会各国元首强调绝对不能接受“塞雷卡”首领乔托迪亚政变并自封为总统，要求成立一个由社会各阶层选举产生的“过渡机构”，后正式取名为全国过渡委员会，起临时议会作用，负责起草过渡宪法，并选举过渡期国家元首。由于政变后乔托迪亚已成为事实上的中非最高领导人，将会顺理成章地被临时议会选举为新国家元首。

中非政变当局当即对恩贾梅纳峰会决议表示赞同。蒂昂盖伊总理说：“我与国家元首（中非人已自然地称乔托迪亚为总统或国家元首了）讨论过峰会的有关建议，他完全同意。这是一个帮助中非摆脱孤立，加入国际大家庭的决议，没有理由拒绝。”欧盟认为，恩贾梅纳峰会决议重申了利伯维尔协议的有关内容，即任命反对派人士为总理并扩大其权力，全国过渡委员会将由出席利伯维尔峰会的中非各政治与军事派别代表组成，具有广泛代表性。全国过渡委将选举过渡国家元首，由他或她合法地行使过渡期国家最高权力。

峰会作出的第二个决议是南非将从中非撤军。南非在3月24日政变中为阻止“塞雷卡”攻入班吉而拼力相搏，13名士兵阵亡；南非总统祖马受到议会严责。祖马总统率外交、国防、安全3个部长应邀出席峰会，接受“中共体”有关南非从中非撤军的建议。乔托迪亚取得了又一个胜利。乔托迪亚早就放出话来：“博齐泽与南非的所有协议均不利于国家，仅是为了维持其政权，应该废除。”

峰会第三项议程是说服贝宁总统亚伊接受被政变推翻的博齐泽前总统到贝宁避难，得到肯定答复。贝宁先后接受过多位中非政客避难，乔托迪亚也曾在贝宁待过数年。博齐泽第二次政变失败后也曾到贝宁避难。

乍得总统代比宣布，明天（4月4日），“中共体”各成员国外长及非盟、联合国、欧盟、法语国家组织代表组成的联合代表团将赴班吉，向中非民众传达有关信息。

恩贾梅纳峰会的有关决议，表明“中共体”各成员国已接受了“塞雷卡”政变夺权的现实，联合国、非盟、欧盟、法语国家组织也已予以默认。博齐泽重新执政的后路已被堵死。

人们本以为既已由“叛军”摇身一变成为“国军”，应该放下屠刀立地成佛了吧？谁料想“塞雷卡”却更加肆无忌惮地抢劫和杀戮平民，中非安全形势加速恶化。

2013年4月13日，全国过渡委员会在“前国民议会”大厦召开全体会议，选举过渡期国家元首。外交使团和国际组织代表应邀出席。过渡委主席恩根代宣布乔托迪亚为唯一候选人，过渡委以鼓掌形式一致通过。过渡委主席把一条镶有金边的红色缎带斜挂在乔托迪亚肩头，象征着他已获得国家最高权力。乔托迪亚发表当选讲话，对法国、非盟、中共体、法语国家组织、联合国、欧盟等国家和国际组织一一表示感谢，承诺将担负起国家元首的责任，首要目标是尽快实现国家稳定和安全，使人民幸福。接下来，大家轮流走上主席台祝贺，后在议会大台阶上照相。相同的场景在4个月后的8月18日再上演一遍，后面有专门论述。就在乔托迪亚当选为过渡国家元首的同时，“塞雷卡”在首都其他地区开枪射杀多名平民，一颗炮弹落在足球场上，两个踢球的中学生当场死亡，多人受伤，有人腿被炸断。

2013年4月18日，在中部非洲国家经济共同体执行主席乍得总统代比主持下，“中共体”国家领导人再次在乍得首都恩贾梅纳举行特别峰会，讨论中非形势并寻求解决办法。

特别峰会虽然仍提到以1月11日利伯维尔协议为解决中非危机的基本文件，但当时是以维持博齐泽政权为基础，现在则是以“塞雷卡”执政为基础，“中共体”峰会虽也谴责武装政变，但却通过成立全国过渡政府的形式承认了“塞雷卡”

政权的合法性，由政变领导人乔托迪亚以过渡国家元首的身份在为期18个月的过渡期里领导国家。

乍得总统代比、刚果（布）总统萨苏、加蓬总统邦戈、喀麦隆第一副总理，刚果（金）、赤道几内亚外长，贝宁总统府事务部长、安哥拉驻乍得大使、“中共体”秘书长等出席峰会。中非总理蒂昂盖伊应邀与会。南非总统祖马和联合国秘书长、非盟委员会主席、欧盟委员会主席、法国国家组织秘书长的代表，以及美国和法国代表应邀列席。

峰会通过了关于中非形势的“恩贾梅纳声明”和解决中非危机的“路线图”两份文件，并对中非成立全国过渡政府及其运作方式提出了明确要求。

“恩贾梅纳声明”指出，鉴于2013年1月11日利伯维尔政治协议已要求和平解决中非冲突，在利伯维尔协议上签字的中非各派别领袖2013年4月13日协商达成一致，并于当天成立全国过渡政府和全国过渡委员会，全国过渡委员会于2013年4月16日选举米歇尔·乔托迪亚为过渡国家元首。“中共体”各成员国反复表示了使中非局势恢复正常的愿望，通过对话在中非全国实现长期和平与稳定，是该国恢复宪政体制的首要条件。中共体各成员国领导人作出如下决定：

一、2013年1月11日利伯维尔政治协议是中非过渡期政治安排的核心文件。

二、由全国过渡委员会选举过渡国家元首。

三、过渡期为18个月。

四、在过渡期内举行自由、民主、透明、公正的宪法公投、立法选举和总统选举，以实现没有争议的民主宪政体制。

五、国家元首、总理、政府各部长，以及全国过渡委员会主席和过渡委员会执行局成员，都不能参加下届议会和总统选举。

六、扩大总理权力。国家元首在过渡期内不得解除总理职务。总理在广泛协商的基础上，根据利伯维尔协议精神，组成新一届过渡政府。

七、由各届广泛参与的过渡政府，其主要任务是：重建安全与和平，集结分散在各地的各派武装分子，在全国范围内保护民众安全。帮助流离失所者返回家乡并予以重新安置。充分尊重人权和个人自由。准备和组织选举。

重组防务和安全力量。重建各级行政管理机制。在国际社会帮助下，继续推进非法武装人员解除武装、复员、融入社会的进程，改革国家安全部门，推进经济与社会改革。

八、全国过渡委员会拥有立法权，受命起草宪法并交由公民投票通过。全国过渡委员会的当下任务是起草过渡期宪法，根据利伯维尔协议和恩贾梅纳声明，建立各级公共权力机构。

九、建立过渡期宪法法院，其任务是审议各项法案是否符合过渡期宪法，解决选举争端，宣布宪法选举最终结果，主持民主选举产生的共和国总统的宣誓就职仪式。

中部非洲国家经济共同体元首和政府首脑呼吁国际社会，尤其是非盟、联合国、欧盟、法国国家组织及与中非有双边关系的国家，共同努力，创造条件，达到中非过渡期的目标，以便有效地维护中非人民的利益，维护地区和国际和平。并重申完全信任刚果（布）总统萨苏领导的后续委员会，承诺将采取一切必要措施，保证过渡期稳定。并将成立由地区和国际组织、有关国家组成的中非问题联络小组，提供政治和财政支持。

峰会通过的解决中非危机路线图议程如下：

一、根据2013年4月3日恩贾梅纳“中共体”峰会决议成立的中非全国过渡委员会，是过渡期的核心机构，行使立法权，应拥有广泛的代表性。

二、全国过渡委员会应由不同的政治派别、社会和职业界别人士组成，不只是要体现当前的政治与军事力量对比，更要体现社会各界的力量对比现实。

三、划定选区，以便进行民主选举。

四、全国过渡委员会负有恢复国家行政秩序、制定法律、设立国家机构的责任，因而必须保持稳定性，体现国家政治力量平衡的原则：委员由原定的105人增至135人，新增的30个名额在全国各地区和各政治派别间分配，前总统多数派代表性不足的问题应予解决，尚未宣布放下武器的政治与军事集团、公民社会和妇女的代表也应相应增加。

五、全国过渡委员会各委员会负责起草未来的宪法和过渡期之间的法律文件，起草委构成人员的政治和社会倾向性必须绝对平衡，以避免出现某一政治派别因成员比例过高而影响决定的公正性。过渡委通过法案时应采取一致通过原则，若穷尽各种努力仍难达成一致时，通过某项决议时可由三分之二以上的有效多数决定。

六、根据2013年4月3日是“中共体”恩贾梅纳特别峰会的决议，经由全国过渡委员会选举产生的国家领导人除了被称为“过渡期国家元首”，没有任何其他称谓。全国过渡委员会在该问题上作出的任何决议都应立即加以修正。

2013年4月18日特别峰会还通过了“最后公报”，对中非安全和人道主义形势深感担忧，要求执政当局停止侵犯人权，停止招收儿童兵，停止抢劫，尽一切力量恢复国家安全。决定把中部非洲多国部队增至2000人，帮助过渡政府维护安全和重建国防与安全力量。

中非民众强烈要求驱逐“塞雷卡”里面的乍得人和苏丹人。这些人是“塞雷卡”杀人机器的“主要部件”。乍得总统府发言人就此答记者问：下台总统博齐泽到处说乍得是导致他被推翻的主要原因，还说中部非洲多国部队中的乍得军人帮助“塞雷卡”攻入班吉，这不对。一是中非政府军面对“塞雷卡”毫无战斗力，不能指望乍得军队来代替中非军队抵御“塞雷卡”进攻。二是乍得在中非驻军是“中共体”维和部队的一部分，只听从多国部队司令指挥，中非政府不能对多国部队下命令。三是“塞雷卡”中的乍得人为非作歹属于匪徒犯罪，与乍得政府无关，乍得政府也在通缉和围剿这些人。

苏丹政府也声明与“塞雷卡”中的苏丹人没有任何关系；他们在你们国家犯罪，抓住审判好了，苏丹政府不予置评。

“塞雷卡”主要军事负责人之一穆萨·阿西迈赫将军，在全副武装人员保护下，在班吉市消防队会见记者，谈论与乔托迪亚的关系及为何要推翻博齐泽的理由。他生于中非北部比劳市，长于苏丹，因而不会讲法语，用阿拉伯语回答记者提问，再由人翻译成法语。他说，我们这支武装之所以到班吉来，是要实现国家正义，恢复和平，因为和平无价，因而为实现和平付出代价是值得的。众所周知，人民在旧政权统治下经受了多少苦难。为了开辟幸福之路，我决定支持这次军事行动。因为只有通过军事行动才能解除中非兄弟们的苦难。有人说我是苏丹人，请勿相信谣言。我生于中非长于苏丹，我们队伍中许多兄弟都具有相同经历。况且乍得、中非和苏丹三国是兄弟国家，历史经历基本相同。中非人可以在乍得生活，也可以在苏丹度过一生。你也可以是一个在班吉出生的乍得人或苏丹人。有人说我不是中非人却拿不出证据。即使我不是中非人，我也可以帮助中非人，而且比许多中非人做得更好。应由中非人民决定我的国籍，而非那些不喜欢我的人。在“塞雷卡”所有的将领里，唯有我退回了被那些坏人抢劫的180辆汽车。

记者问，有些“塞雷卡”士兵说他们之所以抢劫，是因为乔托迪亚没有遵守与他们签署的合同，即没有支付你为他打仗的报酬。你曾长期打游击，现又帮助乔托迪亚攻入首都，他答应给你什么好处？答：组建“塞雷卡”联盟的目的是实现政权更替，使中非共和国走上真正的发展之路。我们的战友们答应帮助乔托迪亚。遗憾的是有些人当权后便随意侵犯人权，杀人抢劫强奸，违背了我们的初衷。我正帮助司法部门打击犯罪。我们这些游击战士与乔托迪亚没有签署什么合同。我对部分“塞雷卡”分子的行为感到失望。我作为一名“塞雷卡”将军，而且是“塞雷卡”军事委员会主席，最关心的是帮助新政权解除中非人民遭受的痛苦。3月24日以来，保护中非人民已成为我一切行动的核心。抓捕“塞雷卡”中的坏分子是不容置疑的中心工作。我的一切活动都是在执行过渡国家元首乔托迪亚的直接指示，在共和国检察官的严格监督下进行。在首都之外的其他地区，我会尽全力动员民众，消除“塞雷卡”分子破坏国家安全的不良影响。我是一个法治主义者，全力帮助司法机关行使权力，抓捕坏人交给司法部门审理。我将派人到全国各地抓捕坏人，犹如我在首都班吉所做的那样。

记者问及与中部非洲驻中非多国部队及与政府的关系，答：自从我们进入班吉以来，就与多国部队紧密合作，我要将这种信任关系保持到底。我每次行动，如到博伊哈布区、博埃因区或5公里执行任务，都会通知多国部队司令部。我每做一件事情，总会想着国际刑事法庭随时可能对在中非制造混乱的某个或某些人发出国际逮捕令。即使有这种可能，我认为不会牵涉到我。因为我没有侵犯人权，我尊重每一个人。我在消防队上班，既为天主教徒服务，也为伊斯兰教徒服务。我与政府的关系没有问题，多数政府成员都尊重我。因为我所做的一切都是在帮助中非人民。中非人民经受了太多的苦难。我可以发誓，没有抢劫过任何东西。我在努力保护民众的利益。

记者问中非民间都希望乍得人和苏丹离开，怎么办？答：我不能回答这个问题。虽然每个问题都会有一个答案，但这个问题的答案应由中非人民作出。

评论指出，穆萨·阿西迈赫既不会讲法语，也不会讲中非当地桑戈语，虽然自称生于中非，但实不应被视作中非人，而应被视为苏丹人，是典型的雇佣军头目。后出现传言，说穆萨·阿西迈赫已放出话来，他愿意离开中非，但要得到40亿非洲法郎（约合800万美元）的补偿。

中非危机后续委员会及“中共体”多国部队对穆萨·阿西迈勒的身份有颇多怀疑，当面向过渡国家元首乔托迪亚提出这个问题。乔托迪亚口气强硬的回答：中部非洲地区各国在历史上曾是一家，不分彼此。各民族交往由来已久，你中有我，我中有你，相互帮助更是常事。这个问题本就不应提出来。2013年10月起，已不再听到有关穆萨·阿西迈赫的消息，据说他在国际压力下回到达尔富尔地区去了。

蛇年赞蛇

一

贴地蜿蜒行，低姿隐声威。
藏拙少显能，屏气养精锐。
屈伸顺时势，柔刚应自然。
蜕变长身躯，蛰伏待春雷。

二

一怒冲天起，迎风草上飞。
双目发电闪，利齿喷毒涎。
跃身斗豺虎，凌空战阎罗。
巨腹纳山岳，张口吐云雷。

三

女娲伏羲形，中华始祖身。
鳞爪伴双犄，青龙舞乾坤。
闪转腾挪疾，兼具神魄魂。
一元复初始，倩影美绝伦。

（2013年2月5日于中非首都班吉，刊于2013年2月5日外交部网站）

特殊的法国国庆招待会

前面讲过，法国在各方面都对中非有着重大影响。法国大使是当然的驻中非外交使团团长，这明显有别于外交惯例。每年7月14日的例行法国国庆招待会更是一项重大活动。中非领导人必定出席。法国使馆广邀宾朋，借以显示法国的影响力。中非各阶层人士也以能够出席法国国庆招待会为荣。法国旅居中非的数千侨民和数百名军人，多数也会利用这一机会相聚。每年法国国庆招待会之隆重和出席人数之多，别国无法比拟。

2013年则有所不同。法国驻中非大使缪塞蒂公开表示今年将不举行国庆招待会，仅举行了一次小型宴会，邀请几个国家驻中非大使和重要国际机构代表出席。中国驻中非大使在邀请之列。

法国国庆节当天中午，我给缪塞蒂大使打去电话，向他祝贺节日。

2013年7月14日晚，缪塞蒂大使夫妇在官邸与旅居中非的法国人和欧洲人聚会，并发表了长篇讲话。缪塞蒂大使在讲话中回忆在“可怕的一年”里所经历的“痛苦”和法国所做的事情，以及法国对中非未来的政策设想，“顺便”还暗示有人曾批评使馆对侨民保护不力并不准确，未及时撤侨不是使馆的责任，并相机作出解释。讲话中只字未提过渡政权和政变后领导人。以下是讲话的主要内容。

亲爱的同胞们，亲爱的欧洲朋友们：

2012年7月14日当我和夫人在使馆所有人员的陪同下，在官邸举行我到任后的首次国庆招待会接待你们时，谁也不曾料到我们将会一起经历后来发生的这么多事件。

说实话，过去的12个月是“可怕的一年”。今天是国庆节，我不想重复过去担惊受怕、悲惨、痛苦、艰困、创痛的记忆。但是，这些活生生的画面仍不时在我们所有人，包括在那些曾深爱这个国家，最终却决定永远离开这个国家不再返回的同胞与朋友们的脑海中显现。

2012年12月26日是羞耻的一天。70年前，乌班吉沙里（法国殖民时期的中非国名）远征军第二营的英雄们，与自由法国军队一起在利比亚沙漠地带与纳粹德国共同战斗，他们的子孙却在这一天攻击法国大使馆，烧毁了法国国旗。我不会忘记，永远不会宽恕这种行为。那天，全世界都在欢度圣诞节，在班吉的法国人却面临巨大的危险。法国侨团受到前所未有的威胁。撤侨问题从未如此紧迫。但大使决定不了。是否撤侨应由外长根据大使的建议，特别是要与国防部长等人深刻分析形势，报请共和国总统同意后才能作出决定。

2012年12月26日以后发生的许多事情也将长期铭刻在我们的记忆里。如同任何困难时期那样，我们的队伍更加团结，每个人都坚守岗位，坚持，面对，令人钦佩。我要感谢各个法国人聚居区的点长，他们虽也为家人的安危担忧，但服从于整体利益，把大使提供的信息和要求传达给所有人。我要感谢法国武装力量，感谢驻中非部队和从利伯维尔赶来增援的官兵，是他们向旅居中非的法国人提供了安全保护，向欧洲和其他国家的侨民、法国企业、戴高乐中学、17座别墅、巴斯德研究所、班吉姆波科国际机场提供了安全保护。在法国军人的保护下，法国航空公司才得以坚持下来，巴黎——班吉航线没有断航，今年3月24日政变后也未停航。我还要感谢法国大公司如道达尔石油公司、奥朗日电讯公司，像法国航空公司一样，向民众提供优良服务。我同时要以不同的方式向所有勇敢、忠诚、冷静地在各自岗位作出贡献的人们表示感谢。巴斯德研究所、法国学校等单位接待了大批同胞，有人还把旅居中非的同胞接到家里，为他们提供保护。

我要向法国驻中非使馆所有人员表示敬意。当然，他们会说自己只是做了分内的工作，但却是在难以想象的艰苦环境下完成工作任务的。尽管也有人对他们提出批评，在如此条件下，有人提出批评是正常的，也是人们当时心理的正常反应，但他们坚持下来了。外交部长洛朗·法比尤斯对他们的工作表示赞许，并对他们表示感谢和鼓励。外长每次与我就中非形势通话，都不会忘记要我向使馆人员转达敬意。我要说，我对他们的工作深感骄傲，他们的行为使我深感骄傲。我还要对使馆人员的配偶们表达敬意，他们在高度紧张和巨大压力下表现出同样的勇气。

我还要利用这一机会，向法国外交部危机中心主任表达谢意，他将于本周末来访。我将要求他转达对所有对使馆提供过不同帮助的单位，包括军方和国家宪兵，尤其是宪兵特种部队和共和国警卫队的谢意。

所有的工作成果可以用一句话来表达：法国在中非的侨民没有一人死亡。我们坚持住了。正是因为这种坚持，班吉戴高乐中学得以在4月初复课，从而保证了学生们顺利进行学年终考。我们胜利了：班吉中学毕业会考的成功率达到96%，高出全国平均水平10个百分点，史无前例，这是对我们的最高奖赏。祝贺在如此环境下获得高中会考毕业证书的学生们。他们将会对此铭记终生。正是由于这份坚持，法国在中非共和国的文化教育取得了成功。新学年的情况可能会有所变化，但在远程教育机构的支持下，教学质量不会下降，学生们的考试成绩也将得到认可，进而获得法国毕业证书。

亲爱的同胞们，任何困难，任何人都战胜不了我们。正如共和国总统弗朗索瓦·奥朗德在2012年12月27日讲话中所说，在中非共和国，“如果我们保持存在，并非是为了保护某个政权，而是为了保护我们的侨民和我们的利益。我们在任何情况下都不会干预其内部事务。”但是，我们支持这个国家的人民。

基于此，法国将参与恢复中非安全和建立法治国家的进程，对“塞雷卡”残酷、疯狂、野蛮的破坏行径予以关注，惦念所有受到迫害人们的痛苦。法国将同不同性质的非政府组织一起，从事解救生命、提供粮食援助、保护人权、重建民主和非官方新闻媒体等工作。

欧盟委员会负责国际合作、人道援助、危机反应的委员乔治瓦女士将在本周内访问班吉，宣布欧盟将向中非遭遇不幸的家族提供特别帮助。法国除参与该项集体援助项目外，还将提供10多亿非洲法郎的双边援助。我将与负责实施此类援助项目的非政府组织和国际红十字会签署有关协议。

法国支持本国企业参与中非重建。没有企业的参与，经济恢复将无从谈起。法国企业在中非战乱中遭受了巨大损失。企业多年的努力经营成就，甚至企业的全部资产，都可能在一次抢劫中丧失殆尽。

亲爱的同胞们，我再说一遍，任何人都打不垮我们。在当前的形势下，我们在中非的队伍在缩减。自去年12月以来，旅居中非的法国侨民减少了一半。虽然许多人只是临时离开，但却更加凸显了坚持下来的人们，也就是你们的战斗力。你们是帮助这个国家建设的主要力量。我说的是建设这个国家。我不认为应该在过去的基础上“重建”中非共和国，因为这个国家的过去是一段不断催生恶魔的历史。应该放眼远望，应该“构筑”21世纪的新生的中非共和国。一个面向未来的中非共和国，充分展示其农业和矿产资源、未来工业、新兴技术、青春活力等优势。为达此目标，必须大力发展教育，因为教育是一个民族发展的绝对先决条件。反对腐败则是民族复兴的另一个先决条件。

法国作为联合国安理会常任理事国，希望与非洲兄弟国家一起，以负责任的态度，努力发挥应有的作用。非洲国家应该展示自己的力量，寻求解决他们面临的各种困难的不同途径和方法。中非危机发生之初，法国就呼吁停止战斗，通过谈判寻求解决办法。法国支持中部非洲国家经济共同体和非洲联盟采取行动。法国加入了中非问题后续行动委员会和联络小组，并向中部非洲驻中非多国部队提供了后勤支持。法国没有关闭驻中非大使馆，大使馆从未停止运转。中非过渡宪法条约一经颁布，国家将进入制定新宪法和积极准备选举的新阶段。要立即投入过渡期后选举的准备工作，这也是法国为恢复马里局势所做的工作。

在非洲，法国和欧盟以及代表欧盟成员国的荣誉领事们一起工作，我们处于对非工作第一线。法国始终站在非洲朋友一边。以前如此，以后亦将如此。今天上午，在巴黎香榭丽舍大街举行的国庆阅兵仪式上，就有非洲国家的军队。参与马里反恐战斗的非洲各国军人的代表，与法国军人一起，接受法兰西共和国总统和联合国秘书长的检阅。

今年，我们必须更加团结。这是我们自1790年以来每年7月14日欢度国庆节的真正含义。我们在爱国主义和共和精神的感召下，庆祝自己作为一个法国人、作为一个对自己拥有丰富遗产并经历过艰苦考验而引以为豪的民族的一分子的幸福感。我们为了克服今天的困难而团结，为了满怀希望和信心地展望明天而团结。

自由、平等、博爱的价值观，是团结我们民族的纽带，是我们向全世界传递的信息。我们希望与愿意加入法兰西大家庭的所有人共享这一价值观。国庆节便是迎接和款待法国公民和法兰西大家庭成员的最佳节日。请玛丽—路易丝·娜比拉·恩吉莱女士上前，我正式授予你法兰西国籍，你也因此拥有了欧盟公民的身份。作为法兰西民族的一员，便应履行诸多义务，其中便有熟悉国家历史和与国家保持一致的义务，因为一个民族是不可分割的。（作者注：法国大使代表总统授予驻在国某些人士法国国籍。这些人可能是该国的正常领袖或高级公务员，也可能是对法国扩大在该国影响有较大帮助的人士。他们获得法国国籍后便受法国保护，法国在该国动乱时的护侨行动自然包括这些人。这也是法国参与或干预该国事务的一种重要形式。）让我们向在世界各地从事军事行动的战士们、对被扣为人质的法国公民表示敬意。同时对在不久前高速火车事故中的遇难者表示哀悼。

一些人即将离开我们，前往别的工作岗位。我们向他们表示惜别之情。我还要向戴高乐将军创立的国家勋章委员会成员致意（注：每年国庆节之际，法国驻外大使代表法国政府向驻在国对发展与法国关系作出贡献的人士授勋），该委员会已度过了50个春秋。

在经历了所有的艰难困苦之后，我们夫妇邀请大家在7月14日国庆节当天来此聚会，再次体现出法兰西共和国的精神。今天是所有为法国作出贡献的人们的节日，他们是法兰西的财富，是“战斗的法兰西、唯一的法兰西、真正的法兰西、永远的法兰西（作者注：1944年8月25日戴高乐将军在巴黎市政府庆祝巴黎解放仪式上的讲话）”的财富。这笔财富，在这里，指的就是你们。请你们为作为法国人而幸福和自豪。

我要从心底欢呼，共和国万岁，法兰西万岁。

为了充分表达我们此刻的爱国主义激情，我请求在场的士兵们高唱《马赛曲》，我邀请大家和着他们的节奏一起高歌。

博齐泽对法国仍有利用价值

数十年来，法国通过“法非特殊关系”维持对法语非洲国家在政治、经济、金融财政、军事、文化上的影响和控制，甚至参与或左右一些国家的行政管理事务。法语非洲国家独立后的第一代领导人都是法国培养的，尽量做法国的“好学生”。备受争议的雅克·富卡尔是法语非洲国家独立后建立“法非特殊关系”的核心人物，担任法国总统非洲与马达加斯加问题顾问长达14年（1960—1974，横跨戴高乐和蓬皮杜两个时代）之久。这位爱丽舍宫“非洲小组”组长（亦称非洲先生或非洲别动队队长）的主要任务是奉戴高乐将军之命，在阿尔及利亚独立后，确保法国在非洲的矿产和能源供应，保持法国对非洲的影响力，使非洲永远成为法国世界大国地位的重要战略依托。为阻止中部非洲国家独立，法国曾设想建立中部非洲共和国或中部非洲联邦，以便进行实际控制。

法国希望牢牢控制非洲的这一政治意愿，与美国领导下的北约在冷战时期与苏联争夺非洲的战略相吻合。法国为控制非洲能源而扮演的“非洲宪兵”角色得到美国默许。爱丽舍宫根据法国的利益左右非洲各国的局势，或扶持某个国家的领导人，或以包括军事干预和策动政变在内的不同方式推翻甚至暗杀某个国家的领导人，把法语非洲国家玩弄于股掌之上。法语非洲国家的领导人只有执行亲法政策或听命于法国才能上台和维持政权，否则将性命不保。法语非洲国家的命运一直由法国摆布，这种情况直到冷战结束才略有改变。法国史学界对这段历史争论极大，有人曾强烈要求追究富卡尔在非洲所犯罪行，把为期数十年法非特殊关系称之为“共和国历史上为时最长的丑闻”。

冷战时期，卡扎菲领导下的利比亚是苏联阵营的重要成员，苏联并在乍得长期驻军。法国则在中非保留有数个军事基地，阻挡利比亚军队南下，亦即阻止苏联扩大在非洲的势力范围。

20世纪70年代，政变上台先任总统后自封为中非帝国皇帝的博卡萨，为保全地位而向时任法国总统德斯坦进贡钻石，成为轰动一时的大丑闻。法国与非洲的“父子关系”备受诟病。密特朗执政后试图改变戴高乐建立的法非特殊关系，但反复权衡后认为非洲关系到法国的巨大利益，法非关系不仅不能削弱还需加强。法国失去非洲将无法称其为世界性大国。密特朗还强行在非洲推行西方民主，使不少非洲国家陷入极大混乱。1995年，希拉克当选总统不久，便授予富卡尔大将军荣誉勋章，肯定了“法非特殊关系”这段历史。

萨科齐执政后，提出与法国外交传统决裂、改变法非特殊关系的思想，减少对非洲的安全承诺和援助额度，但随即发现法国对非洲事务的影响力下降违背了法国的战略利益。实践证明了法国离不开非洲，遂又回归传统的对非政策。奥朗德总统也提出类似的与非洲建立正常关系的对非政策，不再对非搞秘密外交，法国单枪匹马地处理马里危机表明法国仍视非洲为自己的后院。2012年，法国在吉布提、塞内加尔、乍得、加蓬、科特迪瓦保留有军事基地，在多哥、中非等国保留有行动基地，长期派有驻军。联合国授权打击索马里海盗后，法国在塞舌尔派驻了军队。一些法语国家的安全至今仍依靠法国军队维持，亦即没有法国驻军，该国政权甚至难以生存。法国现提出对别国“非军事干预原则”，只有在联合国制授权的前提下才对外出兵。但在利益驱使下，法国可以要求联合国授权，如在利比亚、科特迪瓦、马里等国问题上。法国对非洲政策的变化只是表面上的，实质上并无改变。法国对非洲形势仍具有重大影响力。

博齐泽亡命国外后，先后到了刚果（金）、喀麦隆、南非、贝宁、卢旺达、肯尼亚、乌干达、南苏丹等非洲国家，最终于2013年8月初飞往法国。评论指出，法国是西方民主政体，坚决反对以非正常方式进行政权更替，却任由“塞雷卡”叛军联盟以军事叛乱和政变形式推翻民选总统。法国抛弃了博齐泽，默许乔托迪亚成为新的国家领导人，才使博齐泽成为丧家之犬，却又向博齐泽签发了入境许可，令人费解。

2013年8月8日，博齐泽接受法国国际广播电台专访，说他并未向法国提出政治避难的申请，而是来法探亲，因为他的家人一直以来就住在法国。博齐泽元配夫人和担任负责国防事务部长级代表的长子、担任议员的次子等人长住中非，其他“妻子”和子女却长驻法国。博齐泽青年时代曾在法求学并在法国军队服役，说不定也拥有法国国籍。这种现象在非洲国家领导人中普遍存在。博齐泽对法国既怨又恨却离不开，说他已提出会见法国领导人的要求，但正逢假期，还没有联系上。他将在法国停留一段时间，与旅法中非侨胞讨论成立恢复中非宪政秩序联盟问题，该机构的目的是追踪中非形势，揭露在国内发生的一切，向国际社会通报中非的严重危机和悲剧，并在情况允许时重新夺取政权。首先通过政治途径，若找不到政治解决方法将通过其他方式解决。博齐泽尽量避免提及武力方式，以免使法国不快。

博齐泽在专访中抱怨乍得背叛了他，法国抛弃了他。他说，“塞雷卡”之所以能够占领首都，是因为得到了外国力量的支持。我不想说出这些国家的名字，以免引发争论，但又不得不提到乍得。乍得代比总统本是我的老朋友，为何背叛我，我实在想不通，百思不得其解。政变后，“中共体”和非盟没有要求乔托迪亚恢复宪政体制，而是与之谈判成立了过渡政权，这是非法的。政变者都是罪犯，能干出什么好事？我们看到的是灾难、混乱、无序。依靠谁来改变现状或重回班吉执掌政权？法国一直站在我们一边，牢牢地掌控着中非局势，现又与中部非洲的其他伙伴国一起，导致了中非的败局。只有法国有能力与非盟一起解决中非问题。我们可以做一些事情。我是民主派，尊重宪法，我做应做的和可以做的。若人民抛弃我，我会自愿走开。我不会采取剧烈的行动，因为人民业已经受了太多的苦难，必须寻求能够拯救人民的途径和方式。博齐泽希望以弱者的身份和口吻博取同情，却忘记了他本人于2003年通过武装政变夺取政权并自封为总统的历史。

对博齐泽在法国不断发表谈话，中非过渡政府方面无任何反应，倒是乍得方面有所回应，要求中非过渡政府加以说明：一是博齐泽声明未排除通过武力夺取政权，为何不做反应？二是法国让博齐泽入境，法国领导人还可能加以会见，后果难测。三是中非过渡政权曾对博齐泽及身边人员发出国际通缉令，现在怎么不做声了？已采取了具体措施还是仅停留在口头声明上？四是国内形势不断恶化，如何制止日趋强烈的暴力行为？乍得再次遗憾地看到，中非政府不遵守外交惯例，没有对外交往能力，因而在事关本国前途特别是本国人民利益的问题上失声，而在野各政党领导人却竞相发表声明，只会使局势更加混乱。

博齐泽法国之行引发大量评论和猜测。认为博齐泽四处活动必然对中非过渡政府寻求国际承认的努力造成干扰。中非过渡政府虽然对博齐泽发出了国际通缉令，却未能阻止博齐泽通行无阻。博齐泽在非洲国家间行走尚能理解，而到法国而且与过渡政府总理蒂昂盖伊同时在法国活动，实在令中非过渡政府难堪。究其原因，一是国际社会并不认为博齐泽犯有侵犯人权罪，政治上仍然清白，国际社会仍对现政权的合法性提出质疑，博齐泽仍有可能卷土重来。二是博齐泽虽发誓要夺回政权，但迄未公开宣布将发动武装斗争，仍在通过政治和外交方式恢复宪政制度，容易引起同情。有人担心博齐泽可能像当年博卡萨那样从法国潜回中非夺权，更有人担心博齐泽寻求法国帮助以便正式发动叛乱。班吉政变当局尚未得到国际广泛承认，法国始终不愿接待乔托迪亚往访，中非政府高度关注博齐泽在法行踪。

博齐泽法国之行再次说明法国在中非危机中所起的重要作用。爱丽舍宫接受博齐泽访法，借以表明法在中非危机中的不干预政策和中立地位。追捕博齐泽是中非现政权的事，与法无关。法国若干预博齐泽行踪，将会被认为是干预中非内政。这种情况证明，乔托迪亚不敢得罪法国，未要求法国逮捕和引渡博齐泽，外交上尚未站稳脚跟，其影响力和国际承认度还仅限于中部非洲地区。博齐泽四处活动令当局担忧。非洲有句谚语：母鸡焦躁不安时，就是要下蛋了。博齐泽的活动值得注意。

中非《挚友报》社论指出，博齐泽将军统治国家长达10年之久，中非面临的所有问题非但未减轻而是在加剧。比如全国的道路状态日坏，已成为全世界最坏的道路。他作为最高军事统帅，军队战斗力日弱，最后被“塞雷卡”推翻。他绝无东山再起之力，别国也不会给他重新执政的机会。他在法国际广播电台的谈话只是一种儿童式的絮叨。博齐泽本是魔鬼，“塞雷卡”亦非天使，中非人民不欢迎他们。必须由其他的领袖人物来收拾残局，广大民众对过渡期结束后的选举寄予厚望。

法国向博齐泽签发入境签证，再次印证了法国对非洲国家玩弄两手的一贯做法：表面上不干预内政，实际是以经过巧妙包装的方式干预内政。不论是“塞雷卡”武力夺权，还是在政变后大肆打砸抢掠烧杀，法国都未干预。对于中非现政权发出对博齐泽的国际通缉令，法国也未予置理。既未承认“塞雷卡”政权，也未完全抛弃博齐泽，利用博齐泽向“塞雷卡”施压。法国在中非始终保持着强大的外交、政治、经济和军事存在，对过渡政府在过渡期的所有重大决定施加决定性影响。

法国后来承认，向博齐泽发放了为期3个月的签证。博齐泽可以在法国全境自由行动，但已告诫他不能再对中非局势发表公开评论，不能对为期18个月的过渡期制造困难，影响法国对过渡期结束后的政治安排。后来，博齐泽逐渐趋于沉寂，不再发声了。这就是法国的作用。

“反巴拉卡”基督教民兵组织运动兴起后，法国认为背后有博齐泽的影子，遂决定对博齐泽进行制裁，此是后话。

政变后首个独立节

1960年8月13日中非宣布独立，这天便定为国家独立日。每年今天，中非都要举办各种“独立日”庆祝活动。2013年的独立节却显得异常冷清，只在几个教堂和清真寺举行宗教活动，一些部长代表过渡国家元首出席。过渡国家元首乔托迪亚发表了独立节广播讲话，主要内容如下：

独立53年来政治体制和经济建设探索停滞不前，2013年3月24日才是中非人民共同命运不可逆转的转折之日。中非人民业已成熟，应使之在经济与社会发展中发挥真正的促进作用。我呼吁过渡政府加倍努力。过渡政权要成为中非社会发展的催化剂和火车头，要倾听人民呼声。过渡期工作虽然缓慢，但在坚定的政治意愿推动下稳步前进，在协商一致的前提下治理国家，实现政治经济财政良政只是最低标准。政府将根据民意制定国家战略，并根据这一战略约束政府日常行为。政府各部门间协调一致，相互团结，是实现执政目标的黄金法则。政府有义务定期向人民通报所有工作情况。以前在公共事务中习以为常的有罪不罚现象，将绝不允许再次发生，将通过强有力的手段与这一现象作斗争。

从现在起，我们将集中精力建设国家，开发国家潜在的资源，并进行严格管理。为达此目的，政府和所有公民应共同努力，尽快实现国家和平。和平是国家实现可持续发展的首要条件。政府已采取了恢复安全的必要措施，现应集中力量阻止武器扩散和流通，不能再允许个人私藏武器，只有国防和国家安全部门在保护人民生命财产安全的情况下才有权利在全国范围内使用武器。

为实现平稳过渡的目标，必须实现和平，制定为全体人民服务的政治纲领，建立政府与民众间的互信，建立真正为民众服务的各级权力机构，尊重人权并在全国各大中学校广为宣传，以便为实现权力平稳和民主过渡创造有利条件。在各地区实施劳动密集型的发展项目和基础建设，扩大就业，进而达到发展经济、促进文化、保护环境的目的。提高青年技能，使妇女成为可持续发展的重要力量。

发现和提携新生的政治领导人，提高他们的能力，使之成为推动国家复兴的真正的领导者，进而成为使所有人都感到满意的国家财富。

有人想要摧毁我们的军队，制造分裂，在人民中间散布仇恨。不要听信他们的叫嚣。请相信，我们将尽一切努力避免重复过去曾发生过的一切痛苦事件。

乔托迪亚独立节讲话次日，8月14日，联合国安理会在讨论中非形势，中非驻联合国大使杜巴恩向安理会介绍情况。运笔至此，我与杜巴恩大使交往的一个有趣插曲涌上脑海。2012年9月6日，正在国内休假的杜巴恩大使打来电话，说他通过外交部礼宾司查到了我的电话，希望前来使馆拜会。我欣然应允。我们一见如故，相互介绍工作情况。杜巴恩大使向我讲起联合国投票的情形。西方大国往往以命令式的强硬口气要求小国投票支持其提案，否则将予以制裁。制裁形式多种多样，包括削减援助或在国际货币基金组织和世界银行讨论援款时阻挠甚至否决。小国有时在联合国支持某些国家的提案并非真意，而是出于不得已。

"塞雷卡"武装夺权后，杜巴恩大使被任命为过渡政府外长，而且在新政府名单中予以公布，遭到拒绝。原因是他在班吉的住处遭到"塞雷卡"数度抢劫，他不能接受，而且还要在联合国舞台上揭露"塞雷卡"的暴行。8月9日，外长经济顾问盖合马奇被任命为新任驻联合国大使，来馆拜会，因是老朋友，无话不谈。说他家虽也被"塞雷卡"洗劫，但以国家利益计，他还是接受了这一任命。但盖合马奇直到10月犹未赴任，杜巴恩大使仍以中非驻联合国大使身份活动。究其原因，中非外交部说因经费紧张，一直没有给杜巴恩大使寄送回国费用。杜巴恩无钱回国，只能继续留在纽约继续工作。这虽是题外话，也说明了发展中国家的部分情况。

杜巴恩大使首先向联合国有关机构和负责人表示感谢，说他听取了联合国秘书长关于中非形势的报告，请求联合国继续努力，克服困难，帮助中非实现和平稳定发展。他在即将离任之际，希望再次向国际社会介绍中非人民经受的苦难。

杜巴恩大使在讲话中说，昨天，2013年8月13日，中非共和国庆祝独立53周年。但独立53年来的历史，却是国家逐渐沉沦的历史。3月24日发生的事件更是对国家的致命一击。今天的中非共和国，权力机构、军队、法庭、公民社会甚至国家档案都已荡然无存。政府既无力向公务员发放工资，也无力为公民提供医疗和药品。国家作为战利品分发给有关人士，由他们管理、征税、指挥。首都之外全国4/5的人口情况更糟。中非人民已习惯于国家政府以非民主方式交替的现实，习惯于逃到丛林中躲避，以野果充饥。社会和谐被撕裂，百姓成为某些外来势力的人质。中非人民希望有人拯救他们，期待和平与安全，希望离开丛林回到各自的村庄，送孩子们上学。中非人民要求司法正义，让那些性侵妇女、烧毁房屋、抢劫财产的罪犯得到惩罚。中非人民希望永远不再发生军事政变和武装叛乱，能够自由地选举各级领导人，建立起各级政治和经济机构，重新掌握自己的命运，在一个稳定和平的国家生活，并与邻国友好相处。中非作为一个国家已彻底崩溃，国际社会应担负起应有责任，帮助在非洲心脏地带建立一个现代化、和平、安全、稳定、幸福的国家，建立一个全新的中非共和国。

安理会讨论中非形势后发表新闻公报，指出安理会各成员国代表在听取联合国驻中非代表团团长和秘书长特别代表盖伊中将、联合国人道事务副秘书长阿莫斯女士、人权事务助理秘书长西莫诺维奇的报告后，对中非的安全形势深感担忧，认为该国公共秩序已彻底崩溃，法治环境全面缺失。武装冲突和危机对该国乃至该地区的稳定构成严重威胁。全面践踏人权和人道主义状况持续恶化的态势令人担忧。这些主要是“塞雷卡”分子所为，他们肆意逮捕和关押，对妇女和儿童进行性侵犯，滥使酷刑，不经审判随意杀人，招收儿童兵，攻击无辜平民，犯下诸多罪行。安理会同时强烈谴责对联合国人员的攻击。

安理会要求中非当局担负起保护平民的责任，要求所有各方不再对平民使用暴力，遵守国际法和国际人道法，使人道主义组织无障碍地在全国各地行动，在安全环境下与民众接触。重申国际刑事法庭2013年8月7日有关中非共和国发生的侵犯人权的声明，要求当事者遵守国际人权法律，承担有关责任。希望国际社会响应联合国发出的人道主义呼吁，向中非人民提供援助。

安理会要求在政治领域尽快取得进展。要求所有各方加倍努力，遵守2013年1月11日利伯维尔协议和2013年4月18日恩贾梅纳声明。这两个文件是政治、和平解决中非危机的基础。要尽快采取措施，按照恩贾梅纳声明提出的日程表，进行自由、公正、透明的选举。

安理会赞赏中部非洲国家经济共同体、中非危机调解人、非洲联盟为解决危机所做的努力。赞赏非盟和平与安全委员会2013年7月19日所做决议，在中非部署非洲维和部队“中非支持和平特派团”。安理会对流窜到中非的乌干达上帝军重新恢复活动，加重中非的不安全状态感到担忧，呼吁有关国家、地区和次地区机构加强协调，进一步努力，消除上帝军的威胁。

何为乌干达上帝军？有必要稍作解释。以约瑟夫·科尼为首的这支武装匪徒，被乌干达政府军打败后逃至中部非洲地区，在乍得、喀麦隆、刚果（布）、刚果（金）、苏丹和中非等国流窜作案。这支200—300人的流寇队伍，化整为零，小股活动，机动性强，强征儿童兵，杀人越货，无恶不作，手段残忍，民众恨之入骨，对中部非洲地区国家安全构成严重威胁。中非是该地区安全形势最为脆弱的国家，地广人稀，是乌干达上帝军的主要藏身和活动区域。数年来，地区各国虽也派军围剿，收效甚微。2011年，美国以帮助剿除上帝军为名，向中部非洲派出特种部队，在有关国家设立长驻军事基地。评论称，美国以帮助剿匪之名，但并不参与军事行动，实际上是借机在非洲驻军，为必要时对地区形势进行军事干预做准备。中非政权易手导致安全状况恶化，上帝军更趋猖獗，百姓受苦愈甚。

联合国驻中非代表盖伊将军接受法国国际电台采访，认为乔托迪亚领导“塞雷卡”武装夺取政权5个月后，中非形势仍是悲剧性的。民众心中的希望虽未破灭，但生活极端困苦。侵犯人权的事件每天都在发生。过渡期终于正式启动，过渡期各种机制相继建立，困难仍然很多，特别是各派别之间分歧巨大，安全问题仍是最大的难题。但政治进程不会停止，最终将按期进行选举。非盟将在“中非支持和平特派团”名义下部署3600名维和人员，以保证过渡期的安全。民众对这支公正执法的部队寄予极大期待，希望该部队能保证自身的安全。非盟维和部队将首先维护首都班吉的安全，其次是从班吉到喀麦隆边境的公路安全。若能做到这一点，就已算是重大进展了。单靠中非政府或“塞雷卡”是绝对做不到的。中非当前的形势是，国家行政机构全面瘫痪，无人保护民众的安全，司法机构不复存在，业已得到控制的流行性疾病重新蔓延开来，民众日常生活难有保障，人心惶惶。一些民间团体自发组织起来保护自身安全，与“塞雷卡”发生武装冲突。这些“自我防卫组织”难以从根本上解决国家面临的安全问题。政府应担负起保护民众安全的责任。中非前政府时期的军队已被打散，一部分人逃亡到国外，一部分人潜回首都重新聚拢，等待时机。国际社会应该应对中非国家安全机制提出具体设想，应把前政府时期的警察和宪兵重新组织起来，经过训练，担负起维持首都秩序的责任。有人说乔托迪亚总统和蒂昂盖伊总理关系不顺，但为人民利益计，他们只能携手并进。联合国安理会提出将尽一切努力解决中非危机，将对一切侵犯人权的行为加以制裁。中非应尽快恢复司法体制，调查侵犯人权的情况，并对违法现象作出司法裁决。要有具体行动，使人看到不会发生有罪不罚的现象。

可以看出，国际社会对中非新生政权总体上仍持否定态度。

乔托迪亚正式宣誓就职但安全状况依旧

2013年8月18日，星期日。原国民议会大厦，现全国过渡委员会（临时议会）。按照过渡期宪法的规定，过渡期宪法正式颁布一个月内，过渡国家元首宣誓就职。这天，经全国过渡委员会通过，过渡国家元首、总理、全国过渡委主席共同签署，过渡国家元首乔托迪亚正式颁布生效的过渡宪法恰好一个月。

过渡国家元首宣誓就职议程如下：早6时30分，仪仗队和安全部队就绪。7时，民族舞蹈队和艺术队、现代舞蹈队和演唱队进入场地，开始表演各类节目。7时15分，应邀出席仪式的普通观众和首都班吉市8个区的区长就座。7时20分，各社会团体、工会、雇主协会负责人就座。7时25分，各政党领导人就位。7时30分，宗教团体代表就座。7时35分，全国青年协会主席和班吉市8个区各区议员就座。7时40分，班吉特别行政区主席（市长）就座。7时45分，全国过渡委员会、过渡政府总理府办公厅、国家元首办公厅人员就座。7时55分，法律界负责人就座。8时，全国过渡委员会执行局成员就座。8时10分，过渡期宪法委员会成员就座。8时15分，出席仪式的外国代表团就座。8时20分，驻中非外交使团、领事机构和国际组织代表就座。8时30分，过渡期政府内阁成员就座。8时50分，出席仪式的有关国家元首和国际组织代表就座。9时，全国过渡委员会主席就座。9时10分，全国过渡政府总理就座。9时30分，应邀出席仪式的"中共体"国家元首和夫人就座。9时40分，中非共和国国旗安放仪式。9时50分，共和国总统、过渡国家元首就座。宪法委员会主席宣布宣誓仪式开始，过渡国家元首宣誓就职。

国家最高领导人宣誓就职，是一个国家政治生活中最为严肃的事件之一，不得有半点马虎，不得迟到。但当我与其他外交代表团成员按时抵达会场后，却惊异地发现，会场尚未布置，不少人正手忙脚乱地拉电线，抬桌子，铺桌布，搬椅子。会场布置完毕时已是上午9时以后了。大家只好按惯例等待。长时间等待对人的体力和耐心都是一种煎熬，大家只能忍受。有人悄声议论："塞雷卡"夺权彻底颠覆了中非社会，只是领导人出席活动时让人等待这一点没有变化。

12时30分，宪法委员会的9名法官，5男4女根据级别，头戴黑色或红色圆顶软帽，身穿黑色或红色长袍，鱼贯而入，在主席台就座。有关法官们是否穿欧式长袍监督宣誓一事，有这样一段小插曲：中非问题后续委员会坚决要求，过渡国家元首必须依据过渡宪法按期宣誓就职。后续委会议上，有人提出中非所有权力机构都被"塞雷卡"摧毁和抢劫一空，宪法法院法官主持宣誓仪式肯定没有法国式的法官长袍可穿，怎么办？最后得出结论：长袍必须穿，没有就借。或向邻国借，或向法国借。严格执行过渡期宪法，在任何细节上都不能走样。否则，口子一开，后患无穷。在这种情况下，法官们才穿上了长袍。远远看去，坐在主席台的9个宪法法院法官们"借穿"的长袍倒也合身。在赤道非洲，身穿厚重长袍的法官们，不知热也不热？肯定热，但只能忍耐。

法官们就座后，司仪邀请前来出席中非过渡国家元首就职仪式的外国贵宾入座。全场起立，以热烈的掌声欢迎中部非洲国家经济共同体执行主席乍得总统代比、中非问题协调人刚果（布）总统萨苏，代表有关国家元首出席仪式的加蓬议长、喀麦隆和刚果（金）第一副总理、苏丹国防部长入座。中非第一夫人入座，过渡元首入座。

宪法委员会主席扎查里·恩杜巴宣布，经宪法委员会审查，乔托迪亚当选过渡国家元首符合宪法，当选有效。现请乔托迪亚先生宣誓，正式就任过渡国家元首。

根据宪法委员会主席的要求，乔托迪亚走上主席台，在国旗旁站定，左手放在过渡期宪法上，右手高举过头顶，宣读过渡期宪法第24条国家的元首就职誓词：

> 我，米歇尔·乔托迪亚，过渡期国家元首，在上帝和全民族面前宣誓：不折不扣地执行过渡期宪法，保证共和国的独立和稳定，维护领土完整，实现和平和民族团结，保护中非人民财产。我将努力完成自己的使命，绝不掺

杂任何族群、地区、宗教和信仰成分，绝不超出过渡期宪法和共和国法律的有关规定。为中非人民的利益和尊严服务，绝不掺杂任何个人目的。

宣誓后，宪法法院院长把代表国家最高权力的大军官勋章——金质大十字勋章斜挂在乔托迪亚肩上，大声宣布乔托迪亚先生已正式就任过渡期国家元首，行使国家最高权力。身穿民族服装的长者把一个野藤编织的盾牌和一把长刀交给国家元首，象征着元首领导人民用武力抵御外敌，捍卫国家领土完整。身穿长裙的少女把装满香蕉、木薯等日常食物的篮子交给元首，意寓元首将保证人民在过渡期丰衣足食。

看着长者将一块布斜披在肩头往下缠在腰上再往下系在腿上，少女手捧盛装着各色水果的食篮，我对非洲主要是赤道非洲“穿衣一块布，吃饭一棵树”有了真实的理解。

正式成为法定国家元首后，乔托迪亚即席讲话：我深知在过渡期责任重大，既要恢复国家安全，保证中非人民安全地生活，又要重建政府权威，组建一支真正的共和国军队，还要实现良政，维护国家体制的世俗性质，更要在过渡期结束后举行可信与平静的选举，以使新政权在毫无争议的情况下执政。

乔托迪亚和夫人在主席台中央虚位以待的两个高背椅上就座，接受全场鼓掌和民众欢呼。会场外乐队高奏国歌，鸣礼炮21响。

乍得和刚果（布）两国元首打头，带领应邀出席仪式的外国代表团走上台去，向乔托迪亚表示热烈祝贺。出席仪式的成员们列队上台，祝贺新任国家元首。上千人依次与过渡国家元首夫妇握手，拥抱，还要说上几句祝贺的话。待仪式结束，已是下午4时。乍得总统代比向乔托迪亚表示祝贺后即直奔机场，搭乘专机回国。

按议程要求，宣誓仪式后还要在议会大厦前的高台阶上集体照相，但外交使团和国际组织代表中多人已因饥渴难耐和体力不支而提前离场，前往莱杰饭店等待出席随后举行的冷餐会，顺便稍事休息。

刚果（布）总统萨苏以中非问题协调人和后续委员会主席身份，在回国之前主持中非问题后续委员会会议。后续委成员国中国、法国、乍得、刚果（金）、刚果（布）、喀麦隆、加蓬、赤道几内亚等国驻中非大使，联合国、非盟、欧盟等国际机构代表出席。中非过渡国家元首乔托迪亚、过渡政府总理蒂昂盖伊、全国过渡委员会主席恩根代应邀列席。

萨苏总统首先讲话，祝贺乔托迪亚正式就任中非过渡国家元首，表示作为国际社会的代表，有幸看到了这个历史性的场景。希望中非政府按照利伯维尔协议、恩贾梅纳峰会制定的过渡时期路线图，亚的斯亚贝巴和布拉柴维尔中非问题联络小组会议的精神，遵守对国际社会的承诺，实现国家稳定，在所有领域都取得具体成果，为在18个月过渡期结束后进行的立法和总统选举打下良好基础。后续委将与联合国、非盟、欧盟等国际组织一起，呼吁国际社会向中非提供援助。中非不能成为被国际社会遗忘的国家，更不能任由其衰败沉沦。但中非问题首先应由中非人自己解决，不能依靠别人。一是建立集体安全机制。非盟维和部队将担负起责任，但重建警察和国家军队是过渡政府分内之事。二是迅速遣散“塞雷卡”人员。“塞雷卡”已由最初的4000人膨胀为2.5万—3万人，必须采取果敢措施加强约束，加快遣散进程。国际社会正在密切注视中非过渡政权的一切行为。他说，我们满怀希望而来，满心欢喜而去，以后还会随时前来。后续委员会还将定期向“中共体”提交报告。让我们共同努力，以便对历史有所交代。

过渡国家元首乔托迪亚在萨苏总统要求下讲话，表示在宣誓担任过渡期国家元首的历史性时刻，愿与大家一起分享快乐。30年来，中非人民一直在经受战乱和苦难，过渡政权的首要任务便是重建和平，实现民族和解，进而建立持久有效的国家各级政权，希望得到国际社会的支持。他将遵守所做的承诺，说话算数，希望自己能够成为中非历史上最后一个通过武力夺取权力的人。

过渡政府总理蒂昂盖伊接过话头，说在今天这个历史性的时刻，他不能不讲话。虽然要感谢大家所做的一切，但国家面临的四大挑战却不能回避。一是建立宪政体制。过渡政府要在民主、法治、各政治派别平等参与的前提下实现全国和解，民族团结，成立全国选举委员会，为公正、透明、平等的选举做好准备。二是实现国家的和平与稳定。中非各级政权已被彻底摧毁，国家军队和警察不复存在，希望在非洲维和部队帮助下重建军队和治安力量。三是国家财政极度困难。2013年国民经济下降11%，国家宏观经济业已崩溃，成为破产国家，亟须国际经济援助，以避免出现最坏的情况。四是人道主义形势日趋恶化。全国400多万人口都受到战争的影响，150万人流离失所。欧盟虽提供了2000万欧元的人道主义援助，但远远不够，强烈呼吁国际社会大量提供人道援助。由于全国都处于战争环境之中，非政府组织和国际援助机构无法接近灾民。

乔托迪亚宣誓就职过渡期国家元首的日子里，中非的安全状态是否有所好转了呢？因为“塞雷卡”的领袖已达到了目的，登上了国家最高权力宝座。非也。

8月16日下午5时，乔托迪亚到刚果（布）与萨苏总统面商宣誓就职仪式有关事宜后回国。全副武装的总统卫队接上乔托迪亚即离开机场，绝尘而去。一辆总统卫队皮卡车掉队，开足马力急追。“塞雷卡”使用的多为抢劫的民用车辆，司机和士兵为威慑市民横冲直撞，在坎坷不平的首都路面上扬起漫天尘土。每辆车都挤着10多个士兵，更有人习惯于高举枪支，或坐或爬在车顶上耀武扬威。这次掉队的总统卫队车辆也不例外。车子大声鸣笛，肆无忌惮地在十分破败的道路上狂奔，行人和车辆纷纷躲避。就在车子开到班吉大学前时，与从旁边道路上拐上大道来不及躲避的小汽车相撞，两辆车顿时都成了废铁。4个班吉大学医学院学生和3个“塞雷卡”士兵当场死亡。“塞雷卡”报废的汽车当时就被拉走，装载4个医学院学生的小汽车一周后还摆在路边，无声地向每一个过往的行人数说着自己的遭遇。班吉大学紧邻中国驻中非使馆，我每次外事活动来回都会看到这辆可怜的严重变形的汽车，回想起那场可怕的车祸。

“塞雷卡”攻入班吉以来，类似车祸已发生过多起。

8月17日，乔托迪亚宣誓就职前一晚。班吉市里，时断时续的枪声不时响起，每次延续长达数分钟，非常密集，间或夹杂有数声炮响。次日到议会出席宣誓仪式时，我向同来的外交使团和中非政府成员探听消息，政府成员的正式答复是博齐泽残余分子企图破坏今天的活动，特别是企图吓阻中部非洲共同体国家领导人出席仪式，但他们没有得逞。过渡元首宣誓就职仪式照常举行，只是“塞雷卡”明显加强在班吉市的警卫和巡逻。我在沿途和议会大楼外所见确实如此。荷枪实弹的“塞雷卡”士兵严阵以待，兵车上架着机枪和小口径火炮，多日不见的情形再度显现。

8月18日和19日夜，不同制式轻重武器发出的轰鸣声彻夜未停。断水停电较往日更加频繁，时间更长。20日下午，乔托迪亚宣誓后两天，班吉市博伊哈布、博伊纳两个城区发生激烈枪战，大批市民外出躲避。使馆门前的烈士大道上，惊恐万状的人们胡乱喊叫着朝着机场方向奔跑，场面极度混乱。我紧急与中非公共安全部长、“塞雷卡”军事负责人阿达姆通话，了解情况。对方答复说政府部门派出大批军事人员收缴非法武器，遭遇抵抗，发生枪战。前总统博齐泽逃离前向追随者发放大批武器，这些人企图与政府军发动“城市游击战”。法国驻中非使馆告:“塞雷卡”士兵借收缴非法武器之机大肆抢劫，导致14人死亡，数十人受伤，近千市民到法国驻军控制的机场和法军营地寻求安全保护。这次大规模扫荡行动，既未通知中共体维和部队，也未通知法国驻军，甚至未通知军队总长，是“塞雷卡”单独行为，亦即乔托迪亚单方面作出的决定。由于时机选在出席乔托迪亚就职仪式的各国代表团回国之后，法国认为“塞雷卡”此举极不正常。与其说是清剿博齐泽残余分子，不如说是寻找机会抢劫。因为“塞雷卡”不发军饷，没有饭吃，过几天就要抢劫一次。

在我国使馆工作的外籍雇员告诉我：他20日从使馆下班后回家稍晚，路遇持枪的“塞雷卡”抢劫，数人把他围在中间，搜去随身的4000非洲法郎及身份证和驾照。幸亏他事先把手机藏在鞋子里，没被发现。他最为担心的是若手机此时响起，不只是手机会被抢走，一阵暴打绝对避免不了，甚至可能会搭上性命。抢劫随身物品之后，对方厉声另问他是什么人，为何单独在晚间行走。他回称在中国使馆工作，现下班回家。“塞雷卡”士兵随他到家门前，让他叫门，听到屋里孩子喊“爸爸回来了”，才转身离去。

8月21日，中非过渡政府宣布，已抓捕了19名参与闹事的“塞雷卡”士兵交给司法部门审判，还收缴了一批被抢的物品。乔托迪亚总统（依照宪法应称为过渡元首，但一般人仍称为总统）向遇难者家属道歉，象征性地支付了赔偿款，还向3个在玩足球时遭炮弹“误伤”致残的儿童赠送轮椅。公共安全部长阿达姆被解职，出任总统府顾问。民众愤怒情绪仍难平息，报章连篇累牍地发表声讨文章和声明。

在法国的前总统博齐泽得知乔托迪亚宣誓就职，以及乍得和刚果（布）两国总统还专程出席仪式的消息，“勃然大怒”，说代比和萨苏抛弃了他，是导致他下台的真正幕后黑手。“在宣誓仪式正在举行之时，如果有人能向议会大厅发射几枚导弹，我将会是世界上最幸福的人。”评论称，乔托迪亚宣誓就职，标志着过渡期正式开始，同时标志着乔托迪亚执掌权柄的时间正式进入倒计时，还标志着博齐泽自3月24日被政变推翻后被正式排除在国家权力之外。博齐泽在中非历史上占有的一页被永远揭过去了。

过渡国家元首宣誓就职两周后，传出元首宣誓当日斜挂在肩头的大十字金质勋章并非货真价值，是个假货，国家花了冤枉钱。当初为制作这枚勋章，国家勋位委员会曾向社会招标，标底为6亿非洲法郎（约合120万美元），要求用24K纯金制造。中标的珠宝店被指称为亲近前总统博齐泽而被剥夺资格，一家塞内加尔珠宝商受托制造。这枚象征着国家最高权力的勋章毕竟不同于凡物，受到高度重视并永久珍藏，最终却被人认出有假，属于一种“闪烁金光”的材料，而不是所要求的24K纯金。勋位委员会有关人员和珠宝商近10人以诈骗、造假罪入狱。大十字勋章成为一场笑谈。

班吉市民占领机场迫使当局让步

2013年8月27日晚8时，4000名市民占领班吉国际机场，酿成“塞雷卡”武装政变后最为严重的事件。中非地处非洲中心，是一个典型的内陆国家，陆路通往喀麦隆杜阿拉港口近2000公里，因路况极差难以通行，最好情况下也需两个星期。“塞雷卡”夺权后，长途运输因道路凶险而时断时续，主要靠由法国驻军控制的机场与外界联系。机场被抗议示威的群众占领，中非与外界沟通的唯一通道被切断，中非成为名副其实的孤岛。法国航空公司本应于29日上午抵达的班机推迟至晚上9时30分，后又宣布取消。这是自法航班机2012年12月26日半途折返后，第二次取消飞往班吉的航班。

占领机场的班吉市民称，“塞雷卡”士兵以收缴武器为名连续数日大肆抢劫，与居民发生激烈冲突，有的家族被多次光顾已无法生活，20人被枪杀，80多人受伤。2000多人到中国援建的友谊医院躲避，机场附近的市民到机场寻求法国军队保护。消息称占领机场的抗议者既有自发前往者，也有人在背后煽动和组织，意在向过渡政府施压：一是“塞雷卡”士兵不敢前去镇压，因为有法国士兵把守，是当前最为安全的抗议场所。二是可以制造轰动效应，引起国际注意。三是可明确表达要求法国干预中非形势的诉求。法国总统奥朗德27日在年度例行驻外使节会议讲话中要求国际社会采取切实行动，使班吉市民看到希望，受到鼓舞。奥朗德讲话后数小时即发生了这一事件。

进入8月以来，关于法国将对中非局势进行干预的传言不少。许多中非人认为“塞雷卡”难以有效管治国家，法国不会袖手旁观。最主要的两个迹象是，一是马里战争业已结束，在法国主导下进行了总统选举，二是被推翻总统博齐泽在法国活动业已数周，法国公开谴责“塞雷卡”罪行却未对博齐泽的言行加以约束，明里暗里批评政变当局治国无方，草菅人命，国家愈乱，百姓愈苦。法国为干预马里局势，出兵北方打击分裂势力，伊斯兰极端势力被整体摧毁。法国又出资数亿欧元主导马里总统选举，取得了预期效果，并与非盟一起在马里维和，后又推动联合国安理会通过对马里维和决议，基本达到了预定目标，应说是成功的。马里民众对法国的感谢之声不绝于耳。另外，法国接待博齐泽与法国自诩为人权大国的地位不符。法国也曾不断指责博齐泽侵犯人权，犯有严重罪行，况且中非政府已发出了国际通缉令。法国的举动在国际上引发众多猜测，有人甚至说法国支持博齐泽重新执政。

8月23日，奥朗德总统接见在中非从事人道援助的8个非政府组织代表，随后接见记者，表示对中非混乱的人道形势深感担忧，必须尽快恢复国家安全。法国尚未就解决中非问题提出任何设想，现只希望联合国发挥更大作用，支持地区组织在中非的维和行动，并向在当地实施人道主义援助的非政府组织增加200万欧元财政支持。

奥朗德总统8月27日在使节会议讲话中谈到法国的非洲政策时称：法国在非洲的军事行动并非是要代替非洲人行事，而是在与非洲人一起行动。法国在马里的军事行动便是如此。虽然有7名法国军人牺牲，但法国在马里的军事行动却成功地赶走了恐怖分子，解放了马里领土，恢复国家安全，保证了马里政权顺利过渡，总统选举顺利进行。在前后只有8个月的时间里，能够取得如此成就实属罕见。法国虽将减少在马里驻军数量，但不会放松警惕，还将继续帮助马里重建，保证马里安全，促进马里发展。在刚果（金）的暴力行为还在继续，妇女和儿童是主要受害者。法国还推动联合国向有关地区派出维和部队。现在，必须立即在中非采取行动。中非已处于“索马里化”的边缘，6万儿童有可能死于营养不良，150万人流离失所。法国呼吁非盟和联合国关注中非局势，法国愿提供帮助，但首先应该由非洲人负责自己的安全。法国支持非盟有关建立非洲联合部队的设想。几内亚湾海上安全问题国际会议之后，法国提出2013年12月在爱丽舍宫召开非洲安全峰会，共同讨论为非洲国家提供军事，以及提供装备等问题。欧盟国家领导人将与会。非洲是充满希望的大陆，应由他们自己掌控自己的命运。法国将站在非洲一边，而不谋求任何私利。

奥朗德提出2013年12月在法国总统府召开的峰会，是法国与非洲关系史上第一次专门讨论反恐和向非洲国家提供军事援助的首脑会议。奥朗德强调，近年来非洲安全问题日益突出，针对法国在非洲目标的恐怖行动明显增长，多名法国技术人员和旅客被劫持并遭杀害，法国必须履行对非洲的安全责任，因此决定召开首次法非反恐峰会。

奥朗德明确表示法国不会对非洲置之不理的立场，占领机场的群众顺势强烈要求法国作为前宗主国对中非形势进行干预，改变中非民众遭受随意枪杀和抢劫的处境。法国驻中非使馆人员在接受询问时说，若“塞雷卡”士兵企图进入机场，法驻军肯定会开枪阻挡，但抗议民众通过占领机场的方式表达对政府的不满和诉求，法国军人不仅没有阻拦，还主动把武器由胸前挪到身后。法军还向抗议群众提供饮水。事发后，中非政府感受到了巨大压力。新任公共安全部长比努瓦发表广播讲话，说过渡国家元首乔托迪亚主持国家安全委员会会议并作出决定，“塞雷卡”士兵将把维持首都安全秩序的任务交付给国家警察和宪兵，将不会再发生民众遭“塞雷卡”欺凌的事件，请大家不要受人操纵，应尽快撤离机场。政府有关部门部长和宗教领袖前往机场劝说大家撤离，遭到愤怒的群众严词拒绝。

29日，占领机场的群众仍达3000余人。过渡元首乔托迪亚、政府成员和天主教与伊斯兰教两大教派领袖集体接见抗议群众代表。抗议方提出：立即集结“塞雷卡”士兵，由国家警察和宪兵维持首都安全秩序；恢复“塞雷卡”以收缴武器为名搞乱的街区秩序和安宁；“塞雷卡”中的乍得武装人员撤离回国。若乔托迪亚无法兑现宣誓就职时所做的实现国家安定和恢复经济增长承诺，应引咎辞职。乔托迪亚回称：对民众的利益和安全受到损害表示同情，这样的结果绝非他本意；政府将出资1000万非洲法郎（约合2万美元）赔偿民众损失；集结“塞雷卡”士兵，各届代表可前往察看；由国家警察和宪兵维持首都秩序。

“中共体”中非问题协调人、后续委主席刚果（布）总统萨苏特别代表埃松戈将军召开后续委会议，通报情况和研究对策。我作为后续委成员与会。联合国驻中非代表盖伊将军说，班吉市民占领机场事件是一个强烈信号，说明民众对“塞雷卡”所为已忍无可忍，对过渡政权深感失望，亦深感被国际社会抛弃。民众针对“塞雷卡”暴行而进行的自发性自卫行动和自卫组织不断出现，但鱼龙混杂，有些组织在自卫的同时又抢劫别人，造成新的人道主义灾难。现已出现全国性粮食危机，许多人感到已无生路。会上，大家达成一致，集体紧急约见过渡国家元首乔托迪亚，说明中非局势的严重性及国际社会的担忧，提请过渡政府注意，并提出有关要求。

29日下午，过渡国家元首和政府有关部长与后续委全体成员举行集体会晤，联合国代表盖伊将军代表后续委全体成员讲话，宣读事先通过的《后续委成员关于安全问题对过渡国家元首的建议》。该建议表示：2013年8月28日，后续委召开紧急会议讨论班吉市和外地的安全形势，决定向过渡国家元首递交他们对最新事态的分析和解决当前危机的有关建议。由于有人以收缴武器为名犯下多种暴徒且至今逍遥法外，班吉市的安全形势数日来严重恶化。在其他地区，“塞雷卡”取代当地政府行使权力，任意胡为，把本应由国家征取的税收据为己有。后续委提请过渡国家元首注意班吉国际机场被市民占领事件，该事件已演变为民众对自身所受苦难举行抗议的一种独特方式。后续委赞赏过渡国家元首作出不再由“塞雷卡”分子维持首都秩序的决定，对元首委托公共安全部长全权负责，并由国家警察和宪兵维护首都秩序的决定表示满意。后续委向过渡国家元首提出四点要求：向国家警察和宪兵提供良好装备；集结在首都活动“塞雷卡”士兵严加管理并提供正常饮食和零用费，以免他们因生活无着而抢劫；各省的“塞雷卡”士兵到省府集结；集中收缴并严格监管“塞雷卡”士兵的武器，由国家在全国范围内征取各类税收，重建中央政府权威。

乔托迪亚对后续委所做分析和建议表示感谢，对后续委各成员国大使和国际组织代表在困难时期与中非人民一起应对危机表示感谢，解释说班吉市民占领机场，一部分人确实因受到了伤害感到愤怒，但也有部分人因受人煽动参与其中。前政权在下台前向部分市民发放武器，应对当前的形势负一定责任。法国驻军负责机场安全，不应让市民进入机场。中非现政权在恢复国家和平、保护外交使团安全等方面作出了努力，相信很快将会有成果。但要从实际出发，不可能立即见效，需要时间。中非政府财政极端困难，需要得到国际援助，希望国际社会提供财政支持。

盖伊将军对乔托迪亚所做承诺表示赞赏，说只要看到过渡政府确实作出了努力，如在集结“塞雷卡”士兵和集中管理武器方面取得成效并经实地考察，联合国、非盟、欧盟、世界银行、非洲开发银行等政治和金融国际机构将会提供所需的财政援助。希望在联合国安理会9月开会讨论中非形势前取得进展。

后续委集体约见过渡国家元首后，认为乔托迪亚至少在口头上接受了有关建议，这种“明确而礼貌的压力”起到了一定作用，既需要给他一定时间来解决面临的诸多问题，又要对形势中的不确定因素给予充分估计，解决中非问题的道路仍然漫长。

欧盟驻中非代表桑赞大使自2009年10月到任，2013年8月底任期结束。本应于8月29日乘法航经巴黎返回布鲁塞尔，因班吉机场被民众占领而推迟行期。桑赞大使在临行前接受记者采访，说他先后在多哥、尼日利亚、加纳任职，在中非的任期比在其他国家更为艰巨和艰苦。其间发生了很多事情：先是总统选举和立法选举未能如期举行，在国际社会多方工作和坚持下，经过18个月的努力才得以举行。但选举出现许多问题，作弊现象严重，特别是博齐泽创立的劳动党在国民议会一党独大，失去监督。不只是反对党与执政党关系紧张，民众与政府关系也出现紧张。反对党联盟成立了取消选举结果阵线，要求重新选举。由于重新组织选举事体重大，国际社会没有同意，但欧盟就此提出交涉，要求与反对派各政党进行平等对话，以消除分歧，但总统也听不进去。随着时间推移，经济和社会形势持续恶化，更严重的是侵犯人权现象日趋增多。

桑赞大使还说，“塞雷卡”发难后，国际社会极力调停，促成冲突各方签署了利伯维尔协议，阻止住了“塞雷卡”进攻首都的势头。利伯维尔协议对博齐泽是有利的。他若遵守该协议，将会执政至2016年。但他没有抓住机会，没有与联合政府其他派别建立良好的关系并进行认真对话，而是向忠于自己的民众发放枪支，发动反穆斯林运动，最终导致了“塞雷卡”政变。“塞雷卡”执政后实行历史上胜利者对待战败者的作法，大肆追捕前政权领导人，许多追随他政变的人被任命为总统府部长级顾问。中非多国部队统计的“塞雷卡”人数为4000人，现在却告诉我们是20000人。欧盟是中非的主要资金提供方，也是政变后唯一没有中止援助的一方，到2009年10月底，共提供1.34亿欧元发展援助。若国家稳定，欧盟与中非的发展合作将取得较大进展。欧盟在全国各地有多个发展项目，同时提供司法、政府预算、农村发展、安全等援助，总额达2500万—3500万欧元，另有1000万欧元的公共秩序援助用于培训警察和宪兵，还有新闻、保护人权等援助。欧盟是向中非提供人道主义援助最多的一方，每年达800万欧元。欧盟已决定把2013年的援助总额由1200万欧元提高到2000万欧元。欧盟对中非前途深表担心，要求中非现政权执行利伯维尔协议，特别是要遵守过渡宪法。否则，一切都将变得无法预料。

独立53年政变五次经济停滞民生疾苦

1960年8月13日，中非在非洲国家的独立浪潮中脱离法国殖民统治宣告独立，但独立53年来的历史，实际上却是一部在政治动荡，经济停滞，社会混乱等恶性循环中挣扎的历史。中非独立之父巴尔特莱米·博冈达是一个具有独立见解、战略眼光和国家建设长远规划的领导人，提出“团结、尊严、劳动”的立国箴言和推进非洲联合的泛非计划，却于1959年3月27日因飞机失事身亡，至今原因不明。由于博冈达对国家独立的贡献，人们仍习惯于称之为总统。

在国家独立后举行的首次选举中，法国殖民当局支持的候选人大卫·达科击败博冈达指定的继承人阿贝尔·古姆巴，当选为中非共和国首任总统。达科虽因得到法国扶持才得以上台，后来却逐渐表现出不大听话的迹象，法国遂毫不犹豫地决定换人。1964年9月，中非与中华人民共和国建交，两国关系在建交后发展较快。有评论称，法国策动政变的主要原因之一，是阻止达科与中华人民共和国发展关系。

1966年1月1日，让-贝德尔·博卡萨在法国支持下发动政变，推翻达科，宣布废除宪法，解散议会，自任总统。这是中非独立后的首次政变。据称，博卡萨与达科还是表兄弟关系。博卡萨表示绝对忠诚法国，称戴高乐将军为“爸爸”。由于1969年4月发生未遂政变，使博卡萨感到只有通过铁腕统治和坚决镇压反对派才能永久执政，遂于1972年宣布自己为终身总统，进而于1977年12月宣布建立中非帝国，举行了盛大的博卡萨一世皇帝加冕典礼。

1979年9月20日，因疏远法国而被法国策动政变推翻的前总统大卫·达科，又在法国的支持下，发动政变推翻了法国扶植上台的博卡萨一世皇帝。中非帝国重新更名为中非共和国。

1981年9月1日，安德烈·科林巴发动政变，推翻达科，自任总统，这也是一次在法国“指导和帮助下”的政变。科林巴必须完全听命于法国。法国向中非政府派驻的顾问芒西荣上校负有多项使命，保证中非为法国的战略和经济利益服务。法国向中非提供一定经济援助，主要用于政府预算和公务员工资，并未在基础建设和经济发展方面提供实质性帮助。“法国在政治经济上控制前殖民地国家，继续掠夺资源，所提供的援助仅够维持生命，并不真心帮助我们发展。”非洲国家谈起法国来，普遍持这一观点。法国则认为非洲国家努力不够，应该对自身发展缓慢负主要责任，可谓是“恨铁不成钢”。

1993年9月19日，时任法国总统密特朗在非洲强行推行西方多党民主制，在许多非洲国家引发政治动荡和混乱。中非人民解放运动领导人费利克斯·帕塔塞当选为总统，各参选政党都对选举结果提出异议，但在法国压力下只好接受。1996年到1997年，中非连续发生三次兵变，均在法国干预下才得以平息。中部非洲共同体和联合国分别派出维和部队和特派团，帮助恢复秩序。1998年，帕塔塞第二次当选。帕塔塞虽为民选总统，但治国无方，贪腐盛行，经济凋敝，民怨沸腾。2001年，前总统科林巴发动政变，被及时发现挫败。帕塔塞总统相继解除国防部长德马富特和军队总参谋长博齐泽职务。2001年11月，博齐泽发动武装叛乱，失败后逃往乍得，组建反政府武装，不断向政府军发难。“中共体”特别峰会决定向中非派遣国际观察部队，帮助政府维持国家稳定。

2003年3月15日，前军队总参谋长弗朗索瓦·博齐泽利用帕塔塞赴尼日尔出席泛非峰会之机，在法国默许和乍得军队的支持下，攻陷班吉，占领总统府，宣布中止宪法，解散议会，自任总统。博齐泽于2005年举行的总统选举中顺利当选。此后本应于2010年举行的总统选举被推迟至2011年，博齐泽在此选举中蝉联总统，任期至2016年。博齐泽以“拯救国家于水火、清除腐败、振兴经济、为民造福”为口号夺取政权，但执政后总统卫队都由乍得士兵组成，打击异己，国家各级权力都由近亲或本族群掌控，国家建设和百姓生活并无明显好转。

中非周围的苏丹、乍得、刚果（金）、刚果（布）、喀麦隆等国，都属于世界最不发达国家，但各国经济在进入新世纪后都在加速发展，国家实力持续提高，只有中非停滞不前，处境日恶。联合国负责人权事务的副秘书长西蒙诺维奇在实地考察中非形势后在法国《解放报》撰文表示，在博齐泽统治下的中非“国家管理缺失，腐败盛行，对北部毫不关心，歧视穆斯林族群。在除了首都班吉之外，中央政府基本上都没有进行实际控制，无影响力”。这种情况与马里极为相似：2012年3月22日马里军队领导人发动政变推翻政府；2013年3月24日中非叛军联盟攻占首都，博齐泽总统仓皇出逃。法国在马里直接参战发动强大地面与空中攻势收复北部，又强力推动举行总统选举，对中非则采取“不干预政策”，听任叛军政变图谋得逞。

多数民众对博齐泽政权垮台并不感到惋惜，但对新任领导人乔托迪亚是何方神圣也毫无所知。博齐泽时期打压穆斯林族，“塞雷卡”90%为穆斯林，掌权抢劫砸毁天主教堂，驱赶枪杀天主教徒，教派报复变本加厉。3月30日，乔托迪亚首次发表全国广播讲话，称要以“宽容、谅解、对话的精神管理国家事务”，但实际情况却大相径庭。“塞雷卡”无恶不作，百姓越苦，怨声载道。政变半年后，抢劫和枪杀平民的事件仍在上演，国家基础建设遭到毁灭性破坏，国民经济倒退许多年，有人因之怀念起博齐泽来。博看到这一情况，纠集旧部成立了“恢复宪政秩序阵线”，声称随时准备在“时机成熟”时重掌权柄。

中非独立53年，先后经历5次军事政变，多次未遂政变（博齐泽就是在前两次未遂后第三次政变才成功的）和难以统计的军队哗变和武装骚乱，反政府武装从未停止过活动，一起参与政变的叛军因未得到应有补偿或稍不满意便重返丛林，伺机发动或参与下一次政变。

数十年来，中非都是在经济靠外部援助，安全靠国际维和中度过的，高度依赖外部世界；内部则在政治动荡和武装打斗中度日，越穷越折腾，越折腾越穷。政变领导人一心只想着掌权，政变成功推翻别人后便大肆贪腐，再被人政变推翻。国家无宁日，社会无稳定，经济无发展。公务员工资30多年无增长，还停留在上世纪80年代的水平。班吉大学始建于上世纪80年代初，招生规模为800人，此后未整修和扩建过，但在校学生已增至16000人。班吉的两所中学情况大同小异，在校学生达6000—7000人乃至上万人，不少学生只能站着听课。

博齐泽总统在2012年12月1日国庆讲话和首届公共财政研讨会讲话中指出，中非自独立以来，国家财政始终未改变入不敷出的局面，每当向公务员发不出工资时，便只能向外国和国际金融机构求救。上世纪70年代棉花产量为60000吨，现为3000—5000吨；咖啡产量为35000吨，现为1500吨；木材生产自国际金融危机以来大幅下降。中非存在的主要问题：一是政治动荡导致国家难有安宁之日，世界银行和国际货币基金组织不愿提供发展援助和贷款。二是政府部门腐败成风，外国企业办理投资手续时不是积极协助，而是要钱，又不办事，投资方望而却步。三是国有企业效率低下，人们用贪污和偷盗摧毁国家，用懒惰和罢工埋葬国家。四是反对派不承认选举失败，刻意与政府作对，没日没夜地开会，煽动罢工和集会，有人在外国势力支持下企图发动政变，破坏国家稳定。五是外侨不像其他邻国侨民那样支持国内建设，没有向国内亲属寄钱的传统，反而不时对本国政府提出批评和组织反政府抗议活动，没有起到好作用。

国际货币基金组织发表的中非经济考察报告指出：一是经济总体困难，导致社会不稳。近年增长率为2.5%左右，弱于低收入国家3.4%的平均增长率。62%的人口生活在贫困线以下，难以在2015年实现联合国千年减灾目标。二是内部挖潜不够，增长无动力。国家税收占GDP比率不足10%，远低于撒哈拉以南非洲国家和低收入国家平均18.8%的水平。如此低税收收入难以保证公共投资和有效减贫。国家发展不能长期依赖外援，而且外援既不稳定，也靠不住。三是国家财政管理严重滞后，不合理支出太多。总统及其家人、总理府、各政府部门、首都班吉市都存在挪用公款现象，国际金融机构和“出资国”深感不满。

据福布斯公布的世界各国幸福指数排名，中非位居第110名，仅次于博茨瓦纳为世界倒数第二。据法国梅塞尔研究所发表的世界发展报告，全球220个重要城市生活幸福指数排名，中非首都班吉名列218名。究其原因，一是官员贪污不受惩罚愈演愈烈，钻石出口和国家财政收入大部分落入少数人腰包。政府基本上没有政纲。二是非法武装团伙肆无忌惮地抢劫和杀人越货，人们不敢生产。三是教师未被纳入公务员系列，工作成就得不到承认，拖欠工资，工作缺乏热情。四是军人起不到保家卫国的职责，反而欺压百姓任意胡为。10%的新生儿在不足一周岁前死亡。学校每个教室要容纳91个学生，远超出实际容量。成年人中50%为文盲。时常爆发人道主义危机和食品危机。

2013年9月7日，中非电力公司总裁科伊丽莎白·科菲奥女士邀请班吉大学学生代表团参观博阿利水电站。虽然以前时常发生停电断水的情况，但政变后更加频繁，每天数次，有时长达七八个小时，有时一整天，学生们不胜其烦。班吉大学罢课占领校园，要求24小时供电，给政府造成压力。为使学生们了解中非电力生产和供应的实际情况，科菲奥总裁组织了这次参观。

中非只有15%的居民能够享受到电力供应，即使在首都班吉，也只有部分居民在每天的部分时间有水电供应。有的政府部门到傍晚才会得到配电份额，郊区则在夜里12时至次日凌晨这段时间来水来电。这种情况已持续了数十年，历届政府都无力改变。要保证首都的电力供应，而且只是居民生活和政府部门的工作用电（因为中非没有工业，因而谈不上工业用电），最少需要30兆瓦，而现在由非洲开发银行出资建造的博阿利1号和2号两个水电站的发电能力只有18兆瓦。两个水电站已运行近30年，亟须修理，但国家既无资金又无技术能力，更不敢让其中的一个水电站停下来检修。两个水电站带病发电，都不敢满负荷运转。中国援建的博阿利3号水电站已于2011年11月开工建设，两个机组的发电能力为10兆瓦，若能按期于2013年秋季完工，将会有力缓解班吉的电力供应困难。但由于2012年底以来安全状况持续恶化，“塞雷卡”政变半年来也未见好转，中方施工人员被迫撤离，工程中止。班吉电力供应紧张的状况短期内难有改善，恐怕还会随时恶化。长期带病工作的机组随时可能停转，后果可想而知。

参观后，班吉大学学生会主席勒内—拉乌尔·恩藏卡说，现在亲眼看见了问题所在，希望政府向中非电力公司提供必要支持，解决问题。但这谈何容易。

过渡政府总理蒂昂盖伊出席联大会议

2013年9月18日，过渡国家元首乔托迪亚在总统府电影厅主持有各届代表、社会团体领袖、班吉市长及各区区长、内阁成员及总理出席的会议，发表讲话呼吁全国团结。

乔托迪亚首先向无辜的受害者，向被迫逃离家园和遭受苦难的全国人民表示同情。然后指出：数十年来，由于贫困、饥荒、贪腐、疾病、动荡、失业、失学等问题已积重难返，使颇具自豪感的中非人民沦落为国际社会的一名固定乞讨者。自2003年开始，一个可怕的政权，一个可怕的寄生虫开始吸吮我们兄弟姐妹的鲜血。我们在无法忍受的情况下采取行动，以“塞雷卡”为武器，反抗这个制度。我们在上帝的指引下，推翻了该制度。中非人民重生有望。遗憾的是我们的敌人、居心叵测者、罪犯也以“塞雷卡”的名义对人民实施伤害和抢劫。这是无法接受、无法忍受、不可原谅的。我们对此予以强烈谴责。乔托迪亚在9月13日宣布解散“塞雷卡”，任何人都不能再自称其隶属于该组织，任何人都不能非法拥有武器，必须无条件上交国家，否则将会受到法律追究。任何人偷盗、抢劫、伤害、强奸、杀人，都将受到应有惩罚。

乔托迪亚指出，国家将恢复安全和稳定，以便为选举、经济与社会重建做必要准备。这是一个复杂而困难的挑战。许多人仍希望国家继续处于混乱之中，以便从中谋利。也有人对当局使国家摆脱贫困和解决贪腐、族群、疾病等问题的能力表示怀疑。他相信中非人民的能力。中非的民族多样性是一大财富，应使之为国家服务，而不是各族群间相互攻击和战争。在民族大家庭里，每个族群、每个宗教、每个人都应有其地位，都要为国家复兴发挥作用。他庄严承诺，将重建总统、总理、各族群之间的对话，促进民族和解，为选举做准备。一是重建各级权力机构，恢复安全；二是与多国部队配合，坚决收缴包括“塞雷卡”在内的非法武器；三是促进各地区平衡发展，使全国人民安定地生活。

9月21日，中部非洲驻中非多国部队司令阿卡加召集“塞雷卡”各派别军事负责人开会，要求他们遵守法纪，保证业已集结的士兵不能离开兵营，尚未集结的士兵带上随身行李和武器，到指定的6个兵营报到。“塞雷卡”不得再参与任何维持秩序和恢复国家安定与安全的事项。评论称此次会议是“塞雷卡”被乔托迪亚宣布解散后，多国部队制止这部“杀人机器”继续为恶的最后尝试。“塞雷卡”自动缴械虽非易事，各路军阀不会自动放弃已到手的利益，但毕竟迈出了重要的一步。“塞雷卡”的犯罪行径引起天怒人怨，是到该解决的时候了。

乔托迪亚采取的上述行动，使中非安全形势出现了一定程度的改善，迎合了国际社会的部分要求。在此基础上，乔托迪亚积极准备出席联合国欧盟和法国倡议在第68届联大期间召开的中非问题会议，并在联大普通辩论中发言，以便使国际社会承认其合法地位。但事与愿违，美国拒绝发给入境签证，乔托迪亚一气之下宣布因财政原因部长以上官员都不能出国，唯有外长可按每年惯例出席联大会议。法国对此深感不满，通过乍得总统代比向乔通话施压，乔托迪亚不得不放弃决定，被媒体耻笑。这件事又从一个侧面说明乍得是中非形势的主要影响方之一。

9月24日，乔托迪亚在总统府电影厅会见记者，就蒂昂盖伊代表中非出席第68届联大会议和中非问题会议发表看法，说他虽然他不能亲自出席有关活动，仍要向国际社会和法国表示感谢。安全问题日趋恶化加剧了中非人民的苦难，但这种苦难并非自今日始。中非的种族冲突已持续了30年之久，因而不能把中非人民所受的苦难和贫穷归结为政变当局，不能指望在6个月里解决所有问题。国际社会正帮助中非解决贫穷和种族冲突问题，但仍苦无良方。他将致力于与各方对话，达成民族和解，为未来的选举做准备，重建国家体制和恢复安全，促进各地区平衡发展，消除种族、宗教、政治团体间的歧视，从整顿海关秩序开始促进经济和社会重建，与邻国建立信任关系促进地区稳定。

9月下旬是对中非形势起关键作用的10天。一是欧盟和法国利用第68届联大间隙在联合国总部召开中非问题高级国际会议，呼吁国际社会向中非提供援助。使本已被国际社会忘却的中非人道主义问题重新引起重视，列为继叙利亚之后索马里之前的第二大人道主义危机国。二是中非总理和合作部长将与发展计划署等联合国援助机构及世界银行、国际货币基金组织等国际金融机构接触，请示给予财政和金融援助。三是鉴于中非安全形势久未好转且呈持续恶化态势，法国和乍得分别决定向中非增派300名和400名士兵，法国在中非驻军增至750人。此前，喀麦隆和刚果（金）分别增派450名和150名士兵，刚果（布）增派250名。中共体多国部队于9月底达到2000人的既定员额，并以维和部队名义“强行”收缴“塞雷卡”武器。实践证明零敲碎打式的收缴普通士兵武器费时费力，难见效果。现将主要向“塞雷卡”自封的将军、上校等各级官员开刀，以便取得实效。法国总统奥朗德9月20日出席马里新总统就任仪式，召集出席仪式的中部非洲元首小型峰会，讨论中非形势，表示法国将加强在中非的存在。奥朗德提出，应警惕中非安全态势“索马里化”的倾向，应由中非人历史上首次自己找到解决自身问题的办法，而不是由外部推动和主导。外部只是提供协助，以便使中非问题得到可持续的解决。四是联合国安理会在法国提议下通过有关决议，同意把中共体多国部队提升为非盟维和部队后再提升至联合国层面的问题，以便在必要时按照马里模式以联合国名义向中非派驻维和部队。五是中部非洲经货共同体将通过中部非洲国家共同体（中共体）向中非提供2000万非郎援助，用于推进国家安全进程。六是政府和国际组织联合代表团赴博桑戈阿地区察看受到“塞雷卡”严重伤害的当地民众，送去食物和药品。七是中部非洲多国部队接管由“塞雷卡”把持的与喀麦隆交界的海关，维护从喀麦隆杜阿拉到班吉公路的安全，进入中非的运输车辆在贝洛戈一次性付费，然后由多国部队每周一、三、五押送，沿途将不再像以前那样多次付费。七是乍得总统代比在出席马里总统就职仪式期间举行的小型中部非洲国家峰会上指出，法国和非洲部队联合行动，驱赶了占据马里北部的恐怖分子，现中部非洲又出现了一个可能成为恐怖主义基地的地方，即政变后的中非共和国。自1994年以来，中非安全问题日趋严重，若不及时解决，中非极可能成为新的恐怖主义圣地。一些“圣战”分子已混入“塞雷卡”队伍。法国总统奥朗德认为中非形势已十分危急，联合国秘书长潘基文指出国际社会向中非提供的援助承诺“令人绝望地不足”。

9月24日，法国总统奥朗德在联大一般性辩论中发言，在谈到非洲形势时说，非洲正在经受恐怖主义的苦难，但恐怖主义是可以战胜的。法国和非洲军队在欧盟支持下，应马里政府要求并经联合国安理会授权，成功粉碎了大规模恐怖主义攻势。马里重新恢复了领土完整，保证了民众的安全，按期组织了总统选举，这是西部非洲反恐的伟大胜利。但是，萨赫勒地区的恐怖威胁仍然存在，利比亚武器大量散落民间，恐怖主义组织乘势进入该国，应该帮助利比亚政府维护国家和人民的安全。法国已做好准备，我要像去年就马里形势发出预警那样，对中非安全形势发出预警。数十年来，中非政变的冲突持续不断，现在再度陷入混乱，全国民众深受其害，随之发生了宗教冲突。我们必须阻止这种伤害。鉴于此，我希望安理会通过决议，向驻该国的非洲维和部队提供后勤和财政支持，帮助其完成恢复该国稳定的使命。另外，刚果（金）、索马里等国的安全形势也应予以高度重视。任何国家或地区，一旦出现混乱，恐怖主义便会乘虚而入并迅速发展。因此，国际社会应该帮助非洲国家保护自己。法国邀请所有非洲国家出席年底举行的非洲安全峰会，欧盟和联合国也将派代表出席。会议将讨论向非洲国家提供军事训练、军事装备等问题，以保卫非洲大陆的安全。非洲的安全应由非洲人负责，但我们不能让他们独自面对恐怖主义威胁。奥朗德反复强调全球特别是非洲安全形势恶化将带来严重后果，目的有二：一是要消除法国在叙利亚化武问题上持强硬态度所导致的外资孤立局面，二是要极力显示法国仍旧是世界性大国的姿态。

9月25日，由联合国、欧盟和法国共同主持的中非问题高级会议在联合国总部举行，35个国家的代表出席。法国决定向中非提供1000万欧元援助，美国提供620万美元（加上向本地区其他国家共计3200万美元）援助，英国500万美元，欧盟2000万欧元，卢森堡50万欧元，另有一些国家表示了援助允诺。中非舆论指出，援助承诺远非现实，中非人民的苦难和中非面临的问题短期难以解决。法国外长法比尤斯在讲话中强调，一切迹象表明，中非现处于历史上最危急的时刻，人们的基本权利受到践踏，乌干达、达尔富尔、马里及萨赫勒各国、利比亚南部、尼日利亚等国的恐怖分子可能已抵达中非。从毛里塔尼亚到索马里恐怖主义的恐怖主义弧形地带，中非属于最薄弱的环节之一。中非形势索马里化将对非洲大湖地区和南北苏丹产生严重影响。法国驻中非部队的任务，一是训练和帮助非盟维和部队，二是与欧盟一起向非盟维和部队提供援助，并推动安理会通过支持非盟维和部队的决议，三是推动中非过渡政权在执行利伯维尔协议和恩贾梅纳声明方面取得具体进展，四是向中非提供人道主义援助。去年联大期间，法国组织了有关马里形势的国际会议，现马里已成功举行了总统选举，走上了正常发展道路。法国又在今年联大期间举行中非形势国际会议，希望中非明年能走上和平与安全的道路。国际社会必须像在马里那样作出反应。

法比尤斯还在会后回答记者问，称欧盟委员会人道主义委员和联合国人道事务高级委员共同主持了会议，会议宗旨是动员国际社会关注中非问题，并向非盟和中部非洲国家共同体为恢复中非秩序所做努力提供支持。不能任由中非已十分严重的人道主义和安全形势继续恶化。这个国家实际上已不存在，极可能将整个中部非洲地区拖入混乱之中。政治上，要严格执行利伯维尔和恩贾梅纳峰会有关过渡期的决议，强化联合国驻班吉代表团的职能。人道主义问题上，首都班吉形势近期有所改善，但仍令人担心，特别是全国其他地区的人道主义危机并未缓解，需认真对待。安全问题上，中部非洲多国部队将提升至非盟维和部队，呼吁国际社会向其提供后勤和财政支援，法国将动员欧盟国家采取行动。法国还将推动联合国安理会就此作出决议，虽没有具体时间表，但越快越好。法国已与该地区国家协调行动。法国驻中非部队具有双重使命，一是保证班吉国际机场的安全，二是保证法国侨民和法国企业的安全。法国军队单独行动，其使命与非盟维和部队没有交叉。

9月26日，蒂昂盖伊总理在第68届联大发言，开章明义指出在世界各国首脑集聚纽约，讨论当今世界面临的暴力、仇恨、贫困、武装冲突以及广大民众正在经受的巨大苦难之际，中非正处于严重危机之中，故他在此只讲国内问题，意在提请国际社会关注中非的人道主义灾难。中非独立半个多世纪以来，政权更替在周而复始的政治与军事危机中进行，政府权威不断遭到削弱，国家陷于持续动荡而日趋孱弱。究其原因：政治对话缺失，政治人物把持权力但说话不算数，排除异己，执政者只相信自己宗派族群的人，裙带关系盛行，现在又出现了激烈的教派与部族冲突。利比亚、达尔富尔、苏丹、刚果（金）、乌干达（上帝军肆虐）等国的动荡均对中非产生负面影响。大量武器流入，导致了诸如绑架与杀害平民、大规模抢劫与性侵犯、烧毁民居与教堂、猎杀动物等一系列人道主义灾难。中非面临的最紧迫任务是：向流离失所的难民提供救助，重建社会和谐和民族团结；恢复国家安全和政府权威;重建经济和公共财政，为过渡期后的选举做好准备。

蒂昂盖伊总理说，在政府为解除“塞雷卡”武装，把“塞雷卡”部分人员纳入国家军队，在全国设立15个兵营集中有关人员时，又发生了前“塞雷卡”人员与当地自发组织起来的自卫人员、天主教和穆斯林两大教派暴发的严重武装冲突事件，国家安全形势再次受到严峻挑战。联合国秘书长向安理会提交的有关中非形势报告，描绘出了一幅阴暗与混乱的人道主义与安全状态图景，真实地反映出中非人民的日常生活状态。必须指出，460万中非人民都面临严重的人道主义灾难。160万民众逃离家园，急需救助，48.4万人严重缺乏食物，65万适龄儿童不能入学，6万儿童面临饥饿死亡威胁，3500名儿童被强行招募入伍。6.2万人逃往邻国沦为难民，其中4万多人逃往刚果（金）。全国80%的医院业已关闭，13.7万人因缺医少药而中断治疗。

中非亟须联合国安理会通过一项明确而坚定的决议，派出强有力的国际维和部队，以保护民众安全和生活。国际社会应向中非提供财政、技术、物资人道和后勤援助，以使其能够应对如此众多的挑战，进而避免使“非洲心脏”成为非洲大陆的又一个罪恶滋生地。若中非继续混乱，多个犯罪和恐怖团伙将会乘虚而入，使整个地区陷入动荡。“请不要抛弃我们”，这是数百万中非民众向国际社会发出的求救呼喊。国际社会必须在尽短时间内全力抢救中非，因为中非危机已演变为国际危机。国际社会已拯救了马里，现在该拯救中非了（蒂昂盖伊总理7月访法时明确要求：法国应该像拯救马里那样拯救中非）。不能再犹豫了，否则就来不及了。面对历史，国际社会不能放弃其政治与道义责任。

蒂昂盖伊总理还出席了美国总统奥巴马为非洲国家领导人举行的宴会，与乍得、加蓬、布基纳法索、塞内加尔、马里总统及多位非洲国家外长与奥巴马共同讨论非洲安全和经济形势。他要求美国对中非解除非法武装和建立国家军队、捍卫人权、实现民族和解进程等问题给予更大帮助，美国答允更加积极地参与非洲安全事务。

9月27日，刚果（布）外长伊库埃博在联大发言中专门就中非形势发表看法，认为中非存在多股颠覆势力，国际社会应立即提供政治、安全、经济和财政援助，以避免中非出现权力真空和“索马里化”危险，进而危及中部非洲各国安全。刚果总统萨苏作为中非问题协调人和后续委员会主席，对中非问题取得的进展感到鼓舞，同时希望国际社会尽快把言论变为行动。伊库埃博外长呼吁发达国家向非洲提供发展援助，同时表示“多数非洲国家难以在2015年实现联合国制定的千年发展目标”。

政变后首次使馆国庆招待会

2013年10月1日，我们夫妇在使馆举行招待会，热烈庆祝中华人民共和国成立64周年。中非过渡国家元首乔托迪亚夫妇、全国过渡委（代议会）主席恩根代、在首都的17位国务部长、部长和部长级代表、7位总统府和总理府部长级顾问、过渡委执行局成员、军队、警察、青年、妇女、司法、工会等中非各界人士，以及各国驻中非使节、武官、国际组织代表、中资机构、华侨华人代表及使馆外交官等200余人出席。

由于国庆节是法定假日，依惯例，我国庆招待会通常在10月1日前举行。世界多数国家的国庆招待会都在国庆当天举行，即使在周末也不变更。2013年10月1日是星期二，使馆遂决定在国庆节当天举行招待会。

我在外事活动中单独会见过渡国家元首乔托迪亚、过渡委主席恩根代和过渡政府总理蒂昂盖伊时，分别向三位主要国家领导人发出邀请，得到肯定答复。由于蒂昂盖伊总理要率团出席联大会议和在纽约举行的中非问题高级别国际会议，于9月26日登机前专门打来电话，要求我向李克强总理、中国政府和人民转达节日问候，并说他刚签发了致李克强总理的国庆贺信，强调中非重视发展与中国的全面合作关系，对中方提供的各种帮助表示感谢。总理办公厅主任送机后直接到使馆来，说他受总理委托向我面交贺信。我对蒂昂盖伊总理的表达的友好感情表示感谢。

招待会当天上午，国家典礼局长电话告我，过渡国家元首乔托迪亚将于今晚出席中国使馆的国庆招待会。晚上依旧是各位部长先到，过渡委主席恩根代后到，最后是过渡国家元首在数辆架有机枪的军车护卫下来到使馆。过渡国家元首和中非方主要成员及驻中非外交使团团长、法国大使夫妇到使馆小宴会厅落座，其他人在使馆院子里和草坪上交谈、用餐。

乔托迪亚身后站立着两名佩带手枪的卫士，国家典礼局长在旁随时伺候，随同前来的服务员把专用水晶杯放在元首面前，倒上自己带来的法国矿泉水。元首是穆斯林，不饮用带有酒精的饮料，但对中式菜肴的样式和美味赞不绝口。

乔托迪亚请我转达中非过渡当局和人民及他本人对习近平国家主席及中国政府和人民的诚挚问候，祝贺新中国成立64周年、特别是改革开放30多年来取得的伟大成就，祝愿中国人民在中国共产党和政府领导下，早日实现中华民族伟大复兴的中国梦。乔托迪亚重申中非重视发展对华合作，希望与中方共同努力，推动双边关系不断向前发展，造福两国人民。强调希望中方在建项目尽快复工，中非当局将努力提供安全保障。

餐后，其他人先行离席，我们夫妇和乔托迪亚夫妇最后来到讲台前，我和外长代表（外长随总理出席联大活动未归）先后讲话。

我讲话的主要内容如下：

今晚，我们欢聚一堂，热烈庆祝中华人民共和国成立六十四周年。首先，我谨向光临招待会的各位来宾表示热烈欢迎，向关心、支持中国现代化建设和中国与中非关系发展的各国友人表示诚挚感谢。

64年前的今天，中华人民共和国庄严成立，一个人民当家做主的新中国开始屹立于世界东方。64年来特别是改革开放30多年以来，中国的面貌发生了翻天覆地的变化，各领域现代化建设取得巨大进步，经济持续快速发展，人民生活显著改善，综合国力和国际影响力大幅提升。过去一年内，中共十八大和全国两会胜利召开，选举产生了以中共中央总书记、国家主席、中央军委主席习近平为核心的新一代党和国家领导集体，描绘出中国改革开放与现代化建设事业的新的伟大蓝图，更加激励13亿中国人民团结一心，致力于实现中华民族伟大复兴的中国梦。

当前，中国经济发展势头良好，已成为推动世界经济增长的主要引擎之一。今年上半年中国国内生产总值增长7.6%，这一数字虽然与过去近两位数的增长相比有所放缓，但从世界范围看，仍然是世界主要经济体中的最高速度。中国将继续坚持稳中求进的工作总基调，全面推行创新型政策措施，稳增长、调结构、促改革，进而实现更长时期、更高水平、更优质量的发展。中国的发展不仅将增进中国人民的福祉，也会在全球范围内创造大量商业和就业机会，为世界各国提供更多宝贵的发展机遇。

我们正身处一个世界国际化、经济全球化、社会信息化深入发展的时代，求和平、谋发展、促合作已成为各国人民的普遍愿望和国际社会的一致追求。但与此同时，国际形势中的不稳定、不确定因素明显增多，国际金融危机影响远未消退，国际和地区热点此起彼伏，不公正、不合理的国际政治经济秩序依然影响和制约着世界和平与发展。

在这一国际大背景下，中非友好合作经受住了历史岁月和国际风云变幻的考验，树立了南南合作的典范。双方政治关系日益密切，经贸往来不断发展，其他领域务实合作富有成效。现在，中国已成为非洲最大贸易伙伴国，非洲成为中国第四大投资目的地。2012年，在世界经济复苏乏力的背景下，中国与非洲贸易总额仍创下1984.9亿美元的历史新高，同比增长19.3%，比2000年增长了19倍。中国对非洲直接投资累存量达212.3亿美元，而这一数字10多年前还不到5亿美元。已有超过2000家中国企业在非洲50多个国家和地区投资兴业，不仅为非洲人民创造了大量就业岗位，而且积极开展公益活动，回馈当地社会，造福当地百姓。

今年3月，新任中国国家主席习近平首次出访就踏上非洲热土，用“真、实、亲、诚”四个字阐述新时期中国对非政策，强调中非是命运共同体，永远做可靠朋友和真诚伙伴，相互支持、相互帮助，努力实现各自的中国梦和非洲梦。

中非素有“非洲心脏”的美誉。这里美丽富饶，发展潜力巨大，友好、淳朴、善良的中非人民也一定心怀伟大的中非梦，祈盼国家安全、社会团结、经济振兴，生活幸福。目前，中非已进入为期18个月的过渡期，思稳定、求和平、盼发展的民众呼声从未如此强烈。中方欢迎中非过渡当局及有关国家为中非恢复重建所做的不懈努力，愿继续与国际社会一道，坚定支持中非探索适合本国国情的发展道路，坚定支持中非人民维护自身和平与稳定的努力，切实帮助中非增强自主发展和可持续发展能力，推动中非实现平稳过渡。

要和平不要战争，要发展不要贫穷，要合作不要对抗，已成为世界各国人民的共同梦想。梦在前方，路在脚下，让我们携起手来，为建设持久和平、共同繁荣的和谐世界而继续努力奋斗。

中非支柱产业发展部长薄藏加代表乔托迪亚过渡国家元首及正在纽约出席联大会议的蒂昂盖伊总理和邦加外长致答辞，主要内容如下：

在勤劳勇敢的中国人民热烈庆祝中华人民共和国成立64周年的光辉日子里，我荣幸和高兴地代表中非过渡国家元首乔托迪亚和全国联合过渡政府总理盖伊，在这里，美丽的中华人民共和国驻中非共和国大使馆发表讲话，与你们一起，欢度你们伟大而美丽的国家这一历史性的时刻。此刻，除了今天晚上众多的中非来宾之外，全体中非人民都在庆祝这个把中国人民团结在一起的伟大节日。

过渡国家元首坚持亲自出席今晚的招待会，分享中国人民的欢乐，同时向中国人民表达浓厚的情感。不论是我国所经历的曲折历史，还是我国不断经历的危机所产生的各种不确定因素，都不能动摇我们两国之间的友谊。

中华人民共和国64周岁了，差不多比中非共和国年长10岁。去年，中国共产党选举出了新一届领导集体，习近平当选为中国共产党中央委员会总书记、中华人民共和国主席和中央军委主席。中国制定了明确的发展目标，主要依靠自身的力量，以坚定的意志努力前行，又有效地保持了国家的稳定。中国奇迹令众多的发展中国家为之羡慕。中国经过30多年的努力所取得的成就，中国人民创造出来的特有发展模式，成为全世界所有希望进步的人民的绝妙的榜样，每个国家甚至个人都可以从中汲取经验。中国奇迹成为一种具有引领作用的价值观，值得中非共和国学习。

在世界经济景气不佳的总体形势下，中国与非洲的贸易额和中国对非洲各国的援助额度却在大幅度增加。长期以来，中国政府和人民重视发展对非洲关系，使非洲成为中国重要的合作伙伴。正如大使所说，习近平主席首次正式出访便选择非洲，充分说明了这一点。

此时此刻，中非过渡政府总理蒂昂盖伊正在纽约出席第68届联大会议，呼吁国际社会以具体的方式帮助中非共和国。

中非与中国的双边关系领域广阔，成果显著，已成为中非社会发展的重要基础。中国在中非实施的大项目中，我们要重点提一下友谊医院、宾博医院、20000座位体育场等，对华合作在中非经济中占有重要位置，对中非发展至关重要。中国在中非还有其他正在进行的合作项目，如石油勘探、博阿利水电站、道路和桥梁等基建项目等，都具有强烈的象征意义。中方的援助项目将使70%的中非民众受益。因此，中非人民迫切希望恢复对华合作。我代表乔托迪亚过渡元首在此重申，向友好的中国政府和人民发出强烈呼吁，尽快恢复我在上面提到的有关合作项目。

2010年4月19日，中华人民共和国和中非共和国在班吉举行了首届经贸技术合作混委会。3年过去了，举行第二届混委会已势在必行，应全面回顾在世界经济新秩序和动荡不定的非洲形势下的双边经贸合作关系，推动与正在经历剧烈变化的中非共和国的关系。

大使先生，班吉今年发生了许多事件，中国使馆仍坚持没有闭馆。你们是中非人民热切期盼和平、稳定、发展的见证者。

现在，国家各机构业已成立，特别是过渡政府、全国过渡委员会、过渡宪法法院等都已成立。为期18个月的过渡期自2013年8月23日正式开始。我们将努力使国家恢复和平与安全。过渡期结束后，将进行总统与立法选举。中非共和国希望在国际社会及友好国家的帮助下，应对其面临的各种挑战。

“有朋友在一起，道路就不会显得漫长”。我要再次强调中非对华合作的重要性，加强对华合作是我国发展的重要因素。

我和薄藏加部长分别讲话后，宾主共同举杯。我再次对乔托迪亚应邀前来出席中国使馆国庆招待会表示感谢，过渡元首再次向中国人民和政府祝贺节日。最后，乔托迪亚走下讲台，与来宾和外交使团握手话别。我们夫妇在使馆摩天楼前与过渡国家元首、过渡委主席等重要来宾告别。过渡国家元首在军车护卫下离开后，其他人才陆续离去。

招待会持续近3个小时，使馆定制的具有中国特色纪念品深受来宾欢迎，现场展出的“美丽中国”系列图片及图书赠阅台前人头攒动，大家纷纷举杯，祝愿伟大中国的和平发展之路越走越宽，祝愿中非与中国友谊地久天长。中非国家电视台、国家广播电台、卢卡（私营）广播电台、《燕子报》、《挚友报》、《中非晨报》、《公民报》、《民主报》等10余家主流媒体对招待会进行了现场采访报道。多家报纸全文发表了大使讲话。

安理会通过中非问题决议与法比尤斯来访

2013年10月8日，联合国安理会一致通过法国提交的第2121号决议，决议全面回顾中非形势并对其发展前景表示严重担忧，进而提出解决中非问题的思路。根据安理会通过某项决议的议事日程，提案国或共同提案国要进行广泛的私下和公开磋商，经多次或反复修改，安理会多数或全体成员国达成共识后才能进行投票表决。1999年美国与北约盟国发动科索沃战争，对前南斯拉夫进行为期78天的狂轰滥炸，2003年发动长达10年的入侵伊拉克战争，因为不得人心而没有获得联合国安理会授权，因而不具有合法性，饱受诟病，不仅付出了沉重的战略代价，而且成为永远无法抹去的历史污点。鉴于此，法国总统萨科齐明确表示，法国只有在安理会授权的前提下才会对外用兵。法国视其安理会常任理事国席位为其国际大国地位的最重要象征，是法国扩大国际影响甚至控制前殖民地国家的重要工具，对此极为珍视，每年都要向安理会提交多项事关其前殖民地国家形势的决议。联合国驻多数非洲国家的维和部队及人道援助机制的延期事宜，基本上都是由法国提交提案，安理会深入讨论后通过决议加以实施的。2012年初，法国联合美国向安理会提交关于利比亚问题的提案并获得通过，随后滥用武力，摧毁了卡扎菲政权。2013年初，法国向安理会提交干预马里形势的提案，获得通过后出兵近5000人，与西部非洲共同体国家军队一起收复马里北部失地。潜入马里的国际恐怖主义分子基本被歼灭，在法国的安排下举行了总统选举。法国认为，在马里的行动获得了成功，扩大了法国在非洲乃至在全世界的影响，法国在非洲的形象得到了改善，马里人民视法国为救星。中非政变后，法国雄心勃勃地计划在中非复制马里模式。法国提交安理会表决并获通过的2121号决议，既指明解决中非问题的方向，又为法国进行干预提供依据，还增加了非洲国家对法国的依赖度，扩大了法国对非洲事务的影响力。

安理会2121号决议重申尊重中非共和国的主权、独立、领土完整和国家统一，对中非安全形势恶化、公共秩序全面崩溃、法制缺失深感担忧，对该国局势动荡可能对中部非洲及其他地区造成的影响深感担忧，认为必须尽快进行干预。对“塞雷卡”违反国际法、侵犯人权的行为，特别是随意逮捕和关押杀害、攻击平民、乱施酷刑、性侵妇女和儿童、强奸、招收儿童兵，以及人权状况日趋恶化导致严重的人道主义危机、族群和教派冲突导致的紧张局势深感忧虑。重申所有罪犯都应受到司法追究，联合国人权委员会已决定任命独立专家调查中非的人权状况，并为保护人权提供技术援助。

决议指出，安理会承认利伯维尔协议和恩贾梅纳声明确定的路线图是政治与和平解决中非危机的基础，要求立即着手为18个月过渡期结束后进行的自由、公正、透明的立法与总统选举的各项工作做准备。安理会将采取一切必要措施，制止危害和平、稳定、安全、破坏过渡期有关协议，为过渡进程制造障碍、煽动暴力的行为。安理会决定强化联合国驻中非办事处的职能并使之具体化：帮助中非政府建立过渡期有效机制；预防冲突并实施人道主义援助；帮助中非政府实现国家稳定和安全；促进和保护人权；协调国际社会对中非的援助行动。支持将中部非洲多国部队提升至非盟维和部队，以便建立一个稳定、民主的中非共和国，保护该国人民。国际社会将向非洲维和部队提供必要的帮助，在条件成熟的情况下研究将非洲维和部队提升至联合国维和部队的可能性。要求联合国秘书长在2013年12月31日前提交执行该决议的详细评估报告，同时对联合国驻中非办事处的工作作出评价。

安理会通过2121号决议后，已被中非政府宣布调离但两个月后仍在纽约任上的驻联合国大使杜巴恩发表讲话，欢迎安理会通过该决议并向各投票方表示感谢，说他在8月15日的发言中曾提请国际社会关注中非形势，现目的业已达到。一些友好国家和联合国秘书长相继就中非形势发表声明，法国、欧盟和联合国主持召开了中非问题高级别会议，安理会现又通过了有关决议，把中非问题列入重要日程，表明了联合国的立场，为中非问题的解决指明了方向及应该达到的目标，饱受苦难的中非人民有了希望。

杜巴恩大使说，他作为一个失败国家的代表，对自己国家所受的苦难深感悲痛，希望本决议能够帮助中非人民找回失去的自由与尊严，在国际社会帮助下恢复和平并享受和平红利。

杜巴恩大使先后用法、英、俄、西班牙、阿拉伯等语言向安理会各成员国表示感谢，并特别按字母顺序列举了各成员国的国名：阿根廷、澳大利亚、阿塞拜疆、中国、美国、俄罗斯、法国、危地马拉、卢森堡、巴基斯坦、韩国、摩洛哥、英国、爱尔兰、卢旺达、多哥。“正是你们的可贵的投票使中非人民得到了人道主义待遇，看到了希望”。

10月13日，安理会通过中非问题决议后3天，法国外长法比尤斯携欧盟人道主义委员乔齐瓦女士，对中非进行5个小时的闪电式访问。当法比尤斯乘坐的专机在班吉国际机场降落时，受到50多名班吉市民的自发迎接，标语牌上写着：“感谢法国”，“请法国帮助我们摆脱这些迫害者”。

法比尤斯的第一场活动是集体会见中非过渡国家元首乔托迪亚、过渡委主席恩根代和过渡政府总理蒂昂盖伊三巨头。法国驻中非使馆在致中非外交部照会中明确提出，法国外长来访不会单独会晤过渡国家元首，而是要向中非三个主要领导人集体传达法国对解决中非问题的意见。这是国际关系史上极为少见的现象，充分说明了法国对非洲国家的影响力，非洲国家在法国面前基本上只有俯首听命的份儿。法比尤斯向中非领导人发出命令：必须从根本上解决“塞雷卡”问题，而不是仅宣布解散就不管了，滞留在中非的外国雇佣军特别是苏丹雇佣军尽速离开。中非不应再存在武装团伙，“塞雷卡”士兵只有交出武器恢复平民身份和集中管理两个办法。法国驻军中不会像在马里那样派出数千士兵及武装直升机进行大规模作战，因为耗资巨大，法国已难以承受。但若再出现叛军欺凌百姓的情况，法军仍将迅速作出强烈反应。法比尤斯强调中非过渡当局必须严格遵守利伯维尔协议和恩贾梅纳声明确定的过渡期路线图，法国将视过渡当局的态度决定其帮助中非摆脱危机的办法，必须在2015年初举行公正透明自由的立法和总统选举，必须在2015年初产生新政权，过渡当局所有领导人都不得参加下届选举。法比尤斯强调：“法国、欧盟、联合国已决定接受挑战，由我们来恢复中非的秩序，不会任由中非沉沦。”在中非问题上，法国显然已把自己的地位和作用置于联合国之前。

从到机场迎接到送上飞机，全程陪同法比尤斯访问的中非外长邦加女士应询告我：法国已对中非局势起到了决定性和主导作用。

集体会见中非过渡当局三巨头后，法比尤斯视察法国驻军营地，向官兵们表示敬意和慰问，指出法国将扩大在中非驻军的规模，视形势发展需要由现在的410人增加到750人至1200人，以便在联合国授权后为迅速稳定中非局势作出努力。法国拟于12月推动安理会通过新的中非问题决议，引照马里模式，将中非维和水平由非盟提升至联合国层面。

此外，法比尤斯还会见了班吉大主教为首的宗教人士，参访了儿童营养中心和班吉中心医院，了解人道主义需求情况。出席在法国驻中非大使官邸举行的旅居中非的法国侨民招待会。

法比尤斯离开中非与正在南非访问的奥朗德总统会合之前，举行了简短的记者招待会，强调法国对“非洲心脏”的坚定承诺，连说三遍“法国不会放弃中非”，他此行的目的有四：向中非人民和过渡当局表达法国的支持；协调过渡期事宜，恢复宪政体制；法国驻军的任务变为收缴非法武器，保证国家在全国范围内行使权力，恢复国家稳定；监督过渡政府及有关机构、政党及社会各界摒弃分歧，为实现国家平稳过渡的目标而共同努力。

正在南非进行国事访问的奥朗德总统在与祖马总统会谈中指出，必须关注中非出现全面混乱的可能，中非形势的外溢效应令人担忧。中部非洲维和部队提升至非盟维和部队后，有必要再提升至联合国层面。法国必须加大干预力度。祖马总统对奥朗德的分析表示赞同。南非对法国近年来在非洲采取的行动一直持批评态度，明确反对法国干预利比亚和科特迪瓦局势。祖马总统与中非前总统博齐泽关系密切，南非派驻中非的军队与进攻班吉的“塞雷卡”叛军发生激战，造成数十人伤亡。法国对南非希望成为安理会常任理事国的要求也冷眼旁观。奥朗德是近年来首位访问南非的欧盟领导人，意在与南和解，南予以积极回应。两国签署了大额贸易协议，法还邀请南向中非派维和士兵。

奥朗德总统有关法国驻军不干预中非内部事务，只负责保护法国侨民和商业利益，绝不会像干预马里形势那样干预中非形势的声明言犹在耳，现在政策突然出现180度大转弯，不只是全面介入，而且是全面主导中非事务。

舆论认为，中非政变后的形势演变出乎所有人预料。中非可能成为新的国际恐怖主义基地的前景使国际社会深感担忧，促使人们从全球地缘战略的角度思考中非的安全问题。法国顺应这一思潮，提出解决中非问题的方案，得到一定的理解和支持。

2011年以来，法国在非洲颇多表现：通过武力干预利比亚和科特迪瓦，击毙卡扎非；把拒不承认败选的巴博总统交由海牙国际刑事法庭审判；强力干预塞内加尔总统选举，迫使不甘失败的瓦德总统向新当选总统萨勒交出权力；出兵马里，平息北部叛乱并基本上消灭潜入的国际恐怖分子，在无人看好的情况下稳定马里形势并主导总统选举，推动安理会通过马里问题决议，把马里维和事务由西部非洲共同体提升至联合国层面。刚果（金）安全态势恶化后，法国又推动安理会通过自己提交的决议草案，促使联合国派出维和部队。现又在中非引进马里模式，主导中非过渡期事务，并推动安理会通过有关决议。法在经济力量不足的情况下，拉上欧盟为其买单，如法军培训中非部队和中部非洲驻中非多国部队就由欧盟出资。必要时还推动安理会作出维和决议，由联合国出兵维和。这些都记在法国的功劳簿上。一些非洲国家的民众对法国表示感谢和欢迎，一些非洲国家认为非洲确实离不开法国的安全保护。法国上述所为扩大了其对非洲事务的掌控和主导权，进而扩大了法国在非洲的利益。法国虽反复申明不再担任“非洲宪兵”，但事实证明法国仍在一定程度上扮演着这一角色，只是较前相比更具选择性和目的性，行动范围有所收缩而已。

第五次恩贾梅纳特别峰会和第三次国际联络小组会议

2013年10月10日联合国安理会通过中非问题决议，10月13日法国外长访问中非后，10月21日，第五届恩贾梅纳中非问题特别峰会在乍得总统代比主持下举行。乍得、赤道几内亚、刚果（布）、加蓬、中非五国元首，喀麦隆、圣普总理，安哥拉驻乍得使馆代办、“中共体”秘书长、非盟、欧盟、联合国驻中非代表、中非过渡政府总理以及美国、法国代表与会。

会议发表的最后公报指出，经过认真分析，与会各国元首和政府首脑对已极为严峻的政治、安全、人道形势恶化的前景，特别是西北部、南部、西南部持续不断的严重暴力行为深感担忧。谴责出于政治目的侵犯不同族群和宗教信仰人群人权的行为。呼吁国际社会向处于困境中的中非人民提供紧急援助。要求中非社会各界遵守恩贾梅纳路线图和过渡期宪法，进行平等对话，以便与国际社会为中非人民建立持久和平的努力相适应。要求“中共体”秘书处尽快组织包括中非共和国各政治与社会力量在内的全国性对话会议。

会议重申过渡期从2013年8月18日过渡国家元首宣誓就职之日开始，不能超过18个月。要求过渡当局尽快设立选举机构，根据恩贾梅纳路线图精神制定准确的选举日程。

会议对过渡当局设立的有关机构以及为实现国家安全稳定，特别是为建立首都班吉和与喀麦隆接壤的边境城市布拉伊到班吉商业走廊安全所做的努力表示赞赏。对设立由非盟领导的维和部队和安理会通过中非问题的2121号决议表示赞赏。对中部非洲国家把驻中非的维和部队由730人增加至2588人，提升至非盟维和部队后将增至3652人表示感谢。非盟维和部队的任务是：保护民众安全，重建国家安全和公共循序；稳定全国形势，重建国家权威；改革和重建国防和安全部门；创造条件，向民众提供必要的人道主义帮助。

与会元首和政府首脑要求在全国范围内部署非洲维和部队，立即开始解除非法武装进程，把所有外国武装分子驱赶出中非领土。鉴于此，会议决定为非盟维和部队提供空中支援。任命喀麦隆军队准将图芒塔为非盟维和部队总司令。呼吁中非当局加快安全部门的改革步伐，根据安理会2121号决议的精神，在国际社会帮助下建立一支新的国家军队。对法国为中部非洲维和部队和升格后的非盟维和部队提供的支持表示感谢。对欧盟为“中共体”多国维和部队提供的财政援助以及将向非盟维和部队提供财政援助表示感谢。呼吁中非问题国际联络小组为非盟维和部队和中非过渡当局提供财政援助。

恩贾梅纳峰会最后声明墨迹未干，2013年10月26日，即峰会5天后，在西部重要城市布瓦尔，当地居民与占领该市的“塞雷卡”士兵（对外名称已改为国家军队，而且“塞雷卡”组织已被解散，但民众旧有概念并未改变）爆发了自政变以来的最激烈武装冲突，参加人数之多前所未有。由上千名当地居民和不明身份武装人员组成的队伍向布瓦尔机场发起攻击。进攻方自称为自发性质的自卫组织，成员中既有政变后成立的民兵组织，也有忠于博齐泽前总统的武装人员。他们公开声称是为了制止“塞雷卡”暴行，但该行动具有明显的报复性。战斗自上午7时开始，至下午方息，占据机场的士兵全被杀死，无一幸免。中部非洲多国部队紧急出发，于傍晚时分赶到现场，事态才趋于平息。冲突原因是“塞雷卡”以收缴武器为名到前总统博齐泽家乡博桑戈阿市发动武装行动，导致基督教与穆斯林两大教派冲突：数千名基督教徒到丛林或教堂避难，穆斯林教徒则有家难回。

布瓦尔机场武装冲突说明，饱受欺凌的普通百姓正在组织起来，以自卫的名义复仇，且行动规模持续扩大。中非政府在国际社会帮助下正在组建新的国家军队，而另一支军队也正在组成之中，两支军队已形成势不两立之势。“塞雷卡”被宣布解散后，一些来自乍得和苏丹的武装人员已悄然离去，半途加入“塞雷卡”或被人掌握劣迹及感到被整编入国家军队无望的武装分子也迅速遁形，数千人已无踪影，但到了何处，最终下落如何，难以知晓。所有这些都为国家安全留下了极大隐患。评论称一把无形的“达摩克利斯剑”悬在过渡国家元首和中非人民头顶，随时随地都可能会砍下来，谁将会被砍死或砍伤就不得而知了。

2013年10月29日，蒂昂盖伊代表政府提出当前最紧迫的工作目标，以挽救国家和人民为目的：立即制止强奸妇女、毁坏公民或公有财物、对民众施用强烈暴力及严重侵犯人权的现象；立即重建国家安全和社会和平，停止有罪不罚现象；立即重建国家司法体系，保护人权，在全国范围内组织人道主义援助；立即明确制定恢复宪政秩序的目标和时间表，以便进行自由、公正、透明的选举。为达此目标，政府制定了紧急行动纲领，并列入过渡期政府行为路线图。

10月30日，美国国务院中非问题特别顾问布朗访问中非。这是2012年12月美国自中非撤馆后首次派出高级官员来访并视察美国驻中非大使馆。布朗曾任美国驻成都总领事，熟悉对华事务。布朗抵达后举行记者招待会，指出蒂昂盖伊总理在出席本届联大期间曾到访华盛顿，受到美国国务院接待和宴请，会晤了美国会议员，与美国发展援助署和负责人道援助的非政府组织代表举行了中非圆桌会议。布朗说美国对非洲维和部队实现中非和平与稳定方面寄予极大希望，中非立法和总统选举只能比2015年2月过渡期规定的时间提前而绝不能推后。法国正在研究加强在中非的军事力量和维和力度，美国将与法国合作，实现中非和平与稳定。

布朗指出，美国驻中非使馆虽然因安全原因撤离，但美国国务院对中非形势的关注程度并未有丝毫减弱，因为“塞雷卡”对世界安全的影响已跨越大西洋，使美国感到担忧。“塞雷卡”武装政变后，美国曾一度中断了对中非的援助，但人道主义援助迅速恢复，2013年已提供了3000万美元，2014年还将增加。这在美国对外援助史上堪称例外之举。美国还将向非洲维和部队提供4000万美元的财政支持，欧盟和法国已决定分别提供5700万欧元和4000万欧元的维和援助。法国将向联合国安理会递交中非问题新决议草案，已获美国支持。法国在中非驻军将向非盟维和部队提供直接军事援助，美国在中非驻军的主要任务虽仍为打击乌干达上帝军，但也会参与有关维和行动。国际社会在得知分别有3500名和1500名前“塞雷卡”士兵已被吸收加入国家军队和国家宪兵、水务与森林护卫队，而且90%左右是文盲，深感震惊。大量前“塞雷卡”士兵加入国家军队，实际上对国家安全构成隐患，又极大地增加了国家财政支出，成为极为沉重的财政负担，还会产生其他问题。中非现阶段所有支出均来自于国际援助，当务之急是发展遭到根本性破坏的教育、卫生、环境、农业、基础建设。国家领导人应关心民众疾苦，而非发展忠于自己的军事力量保护自身权力。美国不能容忍这样只保护领导人安全而非保证国家安定的防务政策，这种政策已被历史证明彻底失败。

布朗说，出于安全原因，美国驻中非大使馆仍不能尽快复馆。他作为美国国务院中非问题特别顾问，前来中非出席第三次国际联络小组会议，最多只能待三天。这是美国国务院的规定，主要原因还是安全问题。

11月1日，联合国安理会举行中非形势发布会，认为中非形势持续动荡的局面仍在继续，被解散的“塞雷卡”士兵仍在大量伤害平民，武力劫持事件和对妇女性暴力行为有增无减。仇杀、性暴力、强征儿童兵现象更加普遍，全国绝大多数地区缺乏最基本的安全保障系统。情报显示，极端和国际恐怖主义分子正在渗入。全国半数人口连最基本的生存条件都得不到满足，人权状况极差，亟须人道援助。国家机器荡然无存，暴虐横行，有罪不罚。政府无力保护平民，许多民众只能在丛林藏身，无法获得清洁用水和基本生活服务。“塞雷卡”有可能出于破坏过渡期后立法和总统选举的考虑，正在系统地销毁国家档案和人口资料，同时挑起穆斯林和基督教两教派暴力冲突，使宗教、族群对立情绪更加严重。中非正在滑向可怕的深渊，其外溢效应不仅将会对周边国家的安全造成威胁，而且成为自毛里塔尼亚到索马里“恐怖弧”的薄弱环节。马里和萨赫勒地区的恐怖分子都可能利用中非各地出现的权力真空乘虚而入。中非长期动荡将对非洲大湖地区、南北苏丹及达尔富尔地区构成严重威胁。

继5月3日在刚果（布）首都布拉柴维尔、7月8日在非盟总部埃塞俄比亚首都亚的斯亚贝巴举行会议之后，第三次中非问题国际联络小组会议11月8日在中非首都班吉举行。中非问题协调人、刚果（布）总统萨苏专程赶赴班吉主持会议开幕式，并与中非过渡元首乔托迪亚会晤后返国，随后由“中共体”执行主席代表乍得外长和非盟和平与安全委员谢尔克作为会议两主席共同主持。联合国负责政治事务的副秘书长费尔特曼代表潘基文秘书长与会。联合国安理会5个常任理事国代表、非洲主要国家、各重要国际组织和国际金融机构代表出席会议。会议代表性之广、与会人员之多超出前两届会议，说明国际社会对中非形势的关注度较前相比明显提高。

会议共有三项基本内容：全面回顾中非形势政治、安全和人道形势发展，讨论中非政府提交的过渡期路线图，次地区、非洲及国际组织就支持中非恢复稳定和建立宪政秩序交换意见。会后发表的声明指出，与会各方对中非安全形势仍深感忧虑，对民众所受痛苦以及中非局势对地区稳定的不利影响深表担忧，决定集体努力应对挑战，并呼吁其他方面加入。声明对7月19日非盟和平与安全理事会第385次会议决定在中非部署维和部队（国际支持和平团），对10月10日联合国安理会通过2121号决议扩大驻中非代表团职能和权限，对10月21日“中共体”恩贾梅纳峰会再度审议中非政治安全与人道形势并通过最后公报表示了赞赏，重申2013年1月11日利伯维尔协议和4月18日恩贾梅纳声明仍是解决中非危机的政治基础。

会议呼吁国际社会增加对中非维和部队的援助，将提请安理会通过在全国范围内部署非盟维和部队甚至提升至联合国维和部队（蓝盔部队）的决议，以便把渗透到中非的外国武装分子或武装团体驱逐出去。国际金融机构将在评估中非形势后提出财政援助计划，以缓解中非政府面临的严重财政和预算危机，保证权力平稳过渡。2015年初过渡期结束后举行公正、透明、可信的立法与总统选举的既定目标不容改变。

欧盟、法国、美国表示将增加对维和部队的财政援助，法国继续提供军事训练和后勤支持。法国代表团表示，法将不会像在马里那样直接参战，仍主张由非洲人解决非洲安全问题，但会更加积极地参与维和部队的军事行动。法国不会容许中非成为另一个索马里，在必要情况下仍会出手，非法武装不要对法国的决心存有怀疑。

我以中方代表身份在大会发言，对有关各方对中非形势的担忧和提出的目标进行呼应，强调中国担任2013年11月联合国安理会主席，密切关注中非问题发展。中方已向中非方提供了力所能及的帮助和援助，有关合作项目对中非经济社会发展起到了明显的促进作用。自去年12月中非形势发生重大变化以来，我作为中国驻中非大使，坚守工作岗位，亲眼看到了各种破坏场面及其严重后果，对中非人民所经受的苦难感同身受，表示深切的同情。中国是最大的发展中国家，中非是发展中国家的一员，两国既有着共同的历史遭遇，也面临着共同的发展问题。发展中国家是一个共同的命运共同体。中方将一如既往地发展对中非的友好合作关系，继续提供帮助和支持，同时希望中非方明白，外部虽然可以提供一定程度的帮助和支持，但最终还是要中非方提出解决问题的方案并作出努力。外因只有通过内因才能起作用。

我的发言得到中非政府代表团的赞许，非洲国家和美国、法国代表团也表示赞同。事隔数天之后，赤几驻中非大使还谈起我的发言，认为与其他国家的发言不同，很有特点，非洲国家愿意听取中国朋友这样的发言。

会议在中国公司承建的莱杰饭店（前称利比亚饭店）举行，期间数度停电，会议发言不得不暂时中断。每次停电都会使会场发出嘘声。我轻声对旁边的美国代表布朗说中非是典型的发展中国家，这种情况可以理解。布朗笑答，他知道中国也自称是发展中国家，他在任美国驻成都总领事期间也出席过多次大型会议，从未发生过停电事故，“应该承认，发展中国家之间的差别还是很大的”。

法国大规模出兵遭遇激烈动荡的12月

2013年12月是“塞雷卡”武装政变夺权后局势变化和武装冲突最为激烈的一个月，事态频发，更是无辜平民伤亡最多的一个月。法国在安理会通过新的中非问题决议后大规模出兵，本以为会使局势较快平息下来，未想到却遭遇了前所未有的复杂局面。

法国决意在中非复制马里模式，即拉上国际社会出兵制止战乱，尽快举行选举，帮助新政府恢复秩序和政治稳定，进行经济重建。法国在出兵马里前撤换大使，派出政府信任且与军方关系密切的新大使协调有关军事行动。法国在中非也如法炮制。法国媒体称法比尤斯外长已选定新任驻中非大使，外界估计新大使到任还需一段时间，谁知数天后新大使已抵达班吉。我接到塞尔·缪塞蒂大使于12月4日举行离任招待会的请柬，但新任大使夏尔·马里纳斯已于12月3日乘法航班机抵达。这是国家间外交关系史上绝无仅有的事件。按照外交惯例，一个国家在另一个国家不能派驻两个大使，但法国就可以例外。法国可以在不通知驻在国、不征求驻在国同意的情况下派驻大使，驻在国只能同意。法国大使离任招待会上出现了老大使发表离任讲话并与大家惜别，新任大使站在一旁接受别人祝贺的情况。

2013年12月5日夜，安理会正在讨论关于中非形势的第二个决议，忠于前总统博齐泽的军事人员和自卫武装联合（媒体称为民兵）向首都发起强大军事攻势，公开扬言要推翻乔托迪亚政权。民兵武装显然经过精心准备，首先攻破监狱，解救出被关押的前军队士兵和不与政变当局合作的前政府官员，再向政变当局兵营和全国过渡委员会（临时议会）发起进攻。数百名装备有重武器的武装人员有备而来，虽然被打退，但却使国家再次进入严重动荡，近千名普通市民无辜丧生。

舆论称之为“反政变”或“第二次政变”。居民陷入极大惊恐，首都秩序大乱，数万名班吉市民逃到法国军队驻守的机场附近躲避战乱。班吉街头鲜见人迹，只见红十字会人员收拾尸体。中国使馆围墙外的草地上倒有一具女尸。

基督教民兵向过渡政权提出12点要求：过渡国家元首和政府无条件辞职；建立由国际社会监督的过渡政权；废除政变后签署的矿业与林业协议；撤出外国（暗指乍得）军队；撤除“塞雷卡”设置的所有路障；消除国家军队中的“塞雷卡”士兵，并取消其军衔；恢复2004年宪法；设立相应的爱国过渡机构；重建防务和安全力量；由非盟和法国维和部队保护经济走廊；废除利伯维尔和恩贾梅纳峰会有关中非问题的协议和决议；支付政变后欠发的工资和退休金。

正所谓风水轮流转。“塞雷卡”在发动武装政变向博齐泽总统提出72小时最后通牒，现在基督教民兵又向政变当局提出了类似最后通牒的12点要求。

在班吉再度爆发激烈武装冲突，陷入政变后最大规模混乱和出现大量伤亡事件后，联合国安理会通过（由于时差关系，同为12月5日）了法国与刚果（布）、加蓬、卢森堡、摩洛哥、韩国、卢旺达、多哥、英国、美国等10国的联合提案（实为法国提案），即第2127号决议。决议对中非共和国局势持续恶化，秩序失控，法治缺失，宗教和派别间关系趋紧，以及由于该国动荡可能对中部非洲地区甚至整个非洲地区安全与稳定产生的严重后果深表忧虑，强调国际社会必须立即采取对策。决议谴责在中非境内的一切侵犯人权的行为和罪行，表示将调查所有犯罪行为并将罪犯绳之以法，加速部署非洲主导的维和部队（中非国际支助团），将在可能情况下使之转变为联合国维和行动。决议最重要的内容是授权法国驻军采取一切必要措施，向非盟驻中非维和部队提供其完成任务所需要的支持和帮助，并向安理会报告行动情况。决议明确要求中非过渡当局全面配合法国军队的部署和行动，特别是向法国军队提供安全保障，保证法国军队可以在中非全境畅行无阻地执行任务，同时敦促中非各邻国采取适当措施，向法国军队提供必要支持。

安理会第2127号决议授予法国驻军特权，即法国可以根据自己的意愿和设想通过武力恢复中非的安全与稳定。法国获得了一把尚方宝剑，当即向中非增派军队，由410人迅速增加到1600人。法国国防部把这次行动命名为“红蝴蝶行动”。

12月9日晚，法国驻军在一次例行巡逻中与不明身份的持枪者相遇交火，两名法军士兵当场死亡。这是法军在中非驻军多年来首次牺牲战士的生命。舆论大哗，法国政府深陷尴尬境地。此后，法军尽量避免少数人行动，通常是数辆装甲车一起联合巡逻，遇有可疑情况即开枪示警，稍遇对抗则决不留情。

12月10日，法国航空公司因安全原因取消飞往中非的班机。这是法航自去年中非动荡以来第三次取消航班。此时，奥朗德总统正在南非出席前总统曼德拉的葬礼，随即决定提前结束在南非的活动，取消与南非总统祖马的会谈，提前回国。总统专机由南非直飞班吉国际机场。奥朗德成为法国第五共和国成立以来首位从国外直接飞赴前线劳军的总统，也是首位战端刚开便前往战地视察的总统。法国方面并未向中非过渡当局通报奥朗德访问的消息，而是在专机即将抵达前通知过渡国家元首乔托迪亚与之会见。乔托迪亚通过媒体发表消息："我将于今天晚上与奥朗德会晤"。在法国出席法—非安全与和平峰会（这是法国首次也是世界上首次举行非洲安全与和平特别峰会，英葡西语非洲国家领导人也应邀出席。与会领导人一致认为非洲安全问题极为严峻，需引起高度重视。法国巧妙地利用大家共同关心的安全议题，阐述法国为非洲安全所做的努力和未来安全构想，提出通过安全合作与非洲建立新型关系，借以扩大法国在非洲的影响力。会后，奥朗德专门主持召开中非问题小型峰会，阐述对中非过渡期及其以后的政治设想。）的蒂昂盖伊总理因法航班机取消而无法回国，法国政府临时决定，让蒂昂盖伊总理乘坐前往班吉与奥朗德总统会合的三军总长爱德华·吉约的军用专机回国。蒂昂盖伊总理这才得以在奥朗德抵达班吉前"数分钟"在机场停机坪上迎候。媒体就上述两件事发表评论：从任何意义上讲，中非都已无主权可言。

法国在中非驻军已有40年历史，"红蝴蝶行动"是法国军队自1979年以来在中非进行的第八次军事行动，也是最为艰巨复杂的一次行动。法军不仅要面对穆斯林和基督教两大教派前所未有的对立和冲突，还要应付不同性质的武装组织相互争斗以及对民众构成的威胁，解决严重的人道主义危机，更要阻止国际恐怖组织在非洲这块核心区域建立基地。中非已陷入全面无政府状态，法国虽然奉安理会之命前来恢复秩序，但危险程度不言自明。

奥朗德总统在外长法比尤斯、内政部长托比拉陪同下，在班吉机场停留了两个小时。数架武装直升机在空中盘旋，保护总统。奥朗德先是向"为法国牺牲"

的两位战士致意，再是会见法国驻军和非洲维和部队将领，然后向法国士兵发表讲话："你们的使命是拯救生命，你们的目标是解除非法武装和消除武装冲突的根源。大量非法武器流落民间，种族和宗教仇恨难以消除，任务艰巨而充满危险。因此，法国必须进行紧急军事干预，否则就来不及了。"奥朗德还与中非过渡国家元首乔托迪亚、过渡委员会主席恩根代、过渡政府总理蒂昂盖伊三巨头举行了集体会晤，但未与在机场周边大雨中避难的数万班吉市民见面，事后便匆匆登上专机，飞返巴黎。

2013年初和年末，法国先后出兵对马里和中非进行大规模军事干预，出兵数量达9000人次。民调显示，51%的民意赞同法国出兵。当有议员在议会就出兵问题提出质询时，奥朗德的回答是："绝不能就事论事。法国若坐视马里和中非国家分裂和出现人道主义灾难，法国的国际作用将在何处显现？法国的伟大之处又在何处显现？"法国推动安理会通过有关决议，然后在执行安理会决议的名义下向马里和中非派兵，具有强烈的象征意义，是要向外界显示法国的军事实力和国际影响力。有人说奥朗德是在用自己的政治生命冒险。埃罗总理在议会代表奥朗德解释法国在中非军事行动的最终目标：为期4个月至半年，帮助非盟维和部队显示非洲的力量，恢复中非的稳定，实现民主过渡。

由于政变当局在夺取政权近10个月后仍未能实现国家稳定，以穆斯林为主的"塞雷卡"军队大肆迫害基督教徒，居于人口多数的基督教徒开始联合起来，不同性质的自发式自卫组织、忠于前总统博齐泽的前军政人员、各种民间武装甚至是前反政府武装或强盗武装，各自行动或进行动态组合，对政变当局和"塞雷卡"武装及穆斯林教徒进行报复性打击。这些名目繁多的组织统称"反迫害"运动，即反对"塞雷卡"对基督教徒的杀害和迫害，且怀有极端的复仇心理，明确提出行动目的就是迫使乔托迪亚下台。也有的人如同多数"塞雷卡"成员一样，加入叛军就是为了趁乱抢掠财物。乔托迪亚过渡国家元首和法国驻军一再号召民族和解，但与谁和解？这些"民兵"组织各自为战，互不隶属，鱼龙混杂，想对话却根本找不到真正的领导人。法国人也颇感棘手，要想在中非实现既定目标，谈何容易！

12月18日，穆斯林民众在班吉举行政变后首次抗议游行。以前都是基督教徒抗议"塞雷卡"和穆斯林迫害基督教徒和摧毁教堂，现轮到穆斯林抗议自身受到迫害了。种族和宗教冲突使中非独立后数十年来基本上和平相处的两大宗教处于严重对立状态，社会撕裂度之强前所未有。基督教和伊斯兰教两大教派领袖多次公开会面，握手言欢，希望两大宗教派别摒弃成见，一笑泯恩仇，但收效甚微。同日，数千名基督教徒举行和平游行，要求乍得撤出在非盟维和部队中的军队，指出“塞雷卡”中混有许多乍得雇佣军，得到维和部队中乍得军人的偏袒和保护，而且乍得政府干预和参与中非冲突，是中非形势日趋恶化的主要根源之一。游行队伍打出要求乔托迪亚辞职的标语，情绪激愤。迫于形势，乍得和喀麦隆两国开始从中非大规模撤侨。

12月19日，根据安理会决议，非盟维和部队在中部非洲多国部队驻地举行换旗仪式，标志着中非维和任务正式由“中共体”交给非盟。在多方努力下，非盟维和部队人数已达4500人。除中部非洲刚果（金）、刚果（布）、乍得、加蓬、布隆迪、赤道几内亚7国外，卢旺达等国也将派兵。非盟领导的维和部队将于数月内达到6000人。

12月19—20日，欧盟峰会讨论建立欧盟银行联盟和欧洲防务问题，但中非安全却成为重要议题之一。法国总统奥朗德要求与会的28国领导人对参与中非安全事务作出明确表态，并与法国一起承担义务，向中非派兵。比利时称将“在欧盟范围内”派出150名士兵，负责维护班吉机场安全。波兰也表示将会派兵。法国派驻中非的部队名义上是向非盟维和部队提供技术和后勤支持，但事实上法国军队已冲在第一线，而且要求欧盟国家提供具体支持，而非仅在口头和道义上“声援”。欧盟委员会负责向中部非洲提供人道援助的办事处主任朗布雷奇指出，现光首都班吉市的难民已达20万人，外界提供的人道主义援助杯水车薪，而且很难送到难民手中。欧盟拟再向中非提供4000万欧元援助，并提供可供10万人居住的帐篷。法国还提议欧盟设立中非援助共同基金，但各国都以财政困难为由，反应不佳。

12月20日夜，亲前总统博齐泽的军人和自卫性质的反政府民兵武装联合向维和部队中的乍得军队发起进攻，两辆乍得军队巡逻车遭到手榴弹袭击，一名乍得军官死亡，数人受伤。22日，集聚在班吉国际机场避难的市民举行集会，抗议前“塞雷卡”士兵的抢掠和残害行为，非盟维和部队的乍得士兵向示威人群开枪，一死数伤。穆斯林群众则抗议法国驻军偏袒基督教徒，对穆斯林教徒“不公正”。法国驻军装甲车队每天在班吉大街上巡逻，武装直升机不停在班吉上空盘旋，查看情况，进行威慑。基督教徒游行队伍打出“欢迎法国”的标语，穆斯林教徒游行队伍则呼喊出“法国人回法国去”的口号。

23日，法军打死3名中非总统卫队士兵。总统府发言人说他们已向法军亮明身份，但仍被射杀。法军回应说他们明显表露出威胁法军安全的意图，属正当防卫。同日，非盟维和部队中的布隆迪军队抓获数名持枪抢劫的前“塞雷卡”成员，被同为非盟维和部队的乍得军人解救，双方还因之发生武装冲突，数人受伤。

基督教和穆斯林两大教派争斗日趋白热化，穆斯林教徒因为人数少而感受到强大威胁。法国和美国联合向乍得总统代比施压，要求乍得把自政变后以各种原因到中非谋生的乍得人撤回去。据称，自2013年3月24日政变后来到班吉的乍得人就有1万多人，在其他地区达2万人。中非基督教徒对乍得穆斯林切齿痛恨，寻找一切机会报复。穆斯林方面传出消息：既然在班吉站不住脚，法国军队又不愿真心保护穆斯林教徒，索性再回北部老巢，与基督教徒实行南北分治。2012年马里北部宣布独立并成为国际恐怖主义重要据点的现实岂非要在中非重现？这是法国绝对不愿看到的。

12月24日，圣诞节平安夜却极不平安。自入夜到天明，辨别不明方向的枪炮声不绝于耳。维和部队中的乍得士兵遭到袭击，5人死亡。25日拂晓时分，法国驻军从机场附近的军营出发，前往敏感市区巡逻和收缴非法武器。法军这次共出动600余人，随时动用轻重武器密集扫射，意在形成强大威慑，迫使冲突各方收敛。当法军巡逻至乍得人聚居的距离市区5公里和12公里两个居民点时，遭遇穆斯林强烈抗议，称若交出武器，就只有任由基督教徒宰割的份儿了，坚决反对法军收缴武器。法军为避免与穆斯林教徒发生冲突而暂时撤离，但在班吉市其他区域取得较大进展。法国电视屏幕上出现了法军从民房里往外搬出各式武器及弹药的画面。25日夜，枪声彻夜不停，原因是法军不敢在敏感街区驻扎，法军走后不同派别的武装力量又返回进行巷战。26日夜，维和部队里的两名刚果（布）士兵遭袭击身亡，反击后打死两名前“塞雷卡”士兵，收缴一辆皮卡车。“塞雷卡”士兵失利后逃往班吉市东面的山丘丛林。

12月27日，法国驻中非大使马里纳斯向外交使团通报情况，说圣诞节期间平均每天有10—15名平民被不同派别的武装打死，还发现了两处集体屠杀的现场，多具尸体被胡乱埋葬在一起。法国将邀请国际刑事法庭进行调查。中非安全形势现仍处于极端困难的阶段，但月初以来发生的杀害和虐待民众事件并未明显增加。当前，法军最紧迫的任务是使紧张局面尽快缓和下来，帮助非盟维和部队部署到位，为民主选举创造条件。鉴于中非民众对乍得的反感情绪日趋强烈，非盟维和部队中的乍得军队将于近日撤离班吉，到其他地区如北部穆斯林聚居区部署。法国已明确告知各派反“塞雷卡”武装，国际社会绝不允许恢复博齐泽前政权，只有通过公正民主透明选举产生的新政府才能得到国际社会的支持，中非实现和平重建才有希望。

12月5日以来，政府各部门都停止办公，中国大使馆旁边的总理府也是大门紧闭，人去楼空。只有过渡国家元首乔托迪亚通过电台呼吁民族和解，其他领导人如总理蒂昂盖伊都没有现身。国家陷入全面瘫痪，政府好像已不复存在。中非基督教和穆斯林两大教派领袖联合发出呼吁，中非安全形势持续恶化，证明非盟维和部队力量明显不足，希望尽快派出联合国维和部队，帮助中非实现和平与稳定。

12月28日，中部非洲共同体和非盟派出联合代表团赴中非通报对中非部署非盟维和部队的进展情况，外交使团和各国际组织代表出席。联合代表团首先会晤了过渡元首、过渡委主席和过渡政府总理三巨头，要求他们精诚团结，不要相互拆台，得到肯定答复。但各人内心如何考虑外界不得而知。联合代表团告知外交使团，非盟维和部队接管中共体维和部队使命才9天时间，不要指望出现奇迹。非盟维和部队将尽力完成联合国所赋予的使命，按照利伯维尔协议及中非问题路线图，帮助中非恢复和平与稳定，但由于能力所限，希望尽快将非盟维和部队提升为联合国维和部队，各方增加援助。欧盟已定于近期召开中非问题国际会议，呼吁各方提供援助。

正当国际社会为实现中非的和平与稳定而积极努力之时，“中共体”与非盟联合代表团通报情况过程中却未见到一个中非政府成员在场，外交使团颇感诧异。可以想见，像中非这样的国家，许多问题都需要外部帮助解决，对外依赖程度有多大？但一旦为了争权夺利，内耗起来的能量又是多么大？普通百姓受到的苦痛又有多么大？

12月31日，苦难中的班吉市民在度过了动荡的圣诞节之后等待新年的到来。在班吉机场苦候近一个月的数万难民的境况日趋艰困，白天有人返回家中稍作停留，晚8时宵禁前又赶回机场难民营过夜。旱季到来，酷热难耐，难民营极为拥挤，基本的水电医药条件均不具备，脏乱病及各种犯罪行为混在一起，每天都有多人死亡。为唤起国际社会的注意，难民们再度占领机场跑道，高呼要求政变领导人乔托迪亚下台的口号，情绪激愤。法国士兵未强行阻拦，仅派兵维持秩序。一周一次的法航班机再次因无法降落而取消。元旦期间，零星的枪声不时响起，人们的心绪难以平静，滞留有机场的数万难民仍在艰难度日。

在此情况下，陆续返回的30多位中方各个项目组人员不仅无法正常工作，生命和财产安全均受到严重威胁。无奈之下，使馆组织了中非军事动乱以来的第三次撤离行动。个中艰辛，难以尽述。

乔托迪亚被迫辞职中非过渡期进入第二阶段

时光老人的脚步依旧按照其固有的节奏前行。中非人民送走了苦难的2013年，迎来了并不幸福的2014年。中非所面临一切问题，持续加深的人道主义危机，日趋恶化的安全和社会问题，以及持续拖欠公务员工资和政府财政困境，都依靠国际社会与“中共体”的帮助和援助。

中非面临的首要问题是安全困局。这个恶性循环的最大困局不破解，一切均无从谈起。

法国紧急派出1600名士兵进行的“红蝴蝶行动”和“中共体”多国部队升格为非盟维和部队进展缓慢，中非安全形势依旧十分严峻。滞留在机场的数万难民白天回家拿取少量生活需用品，晚上又回到难民营过夜。中非民众迫切希望法国能帮助他们早日摆脱苦难，抱怨之声见诸报端。法国外长法比尤斯在回答记者提问时说“急不得”，称法国没有向中非增兵的计划，“法国不能替代非洲人来保证非洲的安全”。非盟也表示应放手让非洲发挥作用，问题是非盟维和部队的装备和运送能力严重不足，外界必须给予大力支援。另有消息称，法国除派遣1600名士兵外，还派出了400名特种兵执行秘密使命。

新年之际，奥朗德总统对法国士兵在中非执行“危险任务”表示慰问，并放出话来：“法国不会任由一个无所作为的领导人长期执政。”法国“红蝴蝶行动”司令萨里亚诺将军回答记者提问时称，中非安全形势虽仍严峻，但已在缓慢地改善，法军将努力创造条件，以便使滞留在机场的居民回家。法国国防部长勒德里昂先后访问马里、乍得、加蓬、刚果（布）、尼日尔和中非等国，会见驻中非军队并暗示法国希望乔托迪亚早日下台，以便于2014年年底前举行大选。勒德里昂访问中非后再去乍得会晤代比总统。法国外交部发言人明确表示，中非必须在

2014年进行总统和立法选举。

1月9日，经乍得总统代比提议，“中共体”10国元首第六次在乍得首都恩贾梅纳召开中非问题特别峰会，讨论中非安全形势。中非过渡国家元首乔托迪亚、过渡政府总理蒂昂盖伊和全国过渡委员会主席恩根代被告知必须出席会议。由于没有交通工具，代比总统先一天派出小型飞机，专门把三人接到恩贾梅纳。

法国外长法比尤斯宣布，法国仅以观察员身份列席会议。虽说“仅是观察员”，但谁都知道法国才是会议的当然主角。法比尤斯说，由于中非已实际上陷入瘫痪，因而必须就过渡期的许多问题作出决定。法国不会发号施令，就看非洲朋友的了。法国只是提供支持，不会代替非洲行事，但非洲必须有所作为，帮助中非成为一个真正的国家。

会上，乔托迪亚异常孤立，大家都认为他应对中非安全形势日益恶化负主要责任，是一个不称职的元首。蒂昂盖伊总理的处境也不美妙，各方指责他领导的政府一年来基本处于瘫痪状态，只能称之为一个“影子政府”，远未尽到应有责任。过渡政府没有政纲，不知航向，人民甚至对生活已失去信心。乔托迪亚和蒂昂盖伊处境尴尬。

乔托迪亚、蒂昂盖伊、恩根代三人本拟在前往恩贾梅纳之前举行联合记者招待会，记者们在抵达会场后才得知招待会取消。媒体在深感失望之余指出，三个国家最高领导人对任何问题都难以作答，中非作为一个国家，过渡政府作为一届政权，都已不复存在。三个人都只仅具有象征意义，实际上都已不能代表国家。他们的命运实际上都已“被决定”，中非过渡政权已是“黄昏政权”，来日无多。中非处于有史以来前所未有的“权力真空期”和“多重危险期”。法国再次表示，应尽量缩短中非过渡期，早日举行大选。

舆论认为，中非之所以出现今天的悲剧，都是乍得总统代比支持乔托迪亚政变的结果。中非人民对乍得厌恶至极，非盟维和部队中的乍得军人应全部撤出。乔托迪亚已彻底丧失民心，应立即辞职。“中共体”秘书长阿拉米回称，本次峰会不讨论中非政权更迭问题。中非总统府发言人称，过渡元首决不会辞职。但在机场避难的数万难民已放出话来，他们将在乔托迪亚的飞机返回时占领机场跑道，强行阻止飞机降落。基督教民兵组织的态度更加强硬：将击落乔托迪亚的飞机。

1月9日下午，经代比总统再次提议，正在开会的“中共体”领导人集体决定，派出专机把中非过渡委员会（临时议会）的135名议员和出席利伯维尔会议的各政党代表接到恩贾梅纳，召开特别会议。议员们在接到紧急电话通知后立即赶往机场。一个国家的全体议员被别国接去开会，在世界历史上实属罕见。

与此同时，有消息说以乍得总统代比为首的“中共体”领导人向乔托迪亚和蒂昂盖伊施加强大压力，要求他们辞职。过渡委成员被临时召集到恩贾梅纳开会，其目的便是一旦他们不愿在压力下辞职，议员们将通过决议强行解除他们的职务。乔托迪亚和蒂昂盖伊将在10日上午宣布辞职。乍得总统代比先后扶植博齐泽和乔托迪亚上台，又先后使俩人狼狈下台。真应了中国的一个成语故事：成也萧何，败也萧何。成也代比，败也代比。“代比才是真正的中非总统，恩贾梅纳才是中非的真正首都。”代比后面又是谁呢？法国。

10日（星期五）上午10时，我应约会见法国驻中非大使马利纳斯。沿途看见主要路口都由法国士兵和装甲车把守，严查行人和每个过往车辆。法国军用直升机有低空盘旋，轰鸣声震耳欲聋。当汽车接近班吉市中心“零公里”处时，忽听一阵枪声，远远看见人群大乱，四散奔跑，司机急忙调转车头快速离开。我来到一处法军检查站时，向法国士兵说明情况，强调与法国大使有紧急约会，问能否派车把我护送到法国使馆。对方当即与法国使馆联系确认，告诉说他们现在派不出人来，但总统府现已由法军把守，从总统府后面的小道绕行去法国使馆，安全是有保证的。我在半个小时后赶到法国使馆，向法国大使问及乔托迪亚辞职一事，对方回称他已准备好了香槟酒，一是庆祝两个小时后乔托迪亚辞职，二是庆祝他将不再返回中非，而是直接到贝宁首都科托努，继续过流亡生活。峰会把临时议会成员紧急召集到恩贾梅纳，本意是要在乔托迪亚辞职后立即选出新的过渡元首，但发现各方分歧太大，已有多人大肆进行贿选活动，故只能再做工作，待他们回国后再行选举新过渡元首。按照过渡期宪法，过渡委应在过渡元首出缺后15天内选举出新的过渡元首，法国则要求越快越好。

从法国使馆出来，看见沿途已有民众在街边高歌，欢呼乔托迪亚下台。但人数不多，没有出现大规模群众集会活动。经了解，原来法国军队和非盟维和部队严格禁止大型群众集会，以避免出现暴乱事件。乔托迪亚辞职虽是许多人盼望已久之事，但在军事高压之下难以表露。法军还采取特殊措施，对已集中管理的前

“塞雷卡”士兵严加管制，不允许他们迈出兵营半步。据国际红会统计，乔托迪亚辞职后西北部曾爆发教派冲突，全国各地共有130人丧生，由于法国军队和非盟维和部队采取了多项预防措施，首都班吉基本平静，未出现大的动乱和骚乱。

回到使馆后，得知乔托迪亚已正式辞去中非过渡国家元首职务，离开恩贾梅纳前往贝宁首都科托努。两天后，媒体传出另一消息：有关人权机构已向海牙国际刑事法庭起诉乔托迪亚，要求追究其发动政变和严重侵犯人权的罪行。事实上，海牙国际刑事法庭早已发出过类似警告。科特迪瓦前总统巴博下台后被强行押解到海牙受审，现在又有一位下台的非洲国家领导人将受到国际审判。

根据过渡宪法规定，在未选出新过渡元首前，由过渡委主席（代议长）恩根代暂行代理过渡元首职务。

11日，恩根代发表首次全国讲话，指出2013年3月24日政变催生了大量的暴力和侵犯人权事件，把中非人民推入了绝望之中和内战边沿。政权再次更迭使人民看到了希望，为期一年多的无政府状态业已结束，为实现民族和解和国家重建创造了条件。国家正处于决定性的历史转折期，全体国民应保持冷静，保证过渡期的和平与安全。恩根代呼吁前政府军士兵“归队”，重新为国家的稳定和安全服务，希望滞留在机场的近10万难民能尽快返回各自的家中。

12日，数百名前政府军响应号召，持军人证到指定地点报到，随即换上新军装。在法国驻军撮合下，数十名前“塞雷卡”士兵和基督教民兵武装决定抛弃前嫌，当着法国军人的面放下武器，相互拥抱，互称兄弟，誓言不再相互残杀。围观的民众报以热烈掌声。这一场景被法国电视台广为传播，被称为法国驻军在中非的一大战果。法国媒体称中非民族和解有望，奥朗德决定向中非派军是正确的。

联合国驻中非特别代表盖伊将军发表声明，一是要求民众保持冷静，表现出成熟和理智精神，要求过渡委尽快选举出新的过渡元首。二是对非盟维和部队和法国军队“红蝴蝶行动”为改善班吉安全形势所做努力表示赞赏和感谢，但安全威胁依然十分严峻，不能掉以轻心。三是联合国和人道援助机构都已动员起来，向中非近200万难民提供紧急救助。

14日，法国总统奥朗德举行新年记者招待会，在回答有关出兵中非理由和利弊的提问时说，世界大国只有法国在非洲驻军，因而在2013年年初和年底分别应安理会要求（实为法国起草的安理会提案）向马里和中非出兵。若法国不出兵救助，两国将出现分裂，人民将陷入极为严重的战争灾难，并成为国际恐怖主义的基地，危及非洲其他国家和地区的安全。法国的作用是制止战乱，不会代替非洲和当事国政府处理具体事务。言外之意：法国干预非洲事务天经地义。法国是以国际社会的名义干预马里和中非局势的，是在“替天行道”。

同日，后续委员会成员集体会见中非过渡委员会主席恩根代。后续委主席刚果（布）总统特别代表埃戈松和联合国驻中非代表盖伊将军代表国际社会提出要求：中非新任过渡国家元首必须为中非人民和国际社会所接受，过渡政府必须强势精干和富有权威，不能再组建由30—40名各政治和武装派人士组成的“大全国联合政府”。国际社会将不会再向只求谋取职位而不努力工作的部长支付工资。法国驻中非大使强调，若选出的新过渡国家元首和过渡政府总理符合国际社会的标准和期待，法国将会继续提供财政和军事援助，派出政治与经济顾问帮助新政府工作，并帮助筹备大选。言外之意：若中非新过渡元首不合法国之意，法国还将会按照自己意愿采取其他措施。

我作为后续委成员，在会见恩根代主席过程中做了原则表态，希望过渡委以国家利益为重，与国际社会充分配合，早日选举出新的过渡元首，实现国家安全和稳定，进而按照过渡期宪法组织总统和立法选举。中方将与国际社会特别是联合国机构充分合作，为实现上述目标贡献力量。

15日，全国过渡委员会讨论选举新过渡国家元首事宜。当时即有数十人报名参选，会场乱作一团。后续委代表国际社会进行干预，并提出参选新过渡国家元首资格16条标准，明确要求必须照办，否则国际社会就不再过问中非内部事务了。16条标准中最重要的是所有业已辞职或仍在职的过渡政府成员和过渡委议员、20年来参加过各类民兵或叛军组织的人员都不能参选，不能有任何违法或贪污记录，还需交纳5000美元（在中非已属一笔巨款）的参选金。许多人被挡在参选新过渡国家元首大门之外。过渡委只能表示完全接受。

16日，过渡委继续举行全体会议，受理竞选新过渡国家元首候选人报名并进行资格审查。前班吉市长恩贡贝、前总统长子小科林巴、社会活动人士蒙克女士、在联合国驻中非代表处工作的专家塔卡马、现任班吉市长卡特琳娜·桑巴·庞扎女士、前总统之子小帕塔塞、2011年总统候选人纳贡博、艾滋病全国防护委员会协调人纳里等8人最终获得候选资格。

2014年1月21日上午10时，中非新过渡元首选举在全国过渡委员会（临时议会，原国民议会）举行。第一轮投票未有人得到过半绝对多数票，现任班吉市长庞扎女士在第二轮选举中以95%的高票当选。与其他候选人相比，庞扎女士显然是有备而来，精心准备了竞选讲稿，还向议员和国际组织与外交使团代表散发了精致的政纲小册子，与其他讲话逻辑混乱、回答咨询话不对题的候选人形成鲜明对照。庞扎女士高票当选，其他人的得票率基本上可以忽略不计，甚至有两人得票率为零。

庞扎女士当选后，法国和欧盟大使难以掩饰其高兴的心情，当即相互拥抱起来。

2014年1月23日，新当选的过渡国家元首举行宣誓就职仪式，与政变领导人乔托迪亚当选为首任过渡国家元首时的宣誓就职仪式没有区别，国际社会和外交使团代表上前祝贺。加蓬总统邦戈、法国外长法比尤斯、喀麦隆总理菲勒蒙、乍得外长等出席。法比尤斯外长表示将向庞扎总统提供全面支持，并预祝她在领导过渡期间取得预期成功。众所周知，在法语非洲国家，领导人得到法国的支持是执政能否顺利的关键。

我以中国驻中非大使身份祝贺庞扎女士当选为新一届过渡国家元首，希望两国关系在中非形势趋稳后得以恢复。庞扎女士要求我向中国领导转达问候，并再次对中方对中非提供的各方面援助表示衷心感谢。

1月25日，庞扎女士任命在中部非洲银行任副行长的中非藉金融家恩扎巴耶凯为新一届过渡政府总理。两天后，1月27日，由20位部长组成的新一届过渡政府成员名单公布，体现了国际社会要求建立小型高效政府的要求。

由此，2013年3月24日政变后的中非过渡期进入第二阶段。

马年说马

一

生来有傲骨，昂首长嘶鸣。
侧耳听风雨，环眼观苍穹。
志在千里远，须臾不安宁。
挣脱缰与锁，奋蹄欲腾空。

二

耕犁仓廪足，弛趋不歇停。
征战胆越壮，护民保和平。
忠良不二意，至死无怨声。
千年文明史，历代留威名。

三

背脊长龙纹，挺身似虎形。
何须鞭与策，狂奔势若虹。
一骠昂扬起，万匹紧随行。
雄姿震寰宇，伟哉中华梦。

（刊于2014年1月22日外交部网站）

“中非出现食人族”与乍得宣布撤离维和部队

乔托迪亚在国际压力下被迫辞职，中非全国过渡委选举庞扎女士为新的过渡国家元首，但中非形势并未因此而有所改善。乔托迪亚辞职使基督教多数派看作是自己的胜利，穆斯林少数派族群的气势一落千丈。基督教民兵组织对穆斯林教徒的报复活动由秘密转为公开。周边国家加速从中非撤离穆斯林侨民，首都班吉的穆斯林族也向北部穆斯林聚居区转移财产或举家外迁。

1月22日，庞扎女士当选过渡国家元首第二天，基督教民兵组织“反巴拉卡”进攻前“塞雷卡”士兵集中的兵营，闯入中央监狱枪杀在押的“塞雷卡”犯人。极端分子当街焚烧“塞雷卡”士兵尸体，人们像过狂欢节一般围观，有人出于仇恨从烧焦的尸体上割肉分食。有关照片和报道在网络上盛传。“中非出现食人族”的新闻瞬间传遍全世界。

“反巴拉卡”并非一个单纯的军事组织，其构成极为复杂：有前总统博齐泽的支持者，有前军队将领领导的军事组织，有家人或亲友或自己受到迫害后的复仇者，有专以抢劫为生的流氓团伙，还有不同类型的恐怖分子。群雄并起，各立山头，“有枪便是草头王”，但都以“反巴拉卡”基督教民兵组织的名义活动。

1月28日，联合国安理会通过2134号决议，将联合国驻中非建设和平综和处（联合国驻中非代表处）任期延长一年，要进一步加强该代表处的行动能力。安理会对中非安全局势恶化、秩序失控、法治缺失、由宗教冲突引发的针对性杀戮等问题，特别是对2013年12月5日以来首都班吉武装冲突导致1000多人死亡表示严重关切，强调中非局势持续动荡对地区安全和稳定构成严重威胁。由于中非现有130多万人急需食品救助，世界粮食组织启动了紧急救助方案，在25天内从喀麦隆向中非运送1800吨大米。该组织称，其对中非的紧急援助规模和数量已超过对叙利亚和菲律宾的援助，但仍难以人根本上解决中非的粮食危机。

2014年2月28日，法国总统奥朗德在访问尼日利亚归国途中"冒着生命危险"第二次对中非进行"不事先通知"的闪电式"实地考察访问"。奥朗德来访前，法国决定把原定于4—6个月的"红蝴蝶"军事行动无限期延长，以便更有效地向非盟维和部队提供支持，这实际是法国军队自己行动并主导非盟维和部队的行为。法国还向联合国提出要求建议，鉴于中非形势的严峻性和复杂性，现有的维和力量严重不足，应增设一支为数10000人的国际维和部队。法国还向联合国提供了一份应为中非混乱形势负责的8人制裁名单，前总统博齐泽名列其中，说他向基督教民兵组织提供武器和财援，他虽远在乌干达，但"非常活跃"。奥朗德在与中非新任过渡总统庞扎女士、过渡政府总理恩扎帕耶凯、外长杜杜会晤后，集体会见过渡政府成员、宗教界领袖和社会各界代表并发表讲话，对中非方面的热情接待表示赞赏，强调如果法国不及时干预，业已发生的暴力和屠杀事件将会全面蔓延。他以法国总统身份在当前情况下来访是为了体现法国对中非形势负有的特殊责任。奥朗德指出，他去年12月来访时已明确表示法国恢复中非和平与政治稳定、重建社会秩序、制止种族冲突的决心。三个月过后，在新一届过渡政府、有关各方和法国军人的共同努力下，中非形势有了一定改善，国际社会、法国、欧盟和中非人民看到了民族团结与和解的希望。在恢复首都班吉的安全后，法国军队将帮助恢复西部和东部各省的安全。中非的混乱和动荡不仅将威胁中部非洲地区，还将危及整个非洲大陆。法国在中非的行动不仅仅是为了一个国家，而是为了保证非洲大陆的安宁。数十年来，中非处于动荡、混乱、腐败等悲剧之中，兵连祸结，民不聊生。法国并不希望把中非变为天堂，但希望民众能够安居乐业，成为本地区的一个民主样板。

中非舆论对奥朗德第二次来访评论不一：一种说法是此举证明法国对中非局势远未恢复平静深感担心，对中非的军事干预业已失败；另一种说法则认为奥朗德高度重视中非形势发展，此访是要提振中非新过渡政权的信心，向法国驻军对中非局势逐步趋稳表示慰问，显示法国不达目的决不收兵的决心，使中非人民感受到新的希望。奥朗德与新任过渡国家元首桑巴·庞扎女士，接见法国军人，并在坦克和武装直升机的护卫下到班吉敏感街区巡查，意在显示班吉的安全已得到改善。奥朗德指出："班吉居民的生活业已恢复，商店开始营业，但要做的事情仍然很多。”

奥朗德指出，法国将全力帮助中非中央政府建立对地方的权威，绝不允许中非分裂。过渡国家元首桑巴·庞扎女士则要求立即发放近几个月来拖欠的公务员工资，这是国家稳定的首要条件，奥朗德允诺帮助解决，督促“中共体”国家兑现所做承诺，向中非提供财政援助，但具体情况外界不得而知。亲法舆论称：“法国在中非危难之际前来拯救，是中非的保护神。”

法国驻军司令索里亚诺将军回应过渡元首桑巴·庞扎女士要求国际社会应进一步加大援助的要求时说，中非不能完全依靠国际社会来解决自身的问题，中非人民应积极参与自己国家的重建，应由中非警察和宪兵部队担负起维护国家治安。索里亚诺将军同时承认，中非军人、宪兵、警察领不到工资，士气低落，远不具备行动能力，更形不成战斗力。

奥朗德来访意在向法国驻军和中非新过渡政府打气，在肯定法军事行动成果的同时，要求中非新成立的过渡政府担负起相应责任，尽快实现国家稳定，为正式选举打下良好基础。

形势并未向法国所希望的方向发展。基督教民兵组织对穆斯林教徒的报复行动日趋激烈，一名穆斯林议员光天化日之下在班吉街头被不明身份者击毙。前总理蒂昂盖伊家庭两次遭到抢劫。穆斯林教徒不敢外出。法国驻军和非盟维和部队由保护基督教徒变为保护穆斯林教徒。基督教民兵组织认为维和部队偏袒穆斯林，遂对法国驻军和非盟维和部队发动攻击。基督教民兵组织拥有广泛的民意基础，法军和非盟维和部队极难对付。

国际社会和广大民众对新政府寄予极大期待，希望能迅速恢复稳定，为在过渡期结束后的大选奠定良好基础。但事与愿违，两个月过去了，中非安全局势持续恶化的局面还在继续，军队重建停滞不前，警察没有起到维护社会治安的作用，安全仍由国际维和部队艰难维持，国家没有财政收入来源，国库空虚，政府预算和公务员工资全靠国际援助。庞扎总统在每次的全国讲话中只会重复“孩子们，我以一个母亲的名义要求你们放下武器，停止暴力，重建国家”等话语。新一届政府仍如上届蒂昂盖伊政府一样，没有太大作为，甚至没有人感受到新政府的存在。过渡政府安全部长承认虽然付出了巨大努力，中非安全形势仍令人担忧。无论是非盟维和部队还是法国驻军，都没有使中非尽快恢复正常秩序的魔力。国家正在经历有史以来最困难的时期。联合国驻中非代表处人道主义行动协调员迪昂格指出，中非400万人口中有250多万人急需援助。国际社会和民众对新政府的厌烦情绪上升，抱怨和攻击之声纷至沓来。

2000名装备精良、训练有素的法军和6000名非盟维和部队4个多月的辛劳不但未取得预期效果，"反巴拉卡"基督教民兵组织的势力却迅速壮大，并由对穆斯林转向对维和部队的攻击。普通民众由对"反巴拉卡"的支持和同情转为提供情报和配合，批评维和部队行动不力并偏袒穆斯林。法国驻军和非盟维和部队的首要任务是解除各类非法武装，恢复和平与安全，谁知民间的非法武装组织和武器越来越多，安全日趋恶化。中非舆论批评和抱怨之声也不绝于耳。

中非问题只能政治解决而非军事强压的提法逐渐占据上风。但是，政治解决又必须建立在强有力的军事压力基础之上。国际社会深感既不能放手不管，又难以找到有效的恢复安全形势的办法，大有骑虎难下之势。

每年的3月15日是博齐泽前总统政变周年纪念日，2014年3月24日又是"塞雷卡"军事政变一周年，基督教民兵组织在这段时间内发动了一系列攻势，仅23日一天就造成数十人伤亡。该组织还与非盟维和部队里的布隆迪和乍得士兵（两国士兵均为穆斯林）在班吉国际机场附近交火，导致14死16伤。

法军司令索里亚诺说，"反巴拉卡"基督教民兵组织已成为中非和平的一大障碍，非盟驻中非代表兼维和部队总司令姆科科将军说该组织"跨越了正当防卫的界限，向制止冲突和保护中非民众的非盟维和部队发动袭击，该组织中的许多人已成为恐怖分子，是维和部队的主要敌人"。联合国驻中非代表盖伊将军举行记者执行会，指出中非安全形势日趋恶化，呼吁"反巴拉卡"基督教民兵组织和以该组织名义行事的不同派别停止暴力行为，特别是停止纯粹宗教意义上的武装冲突即宗教仇杀，绝不能让仇恨蒙蔽双眼，执行安理会维和行动的国际部队受到无端攻击更加不可接受。"暴力行为螺旋式上升的情况若不停止，中非国家这条船将会沉没，永无翻身之日。"

"反巴拉卡"基督教民兵组织和部分议员强烈反弹，称此话"极不负责任"，他们的目的是把中非人民从"塞雷卡"及外国雇佣军的铁蹄下"解放"出来，非盟维和部队不应阻止他们解除穆斯林族的武装。基督教民兵组织并未向维和部队开枪，而是维和部队为保护穆斯林而向他们开枪，因而引发冲突。维和部队视他们为敌将加重基督教和穆斯林两大教派和基督教信徒与维和部队的对立情绪。“反巴拉卡”还声称他们有特异功能，在全身涂抹羊血和念咒语后刀枪不入，战无不胜。

前总统博齐泽创建的劳动党领导人说，中非形势发展到今天都是由于乍得总统代比纵容和支持“塞雷卡”发动军事政变的结果，乍得应为基督教民众受到“塞雷卡”残酷迫害负主要责任，不能容忍代比继续干涉中非内政，“反巴拉卡”基督教民兵组织把乍得军队作为主要袭击对象，公开声称赶走乍得军队是其最终目标，并要求与政府分担权力，由中非人自己解决自己的问题，不达目的，誓不罢休。

3月27日，一家基督教徒举行丧礼守夜时遭受不明身份的人用手雷袭击，20人死亡多人受伤。3月29日，乍得维和部队掩护穆斯林转移过程中受阻，向人群开枪，37死300伤。“反巴拉卡”民兵组织则称他们未向乍得部队采取行动，是乍得军队像往常一样随意开枪杀人害命。过渡政府总理恩扎帕耶凯对首都近期螺旋式上升的武力冲突予以强烈谴责，认为非盟维和部队犯了错误。联合国人权组织报告认为乍得军队反应过当，严重侵犯人权。“反巴拉卡”组织好像占住了理，发表新闻公报谴责并批评国际社会偏袒乍得军队和穆斯林，使基督教民众受到不公正待遇。为何只强调要解除“反巴拉卡”组织的武装，而不解除穆斯林族的武装，反而向他们提供保护？

2014年4月2日，欧盟与非洲峰会在布鲁塞尔欧盟总部举行，80个国家的元首或政府总理与会。会议主题为建立欧—非新型伙伴关系，扩大欧盟对非合作，应对新形势下各大国加强对非争夺的新形势。在全球经济持续低迷，特别是欧盟深陷经济危机难以自拔的情况下，非洲经济年增长率高达5%，欧盟必须更加重视对非合作。会议口号为：安全、发展、环境、经济。

中非过渡国家元首庞扎女士应邀出席。峰会前一日，法国总统奥朗德在爱丽舍宫会晤庞扎女士，还安排两院议长和外长与之会晤，就中非形势交换意见。奥朗德称中非安全形势全面恶化，国际社会和欧盟必须加大对中非的军事和经济援助力度。欧—非峰会后，欧盟决定向中非派遣1000人的维和部队，5月底前派800人。欧盟还呼吁全体中非人民放下手中武器。

欧—非峰会后，乍得总统代比突然宣布撤离非盟维和部队中的870名乍得军人。代比在宣布这一决定时称，既然由于中非民众的反乍得情绪日趋强烈，联合国又对乍得军队的自卫行为提出批评，乍得在撤离侨民后已关闭驻中非大使馆，现决定撤离非盟维和部队中的乍得军队，以避免乍得继续成为袭击和批评的目标。在代比宣布从中非撤军的同时，乍得军用运输机已飞抵班吉机场，第一批乍得军人携带装备登上飞机回国。

乍得是非盟维和部队中出兵人数最多的国家。法国驻中非大使马利纳斯在每周的例行情况通报会上说，乍得总统代比突然宣布从中非撤军，对法国无异于晴天霹雳，一时间反应不过来。中非评论指出，乍得撤军既使中非广大基督教徒感到松了一口气，但也将严重削弱非盟维和部队的行动能力。国际人权组织称对乍得撤军感到高兴，说明乍得军人在中非所为确有不妥和应该受到批评之处。

卡扎菲被推翻后，许多乍得人从利比亚流窜到中非，这些人现又携带武器从中非回国，对乍得自身的安全构成重大威胁。利比亚战争的后果日渐显现。

4月4日，“反巴拉卡”基督教民兵组织协调人恩盖索纳举行记者招待会，要求中非政府和国际社会承认该组织的合法性。基督教民兵组织公开活动，为中非社会增添了新的不确定因素。

安理会通过维和新决议中非动荡局势难彻底改观

2014年4月5日，联合国秘书长潘基文访问中非，为时7小时。潘基文在回答记者提问时说，他此访是要传达三个信息：一是联合国将与中非人民一起面对当前的危机，展现联合国支持中非人民和解决中非问题的决心。二是呼吁国际社会增加对中非的援助，联合国将向中非派出维和部队。三是相信中非在经历苦难后将会迎来美好的未来，塞拉利昂、东帝汶和尼日利亚等国都有过相同经历，最终都实现了民族和解、国家安定。

潘基文在与过渡总统庞扎、过渡委主席恩根代和过渡政府总理恩扎帕耶凯会晤后，视察了难民营及法国和非盟维和部队，随后到过渡委员会（临时议会）发表讲话。过渡委主席恩根代主持仪式，过渡委成员、内阁部长和外交使团出席。这是继安南秘书长于2000年来访后，联合国秘书长第二次专程访问中非。安南来访时，帕塔塞总统领导的中非局势还相对平静，而此时，中非则处于历史上最动荡、百姓生活最困苦的时期。

潘基文在议会讲话中提出对中非问题的看法及解决方案，以及中非问题的严重性，开宗明义地指出中非的激烈动荡使“非洲的心脏部位出现了一个深洞”：“我看望了流离失所的难民和滞留在机场不敢回家以及躲在家中不敢外出的人们，听取了他们令人毛骨悚然的故事，看到了他们悲惨的生活境遇。老人儿童和妇女风餐露宿，食物短缺，加之雨季将至，疟疾可能大规模流行。我每天醒来都会想到中非人民正在经受的苦难和悲剧。有人说中非已被遗忘，我的来访就是要向全世界表明中非没有被遗忘。我反复要求各国领导人共同努力解决中非问题。”

潘基文指出：“令人发指的罪行随时都在发生，种族和宗教清洗已成为现实，穆斯林少数民族逃离家园。暴力盛行，许多人被杀害甚至被砍头，旁观者则报以掌声。中非已陷入无政府状态，极可能发生类似于20年前的卢旺达种族大屠杀事件。国际社会必须干预。卢旺达悲剧不应该在中非重演。非洲维和部队和法国驻军虽防止了最坏的局面，但力量仍显不足。我要求向中非派出更多的国际维和部队和警察力量，将非洲维和部队提升为联合国维和行动。数十年来，中非战乱频仍，贪污成风，民众极端困苦。中非需要安全，需要建立法制国家，需要拥有美好的未来，但本身无能为力。中非人民不应该走向死亡，国际社会应该担负起保护中非人民的责任。"

潘基文向中非民众发出呼吁："一位宗教领袖曾亲口对我说，他一想起国家的前途就不寒而栗。国家的命运和前途掌握在你们手中，基督教和穆斯林两大派别世代和谐相处，两大文化相互交融，应该相互宽容并和平共处，而不应该再相互残杀。塞拉利昂和利比里亚两国也曾经历残酷的教派武装冲突，但在国际社会的帮助下实现了宗教和解，为我们作出了榜样。国际社会正在做相同的工作，以便为中非人民带来希望、和平与民族和解。让我们为达此目标而共同努力！"

各方普遍认为这是一个精辟深刻有针对性的讲话。讲话后，潘基文来到外交使团席与大家见面，法国大使感谢潘基文讲出了法国想说的话。我用中方向潘基文问候"你好"，"欢迎你来访"，潘基文用中文回答："谢谢！"走开两步后，又扬手说："再见"。

联合国秘书长潘基文访问中非5天后，2014年4月10日，安理会15个成员国一致通过第2149号决议，提出解决中非危机的新办法。决议回顾了安理会以前有关中非问题的内容，赞赏国际和地区组织为解决中非问题所做的努力，强调中非安全形势持续恶化不仅助长了跨国家和跨地区刑事犯罪，大量武器走私和雇佣军参与作战更有可能使中非成为滋生极端主义网络的肥沃土壤。要加快收缴民间非法武器的工作，遣返在中非的外国非法武装人员。中非本已十分脆弱的国家行政体制已荡然无存，严重的人道主义灾难使上百万人流离失所，30多万人逃往邻国，其中大多数为穆斯林，呼吁国际社会继续向中非提供紧急人道和财政援助。

决议指出，安理会祝贺庞扎女士被全国过渡委选举为新任过渡国家元首，祝贺恩扎帕耶凯被任命为新任过渡政府总理，要求过渡政府按照联合国秘书长的要求加快政治与民族和解进程，最迟于2015年2月举行自由、公正、透明、开放的总统与立法选举。

2149号决议加强中非维和行动的主要内容有：

第一，强化在中非的维和行动，把联合国驻中非和平建设办公室（一般称为联合国驻中非代表处）升格为联合国驻中非多层面综合稳定特派团。

第二，非盟领导的维和部队中非国际支助团过渡为联合国维和行动，由联合国驻中非多层面综合稳定特派团领导。兵力总额初定为10000人，包括240名军事观察员和200名军官，再增派1800名警察，20名监狱管理人员。联合国维和部队和警察人员于2014年9月15日前部署到位，在9月15日当天取代中非国际支助团行使权力至2015年4月30日。要求联合国各成员国向联合国驻中非多层面综合稳定特派团提供维和部队及警察，责成联合国秘书长为维和部队招收符合条件且具有专业经验的人员。

第三，联合国驻中非多层面综合稳定特派团的基本任务：保护平民生命财产安全；支持过渡政权行使国家权力和维护领土完整；为国际人道援助行动提供安全保护；保护联合国机构及其人员安全；维护人权；帮助建立法治国家和执行法律；推进解除非法武装进程并遣返外国武装人员。

第四，联合国驻中非多层面综合稳定特派团将帮助和支持中非政府进行司法建设，解除非法武装，推进政治过渡进程。若条件许可，还将帮助中非过渡政府进行安全部门改革，监督并检查安理会有关对中非武器禁运决议的执行情况。协助中非制裁委员会及专家小组的工作。呼吁联合国各成员国向中非提供各方面特别是财政支持，解决公务员工资发放等问题。鼓励中非在国际金融机构支持下重建财政与金融机构，加强公共财政和收支管理。

第五，联合国驻中非多层面综合稳定特派团不包括法国驻军、非盟快速反应部队和欧盟派驻中非的宪警部队。允许法国驻军通过一切必要的方法为联合国维和行动提供支持，履行其授权，并可在联合国秘书长要求下为执行本决议而采取军事行动。

1999年以来，安理会已先后通过了近20个关于中非形势的决议，基本内容都是如何解决中非严重的安全与人道危机问题。法国一直保持在中非驻军，中部非洲共同体一直向中非派遣维和部队，国际社会一直在向中非提供经济和财政援助，但中非和平与安全日趋恶化、经济滑坡的趋势并未得到有效遏止。

安理会通过2149号决议后，联合国秘书长潘基文发表声明，说2149号决议对安理会各成员国一致通过该决议表示感谢，希望尽快取得具体进展，同时呼吁中非冲突各方立即停止杀害、定点军事攻击和侵犯人权的行为。法国总统府爱丽舍宫发表新闻公报，说奥朗德总统赞赏安理会一致通过2149号决议，决议体现了国际社会保护中非人民、向中非难民提供人道援助、支持在中非重建国家权威的意愿。

中非总统府发表声明，指出过渡国家元首庞扎女士高度赞赏国际社会为解决中非危机所做的努力，这对渴望和平的中非人民是一个极大的利好消息。中非首先要感谢法国总统奥朗德实现中非和平与安全的坚强决心，其次要感谢安理会各成员国，还要感谢联合国秘书长潘基文、非盟主席祖马、“中共体”执行主席乍得总统代比、中部非洲经济共同体主席加蓬总统邦戈、中非危机协调人刚果（布）总统萨苏、欧盟委员会主席巴罗佐等人。总统府声明强调，国际维和部队将保证中非的安全与和平，国际社会将继续向中非提供财政与物资援助，中非将在新的基础上进行经济与社会重建。

总统府声明沿袭了中非政府的一贯做法，即只强调国际社会将会为中非做些什么，却只字不提中非政府将会做些什么。

安理会2149号决议通过次日，欧盟宪警部队首批55名法国宪兵即抵达班吉。拥有800名宪警的欧盟部队仍属维和性质，司令为法国人利翁（雄狮之意）将军，主要任务是维护首都班吉的安全和训练中非宪警，以便使法国驻军腾出手来到外地进行军事行动。

针对“反巴拉卡”基督教民兵组织日益做大的事实，法国和中非过渡政府都认为前总统博齐泽及其追随者难逃罪责。法国要求在安理会通过的中非问题新决议中加入制裁博齐泽的内容，过渡国家元首庞扎女士扬言一旦博齐泽回国将会被立即逮捕归案。但谈何容易。法国要求安理会制裁博齐泽的提案难获通过，庞扎女士逮捕博齐泽的谈话也只能仅是谈话而已。乔托迪亚政变成功并当选为过渡国家元首后即发出了逮捕博齐泽的国际通缉令，法国却给予博齐泽入境签证，意在向乔托迪亚施压。乔托迪亚在法国和乍得压力下辞职，基督教民兵组织乘势而兴，对穆斯林族实话大规模报复，乍得又宣布自中非撤离维和部队，中非民众对博齐泽时代的怀念情绪日浓。中非《燕子报》社论指出，中非国土面积之大，乌干达上帝军为非作歹十多年，美军派出特种兵和非洲数国组成的非盟快速反应部队连年围剿没有结果。博齐泽执政10年，拥有大量支持者，现又得到民众同情，即使回到国内，别说中非军警毫无行动能力，多国部队恐也无奈他何。与“塞雷卡”所为相比，博齐泽反而是一个“好总统”。博齐泽现不会冒险回国，但已提出将参加下届总统选举。“博齐泽幽灵”短期内难以消失。

法国在2013年12月初实施向中非紧急增兵的“红蝴蝶”军事行动4个月之后，法国国防部长勒德里昂于4月再次访问中非。法国于2013年初和年底相继对马里和中非进行大规模军事干预，勒德里昂和奥朗德总统、法比尤斯外长构成“三驾马车”决策核心。勒德里昂在接受《青年非洲》杂志采访时，称法国对两国进行的军事干预，一是为了保护法国的外部安全，二是实施法国的国际责任。但对中非军事干预的难度远超出预料，没想到中非基督教和穆斯林两大宗教派别间的仇恨如此深刻，没想到“反巴拉卡”基督教民兵组织竟然具有如此影响力和破坏力。法国低估了中非危机的严重性和复杂性。法国在了解到中非的宗教仇杀、平民受虐、报复清算等导致的严重后果后，决定向中非派兵并呼吁国际社会提供救助。“红蝴蝶”军事行动取得了三项成果：一是虽未能阻止激烈的暴力冲突，但避免了卢旺达式的种族大屠杀在中非重演。二是启动了中非的政治进程，即迫使政变领导人乔托迪亚下台，成立新一届过渡政府，为过渡期结束后的大选做准备。三是打通喀麦隆至班吉的千里公路大动脉，保证了国际援助物资运输安全。勒德里昂承认，中非恢复安全与和平的道路依然漫长，而且存在基督教与穆斯林南北分治的可能，国际社会必须避免中非分裂，避免中非成为国际恐怖主义的新据点。

当前，法国在非洲的驻军达8000人，是法军1954年至1962年镇压阿尔及利亚人民独立起义以来在非洲驻军最多的时期。勒德里昂说法国为了保证自身安全和执行安理会决议，必须这么做。比如，利比亚已不成其为一个国家，特别是西南部已变成了“毒蛇窝”，各类反西方“圣战”组织集聚于此，招收兵员，补充给养，购买武器，解决难度极大。利比亚问题是谁造成的？勒德里昂避而不谈。

法国驻中非大使马利纳斯在与我谈及中非形势前景时说，中非数十年来都是在国际援助和维和力量双重支持下度过的，今后也将如此。乔托迪亚辞职后成立的新过渡政府仍像其前任一样，基本上没有作为。中非即使在过渡期结束后选出了新总统，成立了新政府，仍然一如既往地严重依赖国际社会的经济援助和安全保护。法国军队还将继续留存中非，联合国维和部队短期内难以撤离。这便是中非的现实，难以改变的现实。中非作为世界最不发达国家的现实还将保持较长一段时间。

艰苦中的坚守

不少国家相继撤馆,国际组织大幅减员,中国外交官却留了下来。中非朋友感动地说,中国是真正的朋友,值得信赖。

对中非共和国这个人口450万、面积63万平方公里的国家,可能不少国人都略感陌生。殊不知,它因地处非洲中心而得名,故有“非洲心脏”之称。它地域广阔,植被丰茂,矿藏丰富。首都班吉在当地桑戈语中是“俏女郎”之意。

然而,“非洲心脏”命运多舛。1960年独立以来,先后发生6次政变。在全国16个省和首都直辖区中,政府基本限于在首都直辖区有效地行使权力。近10支叛军长期武装割据,不时为争夺地盘和矿业资源大打出手,对中央政权构成严重威胁。在国际社会帮助下,虽然政府与主要叛军签署“全面和平协议”,但“解武、复员、融入社会”进程有名无实。有些周边国家叛军也到中非驻足,流窜作乱。

2012年12月,4股主要叛军组成“塞雷卡”联盟,不到半月便占领大半领土,在距首都60公里的达马拉与中部非洲多国部队形成对峙态势。今年3月24日,叛军联盟攻入首都,打砸抢掠,人道主义危机持续加剧,粮食和药品极度短缺,国家经济倒退数十年,且严重威胁地区安全。民众生活极端困苦,“俏女郎”已不见往日容妆。

军事政变过去数月,动荡还在继续。在帮助所有中资机构人员相继撤离后,中国大使馆同志们依然在艰苦环境中坚守。水电设施均遭严重损毁,原本三天两头的停水断电变成了每天数次,有时长达数小时。没有电,为保证工作,使馆就用备用发电机限时发电;买不到新鲜蔬菜,就自己动手,在院子里种上黄瓜、冬瓜、生菜、苦瓜、小白菜,成为使馆餐桌上的“蔬菜五宝”;频繁断水,就趁来水的短暂时间用所有容器储水,待浑水稍微清澈再洗菜做饭,洗菜水浇菜地,洗衣水冲马桶。中非是疟疾等热带疾病高发区,使馆同志们患病只能用自备药品治疗,相互帮助鼓励以渡过难关。

使馆既要掌握情况和观察形势,还要与过渡政权交往。不少国家相继撤馆,国际组织大幅减员,中国外交官却留了下来。中非朋友感动地说,中国是真正的朋友,值得信赖。中国实施的有关项目对促进中非的社会与经济发展作用显著,许多人都在与中国交往合作中获益,两国友好深入人心。“中非离不开中国”、“需要像中国人一样勤奋工作”,时常被当地人挂在嘴边。

中国坚持同中非发展友好合作关系,不会因政府更迭而改变。中国呼吁中非各武装派别和各政党以国家大局、人民利益为重,探寻符合本国实际的发展道路。中非现已进入为期18个月的过渡期,然后将进行民主选举。中国愿与联合国、非盟、欧盟、中部非洲经济共同体以及本地区各国一道努力,帮助中非尽快实现稳定与和平。

我们坚守在“非洲心脏”,是祖国的需要。我们希望通过这份坚守,不断深化中国同中非的友好合作关系,增进两国人民之间的友谊,为中非人民实现繁荣梦想贡献一份力量。

(《人民日报》2013年10月20日,第三版大使随笔专栏,中国驻中非共和国大使孙海潮)

愿中非共和国早日回归宁静

我们在为中非人民感到忧伤的同时，平添了几分内心深处的感悟：一个国家没有和平与稳定，经济社会发展与民生改善将无从谈起。

2013年已落幕，世界多地在璀璨烟花和欢声笑语中迎来新的一年。在本应享受阖家团聚的年关，素有“非洲心脏”之称的中非共和国却充斥着恐惧、饥饿与死亡，战争和动乱的阴霾挥之不去。

去年3月，反政府武装联盟“塞雷卡”武力推翻前政权，是中非共和国独立后为时最长、破坏力最强、社会撕裂度最大的一场政变，全国从此陷入全面混乱和无政府状态。进入12月以来，形势再度恶化。各类基督教民兵自卫组织和亲前政权的武装势力在一段时间的整合与准备后，疯狂反扑，向以穆斯林为主的政变当局发起武装攻击，基督教和伊斯兰教两大教派间矛盾不断激化，引发大规模流血冲突。打砸抢事件愈演愈烈，社会秩序荡然无存，全国近百万人再度流离失所，脆弱的局势更加扑朔迷离。

首都班吉成为重灾区。12月5日夜，各类民兵组织联合向总统府、议会、监狱、兵营等战略要地发起强烈攻势。监狱首先被攻破，各类在押人员趁势加入民兵组织。数天内，民兵与政变当局的巷战造成近千人死亡，包括两名法国士兵在内的近10名维和士兵牺牲。数万难民前往法军驻守的班吉国际机场避难。12月10日的法航班机因安全原因被迫取消。法国总统奥朗德出席曼德拉葬礼后直接前往班吉，慰问驻军并会见过渡当局领导人。

2013年圣诞节期间，班吉市各个街区的枪炮声不绝于耳。机场难民营里，数万人拥挤在一起，每天都有人因病死亡，苦不堪言。12月31日，压抑许久的民怨爆发，愤怒的难民冲破法军防线，占领机场跑道，呼吁国际社会施以援手，要求过渡当局下台。每周一班的法航班机月内二度被迫取消，中非与外界的唯一联系通道再度中断。

自2012年12月中非形势骤变以来，中国驻中非共和国大使馆人员在艰苦环境下坚守，经受着高温酷热、疾病肆虐、食品短缺、断水停电，以及战火的考验。在战乱等艰苦地区工作，是国家利益的需要，使馆工作人员不会有丝毫犹豫或迟疑。中国驻中非共和国大使馆的全体外交人员，正是在用实际行动践行“忠诚、使命、奉献”的外交人员核心价值观。

仰望繁星似锦的夜空，伴随耳边持续不断的枪炮声，我们在为中非人民感到忧伤的同时，平添了几分内心深处的感悟：一个国家没有和平与稳定，经济社会发展与民生改善将无从谈起。

当前，国际社会正加大对中非危机的关注和帮助。联合国安理会通过决议，授权在中非采取维和军事行动。法国根据决议，派遣1600名士兵执行代号“红蝴蝶”行动，向非盟维和部队提供后勤支持和军事援助。“非洲领导的中非共和国支持特派团”将逐步完成6000人部署。安理会近期将再次讨论中非问题。我们真诚希望中非冲突各方以国家利益和人民福祉为重，结束矛盾纷争，促成民族和解。祝愿中非在国际社会的帮助下，早日实现社会长治久安，国家繁荣富强，人民生活幸福。

愿新的一年里中非共和国早日远离枪炮声，早日回归宁静。

（《人民日报》2014年1月17日，大使随笔专栏，中国驻中非共和国大使孙海潮）

附录一

战火中铸魂　奉献中逐梦

——我驻中非共和国大使馆撤侨纪实

从去年12月到今年3月，中国驻中非共和国大使馆的外交人员就是在炮火与战乱中，以实际行动践行着“忠诚、使命、奉献”的外交人员核心价值观，在远离祖国的艰苦环境中，以坚定的信念铸就外交魂，追逐中国梦。

战火袭来时果断决策

数十年来，中非政局长期动荡，多次发生兵变和政变。2012年12月，当周边各国沉浸在迎接圣诞新年的喜庆气氛中时，中非却又一次遭受兵戈之乱。反政府的“塞雷卡”武装连连攻陷数座重镇，占领半数以上国土后直逼距离首都班吉不到70公里的重要城市达马拉。“塞雷卡”与中部非洲国家经济共同体多国部队形成对峙，并要求总统下台。

拥有几十年外交工作经验的我驻中非大使孙海潮综合各方面信息后判断，“塞雷卡”此次行动可能导致安全局势失控，我国在中非300多名华侨华人和企业员工的生命、财产安全将受到威胁。孙大使立即召集会议，研判形势，并决定报请国内同意撤侨。

12月下旬，根据国内指示，使馆迅速启动应急机制，率先着手撤侨。当时，法国、埃塞俄比亚等航空公司均已取消航班，只有肯尼亚航空公司还偶尔不定期派出飞机。300多名同胞，如何安全迅速地撤离？使馆果断决定：全力争取安排同胞乘坐肯航班机，同时尽快租用包机，务必以“最短时间安全撤离同胞”。

这是一场与时间的赛跑。当时，中非政府各部门已陷入瘫痪，首都班吉社会秩序十分混乱。使馆人员在最短的时间内联系航班、购买机票、租用包机，为我同胞加急办理证照、第三国签证等必要手续。经过整整7天的连续奋战，截至12月27日，共撤出华侨华人及中资企业员工317人，我国在中非同胞绝大部分安全返回祖国。

枪林弹雨中经受考验

2014年1月后，中非局势有所缓和，一些中方人员又陆续返回中非。但3月17日起，“塞雷卡”武装再度向首都进发，并向当局发出72小时最后通牒。使馆随即判断，中非政局必将发生重大逆转，再次撤侨已刻不容缓。使馆再次请示国内，紧急通知尚在中非的近百名同胞来使馆集中躲避，并迅速订妥6架包机和7个商业航班的座位，准备第二次紧急撤侨。

23日一大早，首批30名同胞在天亮前赶到机场，乘坐两架包机顺利离境。当天下午，我第二批同胞在去机场的路上，遭遇大批手持砍刀和棍棒的暴徒阻拦，被迫原路返回。形势持续恶化，使馆决定以最快速度护送同胞撤离。次日凌晨4时，由政务参赞王旭东等4人带领37名同胞分乘7辆汽车赶往机场。路上，我方车队又一次遭到拦截，危急时刻，使馆人员果断驾车冲破围堵，迅速驶离险境。

刚到机场，城内方向响起了密集的枪炮声。使馆人员迅速召集大家寻找隐蔽之地，经交涉后大家全部安全转移到法军守护的候机楼下躲避。使馆同志经过紧张忙碌，终于在上午8时送走了3架包机，使17名同胞成功撤离。但随着战事趋于紧张，我一架17人座的包机被法军征用，另外一架包机也被迫取消，我在机场20名同胞和4名使馆工作人员处境十分危险。孙大使随即向国内汇报求助。经过艰难交涉，法方最终把包机交还我方。下午3时，当最后20人登上飞机时，大家都流下了激动的泪水。

同胞们全部安全离开后，使馆人员却发现自己被困在了机场。此时城内枪声大作，如果贸然返回使馆，将随时面临生命危险。在机场经历了惊心动魄的15个小时后，使馆4名工作人员在法军两辆装甲车护送下从机场返回城里。一路上只见荷枪实弹的“塞雷卡”士兵乘车呼啸而过，不停四处开枪，首都班吉已完全陷入战火。

艰难困苦下坚守阵地

中非是联合国公布的世界最不发达国家之一，人均国内生产总值仅400多美元，平均预期寿命仅44岁，是艾滋病和各种疾病高发区。这样艰苦的生活条件和动荡的社会秩序，战时是生死考验，平时则是意志磨炼。特别是从今年3月22日开始，使馆断水断电，手机信号时有时无，广播电视信号中断，对外联系极为困难。首都班吉沦陷后，市区的枪击、抢劫案件频仍，使馆周边的总理府、外交部、外交公寓等更是重灾区。

连续的紧张工作，让不少工作人员都反复染上疟疾等疾病。尽管送走了中资企业人员，使馆还要牵挂着自愿留守的15名华侨和13名身在外省的民企人员的安危。在“塞雷卡”入城第三天，使馆就与“塞雷卡”高层取得联系，要求其切实保护我国同胞和使馆安全。然而眼下，战乱虽逐渐平息，考验却仍在继续。

我驻中非使馆全体工作人员在战火中临危不惧、坚守阵地、连续奋战、成功撤侨，是当代中国外交官群体保护中国公民和机构在海外的合法权利，践行“外交为民”理念具体、生动的体现。

（《人民日报》2013年5月22日　本报记者李琰）

附录二

中非逃命记

现在我人在喀麦隆杜阿拉，住着舒适的酒店，吃着美味的西餐，大街上人来人往，想起刚刚过去的那场战争，恍如隔世。

事情是从3月22日开始，中午正常的下班回家吃饭，刚到驻地，接到消息，马上停止营业，呆在屋内，不要出门。当时以为只是正常的一次骚乱活动，只需要安心待在家里，等事情过后，一切就都过去了，一切还将继续。正在我们吃午饭的时候，接到使馆消息，所有中国人撤到大使馆避难，我们匆匆忙忙收拾最简单的行李到使馆避难。这时才知道局势的确切消息，叛军已经在距离首都班吉20公里的地方，首都班吉已经危如累卵、危在旦夕，战争已经爆发。

当地一共有大约60名中国人已经全部聚集在使馆，大使把大家召集在一起，讲解目前局势，并安慰大家。想起国歌《义勇军进行曲》里唱的“中华民族到了最危险的时候，每个人被迫着发出最后的吼声”，这时我们所有的中国人必须在使馆团结在一起。使馆安排了晚餐，我们在使馆度过第一个夜晚。第二天一早，部分公司回驻地取行李。上午11点大使紧急通知大家，赶紧回使馆，哪儿也不要去。大家再次聚集在使馆，此时消息，叛军已抵达距离班吉17公里的地方。一大早有大约30多人已经迅速离开了班吉。还剩下大约30人的样子。

这时，使馆也在积极联系包机撤侨。由于战争的原因，现在已经没有任何商业航班，甚至没有商业航空公司愿意包机，大使馆只能跟私人联系包机。又适逢乱世，难度可想而知。然而，我们的大使是伟大的，他联系到了包机。我们所有人都已经整装待发，随时准备乘飞机离开。然而，此时局势已经继续变遭，从使馆去往机场的路上，已经有大量暴民聚集，想要自行开车到达机场已经不可能。使馆决定，所有同胞乘坐大使馆的绿牌外交专用车去机场，并由使馆人员护送。

我们第一次踏上去往机场的路，在离机场大约500米的地方，大量暴民聚集，拦住了我们去路，他们手持砍刀、砖头。幸亏第一辆车是使馆人员担任司机，他迅速掉头返回使馆，我们所有车也都迅速掉头跑回使馆。此时，我清晰地听到，车被砖头砸中的“梆”的一声，生死一线间。

我们逃回了使馆，幸好没有任何人员伤亡情况。大家在使馆再次安顿下来，使馆方面继续想办法送我们离开。使馆决定第二天一早开车护送大家闯一闯机场，因为此时战争已经白热化，最新消息，叛军已经开进首都12公里的地方。机场是安全的，因为有法国兵驻守。使馆早就通过外交渠道为我们获得了去到机场的通行许可。现在唯一的问题是暴民。

次日一早，仍然是使馆人员亲自开车，护送我们去机场。大约早上5点钟，我们的车队出发了。路上是静悄悄的，到了机场几百米的地方，有小股暴民仍然挡住了去路。排头的使馆人员不顾个人安危，下车跟暴民交涉，在几分钟后，他们终于达成了一致。虽然只有几分钟，却很漫长，因为我们的车是停下的，这时，如果有人要砸车，我们是没有任何办法的。使馆人员交了大额的过路费，我们才得以通过。终于顺利到达机场，这时机场已经被法国大兵全副武装。暂时，机场是最安全的。

事实证明，这次闯机场的决定是无比英明的。当我们大家在机场安顿下来，已经是大约早上7点的样子。这时，我们已经清楚地听到，身后的枪声、炮声、炸弹声。叛军已经进入城里，在我们的驻地旁边展开激战，战斗双方损失惨重。使馆联系的17人包机也临时被军队征用，运送伤兵。我们待在原地，等着送完伤兵，再乘包机离开。

我们开始了在机场漫长的等待。战局瞬息万变，即使是事先联系好的包机，也没有百分之百的把握，飞机就一定会到。所有人聚集在机场背面的台阶上，身后不断响起枪炮声。使馆的人员一直陪着我们，同时不断打听飞机的消息。将近中午，叛军已经占领总统府（总统府距离我们的办公地点只有几百米距离）。大使馆也在市中心，此时只有机场是最安全的，并且我们已经不可能再回到使馆了。只能是呆在机场或者坐飞机离开。

我们的领导也是伟大的，在撤离的时候，还为大家带了食物和水。让我们在等待中没有渴着、饿着。我们所有人，在使馆人员的带领下，也没有一人慌乱。

由于是8人或者17人的小飞机，难免第一趟、第二趟会有人留下，大家都遵从使馆安排，老弱妇孺先走。我们这30几个中国人真的素质很高。在战斗最激烈的时候，也没有人崩溃，没有人表现出害怕。

到了中午，已经送走了十多人。使馆也在不停地打听最新的包机消息。下午开始，叛军已经全面占领首都，暴民开始在街上打劫。此时的班吉再无安全之所，只有机场。我们耐心的在机场等待，使馆人员不顾危险一趟趟跑去跟机场工作人员询问航班信息。下午将近2点，我们终于等到了最后的一架飞机，使馆人员赶忙安排我们登机，并叮嘱大家靠墙走，注意安全。我们所有人都登上了飞机，在飞机起飞的时候，仍然能听到近处的枪声。

事后得知，使馆、经商处的同志们在送走了我们所有人后，他们自己也没有办法回到使馆，水和食物也被我们吃完了，他们忍着饥渴挨到晚上6点多，才联系上法国大兵派装甲车把他们护送回使馆。谁是最可爱的人，此时此刻，在我心中，无疑是他们。是他们在我们最危险的时候，代表祖国保护了我们，让我们记住这些人的名字吧：

中国驻中非大使：孙海潮

参赞：王旭东

领事：李旭

经商处：缪长莹

还有使馆的工勤、厨师，等等。

到目前为止，使馆、经商处仍然没有一人撤离。我只能衷心的祝愿他们早日撤离、平安。

记得飞机是迎着太阳飞的，这重生的感觉跟这太阳一样美丽。人生第一次直面战争，在我20多岁的年纪，我没有看破生死，我想我已看透人生。活着，比什么都重要。

［2013年3月27日，中国日报网，四达时代传媒（中非）有限责任公司蒋真真］

附录三

和平日　盼和平（第一现场）

——中非首都班吉见闻

9月21日是国际和平日，本报记者来到被称为“非洲心脏”的中非共和国。一下飞机，但见首都班吉姆波科国际机场上停放着几架联合国小型救援飞机。机场出口处垒得高高的掩体旁站着荷枪实弹的法军士兵。

除了半年前动乱、政变和最近的一些骚乱留下的影子，这里同非洲其他国家的首都似乎没有太大区别。但走到班吉市民中间，却是另一番情形。

在国际和平日当天，近千名班吉市民聚集在体育场及周边游行，表达他们对和平的期盼。没能如愿参加游行活动的保安奥利维对本报记者说，现在班吉情况虽然有所好转，但外省安全形势越来越糟糕，他很多亲属至今仍躲在林中。像奥利维一样谈到安全就愤慨的班吉市民有很多。为记者开车的司机布里斯一提到政变军人就咬牙切齿，他对那些进城抢劫的士兵非常不满。

“有一段时间我非常害怕”，中学教师莱昂叙述说，自己现在去学校都不敢骑摩托车，怕被盯上抢走。在市中心高档住宅区，保罗等3名保安比划着告诉记者，政变发生后，地区内所有银行都被抢，百米外的总统府更是惨不忍睹。在街边靠卖旧书为生的乔治则感叹道，持续的不安全状况令他的生意更加冷清，由于支付不起交通费，他每天只能步行8公里来摆摊。年近六旬的他翻着一本本旧书，向本报记者讲述国家安定时的美好岁月。

中非共和国正在经历30多年来最困难的时期。中非共和国临时总统乔托迪亚在接受本报记者采访时说，目前，各方在努力重建和平，中非共和国按照国际社会的要求成立了全国过渡委员会、过渡政府等，并选举出过渡国家元首。对他本人来说，重要的是要首先建立起国家机关，为国家带回和平。他说，和平在一点点恢复，政府方面不久前开始在外省进行缴械行动，恢复社会秩序。

走进中国驻中非共和国使馆，不大的院落里停放着约50辆汽车。大使孙海潮对记者解释说，这些汽车都是中资企业的。孙海潮表示，无论是博齐泽政府，还是现在过渡政府，对中国都很友好。尽管中国企业在动乱和政变中有些小型设备，包括汽车等被抢劫和破坏，但总体来看，由于及时撤离，中方人员安全基本得到保证。而中国使馆馆舍、中国企业援建或投资合作项目的大型设备基本都没有损失。孙海潮说："尽管经历战乱、政变，经常停水、停电，街上也买不到什么吃的，但使馆在编的7名工作人员始终坚守岗位，精神饱满。"

孙海潮说，法国想在中非共和国复制"马里模式"，在2015年2月过渡期结束后进行大选。但在接下来的这一年半时间里什么事都可能发生。中非共和国只有400多万人口，民族却有60多个。被勒令解散的反政府武装"塞雷卡"的2.5万名军人中，80%—90%是穆斯林，而穆斯林在该国的比例只有5%，其与占20%的天主教徒之间的矛盾如今也更加突出。

此外，外来势力，如乍得叛军、苏丹达尔富尔叛军、乌干达"圣灵抵抗军"也影响着中非共和国的稳定。而中非的不稳定又会向周边国家扩散，形成恶性循环。

（《人民日报》2013年9月23日，本报赴中非共和国特派记者蒋安全　张建波）

后　　记

2014年4月29日，中非过渡国家元首卡特丽娜·桑巴—庞扎女士在总统府举行隆重仪式，向有关人士颁发荣誉勋章。

13时，日正中天，赤道非洲的骄阳垂直照射着大地，总统府院子里毫无遮拦。即将接受勋章的10多位人士站在炽烈的阳光下等候元首授勋。我便是其中的一位。我著深色西装，系红色领带，汗滴不住地从体表滚落而下，不一会儿，内衣便已湿透。以前曾出席中非总统给别人的授勋仪式，今天自己接受勋章，内心有别，但阳光下的外在感受则完全相同。

中非国家勋位委员会主席讲话和宣布授勋仪程：值此“五一”国际劳动节来临之际，中非过渡国家元首签署元首令，并亲自向有关人士颁发荣誉勋章，以表彰他们为促进民族和解、推动和平进程所付出的努力。被授勋人员包括中非政府成员，以及为推动有关国家与中非关系做出贡献的法国和中国驻中非大使。

中非方获授勋章的人士有过渡委员会（临时议会）主席恩根代、过渡政府总理恩扎帕耶凯和数名部长。外籍人士只有我和法国驻中非大使夏尔·马里纳斯两人。

中非形势发展到今天，法国的作用和影响无处不在。中非过渡政府在一切方面都必须仰仗法国。法国驻中非大使获授荣誉勋章是最自然不过的事情。中国则属于另外一种情况。中国奉行不干涉内政的原则，发展与中非的全面友好合作关系且不附加任何条件，对无端遭受战乱与苦难的中非人民深表同情和声援，并尽最大努力提供支持和帮助。中非媒体曾经表述说：法国是以其对中非局势的控制力和不时施加的强大压力使对方畏惧，中国则是以其和蔼可亲的形象、不谋私利和真心帮助第三世界国家发展而获得敬重。我认为，中非过渡元首庞扎女士分别向法国和中国大使授勋，具有极为强烈的象征意义。

中非国家勋位委员会主席宣读了过渡国家元首庞扎女士为孙海潮大使签署的授勋令：中非方感谢中方长期以来向中非政府和人民提供的无私帮助。孙大使带领全体驻中非使馆人员，在中非最艰难的时期坚持与中非人民一起，向中非政府和人民提供了宝贵的精神和物资支持。患难见真情，荣誉勋章表达了中非人民对中国发自内心的感动和感激之情，是两国友好关系的卓越见证。

庞扎过渡国家元首亲自把勋章别在我胸前，轻声说："我得注意不要把你的衣服弄坏了。"我笑答："感谢元首（总统）对中国和我本人的友好情谊。我能掂量出这枚勋章的份量。其价值远超出一件衣服！中方赞赏中非新一届过渡政府在元首领导下为恢复国家和平与安全所做的努力，希望中非人民早日过上安宁的生活。"

我和庞扎女士的对话刚结束，就听到身后"扑"地一声。回头一看，只见一位仪仗队女兵因在艳阳下站立过久体力不支晕厥倒地，几个人正手忙脚乱地为她解开衣领，挪往阴凉地方，仪仗队形已不复整齐。此种情形，我已在多个场合看到。有时是仪仗队员，有时是礼仪小姐，有时甚至是礼宾席上的人员。

授勋仪式结束后，大家随过渡元首前往总统府大厅，出席短暂酒会。酒会极其简单，少许点心和几瓶汽水而已。稍做逗留，我与庞扎元首握别。元首再次提到与中方合作项目事宜，我回称：一旦安全形势允许，中方将会恢复有关的合作项目。中方还将同国际社会一道，为实现中非的和平与稳定做出努力，将继续向友好的中非人民提供可能的帮助。庞扎元首再次对中方表示感谢。

离开总统府返回使馆，经过班吉市中心，看到熙熙攘攘的人群，我衷心希望首都的安全不要再发生大的问题，但事实却给出了相反的答案。

2014年5月28日傍晚，班吉市第三区法蒂玛基督教堂，正在祈祷的信徒遭到突如其来的手雷袭击，20多人当场死亡，30多人受伤。这是又一起严重的教派仇杀事件。基督教徒愤怒了，立即做出了强烈反应。基督教与穆斯林两大教派的对立再度升级。

当晚，大批基督教青年上街焚烧轮胎，构筑路障，追杀穆斯林。非洲维和部队在两大教派中间设置隔离带，施放催泪瓦斯驱散抗议人群。基督教青年指责同为穆斯林的布隆迪维和士兵执法不公，与之发生激烈冲突。"反巴拉卡"民兵组织趁势介入，向穆斯林族群“复仇”。整整一夜，枪声持续不断，间杂有沉闷的手雷、掷弹筒和催泪弹的爆炸声。法国军队也前往出事地点和重要街区巡逻，但避免与闹事群众直接接触，以免发生伤亡引发仇恨，更不能导致自身伤亡。

次日清晨，只见班吉主要街道上都被设置了重重路障，有人手持木棍和长刀高声喊叫。四处浓烟滚滚，商铺关闭，街面上不见一个行人，一片萧杀景象。班吉市陷于全面瘫痪。报道称，每个路障后面都有“反巴拉卡”人员在实施指挥，恩扎帕耶凯总理批评某些政府官员出于自身目的煽动基督教青年抗议和制造动乱。

我向法国大使了解有关情况及对形势发展的看法，对方答称法军不会强行干预，但也不会任由形势恶化，正在利用自身影响私下与有关各方接触，要求他们克制并约束所属人员的行为，否则将面临严重后果。我注意到，这次骚乱规模虽大，但未出现前几次那样的抢掠事件。数天后，路障才被拆除，班吉秩序渐趋平稳，但民众仍如惊弓之鸟，在惶恐不安中艰难度日。

6月1日，过渡国家元首庞扎女士到医院看望教堂袭击案中受伤的群众。过渡政府总理恩扎帕耶凯要求公务员上班，民众恢复生产，呼吁各武装派别积极参与解武进程，宣布6月8日为“全国自愿解武日”，对主动上缴武器者将免除惩罚。电讯部宣布，为防止有人利用短信散布谣言和煽动骚乱，自即日起在全国范围内无限期停止手机短信服务。

首都班吉秩序虽有所恢复，但外地安全状况并无改善，多地连续发生武装派别火并和平民遭枪杀事件，近百人死亡，更多人受伤。一次，法军与“塞雷卡”士兵相遇，法军要求对方放下武器遭拒后采取强制行动，法军与对方同时开火。训练有素的法军开火后跳下装甲车逃生，装甲车被毁，“塞雷卡”10余名士兵则连同越野吉普车一道被法军的导弹摧毁。

新一届过渡政府成立已近半年，但仍如上届过渡政府一样，作为有限。中央政府的权力仍仅限于首都班吉及附近地区，近百万难民无法返回家园。民众对新政府的期待变为失望，对法国驻军的态度也颇多抱怨。报章开始批评法国没有认真执行安理会有关解除非法武装的决议，说法国并不希望中非安宁，以便长期保持中非的“非开发状态”，把资源保留下来供法国开发；法国是中非乱局的始作俑者。中非动乱后，中国在北部的石油开发项目被迫中止；法国达到了目的。有人要求庞扎过渡国家元首辞职，要求法国从中非撤军，“中非的事情交由中非人来办”。有关政府改组的传闻甚嚣尘上。

2014年6月27日，“中共体”10个国家领导人在赤道几内亚首都马拉博第25届非盟峰会期间举行会议，讨论中非政治、安全和人道主义形势。乍得总统代比以“中共体”执行主席身份主持会议。会后发表了新闻公报，称“中共体”与会元首们分析了中非形势，重申支持中非过渡国家元首庞扎女士为国家重建所做的努力，要求中非过渡政府继续努力稳定局势和推动民族和解，按照中非问题路线图的要求实现国家和平，为经济发展奠定基础。新闻公报指出，与会元首们对中非武装团体继续欺凌百姓深感忧虑：呼吁所有武装团体、政治—军事集团、政治阶层停止任何形式的暴力行为，通过和平与政治途径寻求解决使国家摆脱危机的办法。呼吁中非危机有关各方承担起政治责任，实现真正的民族和解与团结。呼吁前“塞雷卡”和“反巴拉卡”等有关各方的领导人，命令其所属的武装分子停止攻击平民和任何形式的暴力行为，停止破坏重建国家安全与推动民族和解的努力。与会元首们对国际社会为解决中非危机所发挥的积极作用表示感谢，要求国际社会特别是联合国秘书长、非盟委员会、“中共体”总秘书处共同努力，立即成立由“中共体”中非问题协调人萨苏总统领导的协调机制，在第三国召开会议，商讨建立由过渡国家元首庞扎阁下领导的新一届过渡政治机构问题，使国家摆脱危机。

元首们通过了“中共体”秘书长阿拉米（乍得前外长）提交的“解决中非危机行动计划”：成立中非问题国际协调机构；甄别武装团体领导人，与过渡政府对话；改组过渡政府；帮助中非政府进行选民登记和选区划分；帮助中非成立独立选举委员会；继续为中非维和行动提供帮助；帮助中非重建警察、宪兵和情报机构；继续向中非提供人道主义援助；修改过渡宪法，保证选举公正、透明、可信；支持庞扎过渡国家元首在中非全境恢复行使国家权力。

中非舆论指出：中非的问题仍由国际社会主导，声称不再过问中非问题的乍得总统代比又回来了，再次对中非流下了“鳄鱼的眼泪”。但必须承认，中非独立半个多世纪以来大部分时间都在“受制于人”中度过，现在更是如此。试想，一个国家的政府不仅难以在全国范围内行使权力，而且政府预算和日常开支和公务员公资都要靠国际援助，不时爆发的“人道主义危机”使百姓生活也要靠国际救助，国家安全更要靠国际维和，这样的国家岂能不受制于人？

2014年7月1日，我前往总统府会见过渡国家元首庞扎女士，就中非局势近况和两国关系发展等共同关心的问题交换意见。总统外交顾问（前外长）邦加女士、总统府办公厅主任马班基等在座。庞扎女士向我介绍了在马拉博召开的第23届非盟峰会期间讨论中非局势的情况，说“中共体”元首们就中非局势的发展进行了集体磋商，发表了关于中非形势的新闻公报和“行动纲领”，将为推动中非实现民族和解做出新的努力。非盟将于近期召开中非问题联络小组会议。中非危机总协调人、刚果（布）总统萨苏将在布拉柴维尔主持召开中非全国和解论坛。在谈到对华关系时，庞扎女士代表中非过渡当局和人民感谢中方长期以来提供的帮助，指出中国和中非是传统友好国家，有关合作项目既是两国友好的有力见证，也为中非的社会与经济发展作出了重大贡献。中非过渡当局将始终坚持优先发展对华关系的政策，推动双边互利合作项目恢复并稳步向前发展，希望中国政府和人民继续对中非和平稳定、经济社会发展和人民生活改善予以宝贵的支持。

我对庞扎过渡国家元首积极发展对华关系表示肯定，重申中国政府重视发展与中非的友好合作关系，赞赏中非过渡当局为推动两国关系所做的努力。中方高度关注中非局势进展，强调中方对中非人民所经受的苦难深表同情，愿继续与国际社会一道，为实现中非的安全与和平提供必要帮助。中方正在考虑向中非提供人道援助的问题。我还充分肯定庞扎过渡国家元首在内政外交中体现出的领导智慧和个人能力，积极评价有关各方在和平解决中非危机过程中发挥的重要作用。

2014年7月7日，我会见庞扎过渡国家元首6天后，5月28日在首都班吉发生的一幕在中部重镇班巴里重演。正在教堂做礼拜的基督教徒受到穆斯林武装袭击，23人当场死亡。基督教民兵组织“反巴拉卡”立即报复，数十名穆斯林群众遇难。班加里是中非北部通往首都班吉的战略要冲，是法国“红蝴蝶”军事行动的重要据点。冲突双方在法国重兵的眼皮底下大开杀戒，法军这次不能坐视不管了，必须进行干预。沉重的夜色中，枪弹乱飞，尽量避免伤亡的法国军人有11人受伤。

次日，7月8日，法国国防部长勒德里昂按预定计划第四次来访。面对冲突升级和伤亡巨大的悲惨局面，勒德里昂只好取消预定到班加里看望和慰问法军的行程，只在首都班吉看望了受伤的法国士兵。勒德里昂此访的目的是要求中非过渡国家元首庞扎于7月21—23日率领中非联合代表团前往刚果（布）首都布拉柴维尔，出席由萨苏总统主持的中非全国和解论坛。评论指出，勒德里昂每次来访都会面临冲突和暴力升级的局面，这是各派故意做给他看的，以便显示各自的力量。“又是一次耻辱之旅。法国在中非的使命业已失败。”

庞扎过渡国家元首与勒德里昂会晤后，即宣布为期三天的“全国哀悼日”，向在班加里遇难的基督教和穆斯林两大教派民众“沉痛致哀”。

2014年7月18日，我再次会见中非过渡国家元首庞扎女士及总统府办公厅全体成员，就局势发展及两国关系等问题交换意见。

庞扎过渡国家元首高度评价两国友好合作关系，强调过渡当局将始终坚持优先发展对华关系的政策，与中国在国际、地区热点问题上加强协调与合作。过渡政府正在积极准备7月21—23日在布拉柴维尔举行的中非全国和解论坛，与各政党和武装派别磋商协调，并就修改过渡宪法等事宜征求意见，争取在国际社会的帮助下，使国家尽快恢复稳定，为明年的大选奠定良好基础。我重申中国政府重视发展与中非的友好合作关系，强调中方高度关注中非局势进展，希望有关各方以布拉柴维尔中非全国和解与政治对话论坛为契机，推动各政党与武装派别和解，达成停火协议，尽速实现国家安全与稳定，使人民免遭战乱之苦，国家走上和平建设之路。中方将继续与国际社会共同努力，为实现中非的安全与和平提供必要帮助。

7月21日，根据6月27日“中共体”领导人马拉博峰会决议，中非全国和解论坛在布拉柴维尔召开。“中共体”各国领导人、联合国、非盟、欧盟等国际组织代表与会。“中共体”秘书处新闻公报指出，论坛目的是促进各派停火，在国际监督下签署停火协议，就过渡进程达成协议，然后在班吉进行全面政治对话。国际协调机构并非要把外部意愿强加给中非人民，而是希望与中非人民一起寻求永久性解决危机的办法。“塞雷卡”和“反巴拉卡”两大武装派别的代表应邀赴会，一些政党、宗教团体和妇女、青年等组织也派代表出席，加上政府及议会代表，290多人分乘“中共体”提供的多架飞机前往布拉柴维尔。另有49个政党在集体磋商后多数决定抑制本次论坛，认为中非问题“应在中非解决”，首先要解决联合国决议中关于“有罪不罚”的问题。到外国开会解决中非内政问题是对中非人民的“背叛、轻蔑和羞辱”。负有血债者应受到法律惩罚。与刽子手坐在一起谈判，那就成了赦免罪犯的会议了？法国、联合国、非盟“中共体”四方联合劝说和施压，未果。

和解论坛可谓一波三折。“塞雷卡”一度宣布退出谈判，派出5人小组专程到贝宁首都科托努请示乔托迪亚（他被迫辞去过渡国家元首职务，但仍被“塞雷卡”选为领导人），扬言若达不成协议将推出国家南北分治计划，以保证穆斯林族群的安全和在谈判中争取更多利益。论坛经几度延宕后终于重启，武装派别于23日下午签署了停火协议，其他问题留在班吉商谈。恩扎帕耶凯总理23日傍晚飞回班吉，消息说是因对论坛结果不满而提前回国。

不同派别间的较量还在后头，激烈的讨价还价还在后头。数十年来，政府与各派之间签署了多少协议，又有多少协议得到落实？利益争夺不会止息，中非的复杂的政治生态还将持续下去。

入夜，零星的枪声仍如往常般响起。我想，中非恢复安全与稳定尚需时日。国家沦落成今天的情形，是长期以来众多内外因素累积的结果。要想解决如此众多的问题，尤其是国家贫困和民众疾苦问题，没有立竿见影的良方。“非洲心脏”的动荡局面短期内难以平息。

……

敬录苏轼诗如下，以为本书作结并以明心志。

六月二十日夜渡海

参横斗转欲三更，
苦雨终风也解情。
云散月明谁点缀？
天容海色本澄清。
空余鲁叟乘桴意，
粗识轩辕奏乐声。
九死南荒吾不恨，
兹游奇绝冠平生。